Souverän investieren

Gerd Kommer studierte Politikwissenschaft sowie Volks- und Betriebswirtschaftslehre in Deutschland und den USA. Derzeit ist er im internationalen Firmenkundengeschäft einer großen deutschen Bank in Südafrika tätig. Zu seinen bisherigen Veröffentlichungen gehören *Cleveres Banking. Profi-Know-how für klein- und mittelständische Unternehmen* (1999), *Indexfonds und -zertifikate für Einsteiger. Gewinnen mit der genial einfachen Anlagestrategie der Profis* (Campus 2000) sowie *Weltweit investieren mit Fonds. Wie Sie Ihre Gewinne erhöhen und Ihr Risiko senken können* (Campus 2001). Seine E-Mail-Adresse lautet: gerd_kommer@hotmail.com.

Gerd Kommer

Souverän investieren

Wie Privatanleger das Spiel gegen die Finanzbranche gewinnen

Campus Verlag
Frankfurt/New York

Investieren heißt auch immer Risiken übernehmen. Wertpapieranlagen sind mit Verlustgefahren verbunden. Wir können daher keine Haftung für Schäden übernehmen, die aus der Befolgung der in diesem Buch gegebenen Empfehlungen resultieren.

Anregungen und Kritik zu diesem Buch nehmen Verlag und Autor gerne entgegen. Bitte wenden Sie sich dazu an den Campus Verlag oder senden Sie eine E-Mail an: gerd_kommer@hotmail.com

Einige Gedankengänge des vorliegenden Buches sind in ähnlicher Form bereits in früheren Werken des Autors erschienen. Wir bitten dafür um Verständnis.

Lektorat: Jan W. Haas, Berlin

Die Deutsche Bibliothek – CIP-Einheitsaufnahme
Ein Titeldatensatz für diese Publikation ist bei
Der Deutschen Bibliothek erhältlich.
ISBN-13: 978-3-593-36907-5
ISBN-10: 3-593-36907-9

Copyright © 2002 Campus Verlag GmbH, Frankfurt/Main
Umschlaggestaltung: Guido Klütsch, Köln
Umschlagmotiv: © Photonica, Hamburg
Satz: TypoForum GmbH, Nassau
Druck und Bindung: Druckhaus »Thomas Müntzer«, Bad Langensalza
Gedruckt auf säurefreiem und chlorfrei gebleichtem Papier.
Printed in Germany

Besuchen Sie uns im Internet: www.campus.de

Inhalt

1
Einleitung

»Ist es möglich, erfolgreich zu investieren, ohne den
Trade-Off zwischen Risiko und Rendite an den Wertpapiermärkten sowie die moderne Portfoliotheorie wirklich zu
verstehen? Ja, es soll Leute geben, denen das gelungen ist –
genauso wie es möglich ist, fliegen zu lernen, ohne
Unterricht zu nehmen.«
William Bernstein, Finanzwissenschaftler, Neurologe, Bestsellerautor

»Good investing isn't sexy.«
Jane Bryant Quinn, Wirtschaftsjournalistin

Investieren ist ein *Loser's Game*, ein Verliererspiel. Allerdings besaß dieser
Ausdruck aus der Sportwissenschaft ursprünglich eine andere Bedeutung als
heute. Die Unterscheidung zwischen »Verliererspielen« und »Gewinnerspie-
len« bezieht sich auf den Grundcharakter eines Spieles. In einem Gewinnerspiel wird das Ergebnis primär durch die korrekten Handlungen des Gewinners bestimmt, in einem Verliererspiel durch die Fehler des Verlierers.

Die meisten Anleger halten Investieren für ein Gewinnerspiel – ein Irrtum,
den sie mit weitaus schlechteren Langfristrenditen als notwendig bezahlen.
Dagegen hat ein Investor, der nach den Regeln eines Verliererspieles anlegt,
in den letzten zehn bis 40 Jahren dramatisch höhere Renditen erzielt als der
Durchschnitt aller Anleger und nachweislich auch im Technologie-Crash ab
März 2000 kein oder nur wenig Geld verloren.

Man sollte meinen, Finanzmedien und Finanzinstitute würden Privatanleger so informieren, dass diese allmählich immer weniger Fehler begehen
und irgendwann in die Nähe jener Nettorendite gelangen, die Fachleute für
realistisch erzielbar halten. Doch an diesem Ausbildungsauftrag scheitert die
Finanzbranche kläglich. Die Rendite des durchschnittlichen Anlegers liegt
nach Kosten mehr als ein Drittel unter der Marktrendite, und die wenigen
Glückspilze, die auf der Basis von Anlagetipps der Banken und Medien in
einem Jahr den Markt schlagen, fallen im nächsten oder übernächsten wieder hoffnungslos hinter ihn zurück.

In einem 1997 veröffentlichten Artikel für die Washington Post bezeichnete die amerikanische Wirtschaftsjournalistin Jane Bryant Quinn die typische Berichterstattung der Medien über Wertpapiere und Fonds als »Invest-

mentpornographie« – ein seitdem oft zitierter, weil sehr treffender Ausruck. Das, was tagtäglich in den Finanzmedien und von einigen Finanzinstituten verbreitet wird, zeichnet sich in der Tat vielfach durch dieselbe Unseriosität, Unwahrheit und Infektionsgefahr aus wie Pornografie. Der Vergleich mit Pornografie liegt auch deswegen nahe, weil nur dieses »Gewerbe« noch mehr Seiten ins Internet stellt als die Finanzindustrie. Für sich genommen wäre diese Finanzdesinformation zwar ärgerlich, aber dennoch unter Zähneknirschen hinnehmbar, denn in einer freiheitlichen Gesellschaft hat jeder das Recht, fast alles zu kommunizieren – auch blanken Unsinn. Leider geht es jedoch bei Wertpapieranlagen um viel Geld, oft genug das berühmte »sauer Ersparte«, das Polster für das Studium der Kinder, die Rücklage fürs Alter.

Aus diesem Dickicht interessenbehafteter Fehlinformation der Medien und Finanzinstitute auf der einen Seite sowie Irrtümern und falschen Erwartungen der Anleger auf der anderen Seite führt *Souverän investieren* in vier Schritten heraus:

▸ Im ersten Schritt beschreiben wir, nach welchen Gesetzen Wertpapiermärkte *tatsächlich* funktionieren – nach ganz anderen nämlich als denjenigen der sensationsheischenden Barbie-Puppen-Welt, die die meisten Wirtschaftsjournalisten und Ratgeberautoren zeichnen. Dabei erläutern wir auf leicht verständliche Weise die faszinierenden Erkenntnisse der »Modernen Portfoliotheorie« (MPT), der einzigen Investmenttheorie, die wissenschaftlichen Ansprüchen genügt. Für Beiträge zur Entwicklung dieses Wissensgebäudes wurden bislang fünf Wirtschaftsnobelpreise vergeben. Es steht turmhoch über dem Unsinn, der heutzutage in Anlegerzeitschriften, im Business-TV, den meisten Ratgeberbüchern und im Internet verbreitet wird. Die Herleitung der MPT mag komplex sein, ihre hier präsentierten Schlussfolgerungen jedoch sind selbst für Investment-Laien verständlich und kolossal nützlich.

▸ Im zweiten Schritt werden die 13 wichtigsten Irrtümer erläutert, die ein großer Teil der Finanzbranche verbreitet und die von der Mehrheit der Anleger bereitwillig geglaubt werden. Diese Irrtümer kosten Anleger Geld, viel Geld.

▸ Im dritten Schritt hilft das Buch dem Leser, eine umfassende Nabelschau hinsichtlich seiner derzeitigen Anlagestrategie und seines Investmentwissens vorzunehmen, das heißt, beides auf Fehler und Unstimmigkeiten hin kritisch zu überprüfen.

▶ Im vierten und letzten Schritt formulieren wir auf der Basis der vorgestellten Erkenntnisse eine überlegene und erstaunlich leicht umsetzbare Anlagestrategie, die nicht auf Hoffnung und Gier, sondern auf wissenschaftlich gesicherten Einsichten gründet. Diese verblüffend einfache Strategie heißt »Passiv investieren mit Indexanlagen«. So erreicht der Leser mit der höchstmöglichen Sicherheit jene Langfristrendite, die Wissenschaftler für machbar halten und von der überall die Rede ist: etwa 10 bis 11 Prozent jährlich – nach Abzug aller Kosten.

Dieses Buch wird Sie – unabhängig von Ihrer Vorbildung – in die Lage versetzen, eine brillante und dennoch einfache Investmentstrategie umzusetzen, mit der Sie sehr wahrscheinlich 90 Prozent aller Privatanleger und Profis langfristig hinter sich lassen. Dass Sie in der oberen Hälfte aller Anleger landen werden, ist dabei sogar garantiert. Es setzt an sich nur einfache Grundkenntnisse über Wertpapieranlagen voraus. Lediglich in einzelnen Abschnitten behandelt es einige Sachverhalte auf recht anspruchsvollem Niveau. Aber auch diese Abschnitte werden für Leser mit der Bereitschaft, einen Abschnitt in Ausnahmefällen zweimal zu lesen, leicht zu bewältigen sein. Mathematische Vorkenntnisse jenseits der Grundrechenarten und einfacher Zinsrechnung sind nicht notwendig. Alle in diesem Buch verwendeten Fachbegriffe, die das Wissen eines Anlegers mit Grundkenntnissen übersteigen, werden in einer »Infobox« im laufenden Text oder im Glossar erläutert. Schlagen Sie zuerst dort nach, wenn Ihnen ein im Text verwendeter Ausdruck oder ein Konzept nicht unmittelbar verständlich ist. Sie können davon ausgehen, dass Sie nach der Lektüre dieses Buches mehr von Wertpapieranlagen verstehen werden als 95 Prozent aller Bankmitarbeiter und Finanzjournalisten.

»Märchen, Lügen, Mythen und Legenden aufzudecken macht Spaß.« Das schreibt der Finanzwissenschaftler Larry Swedroe in seinem Buch *What Wall Street doesn't want you to know*. Genauso ging es dem Autor beim Verfassen dieses Manuskriptes. Wir sind beinahe sicher, dass auch Sie diesen Spaß bei der Lektüre der folgenden Seiten haben werden.

2
Gewinnen im Verliererspiel

»In einem Gewinnerspiel wird das Ergebnis durch die
korrekten Handlungen des Gewinners bestimmt, in einem
Verliererspiel durch die Fehler des Verlierers.«

Charles Ellis, Finanzökonom, Portfoliomanager
und Bestsellerautor

Im Jahr 1975 veröffentlichte der amerikanische Finanzwissenschaftler Charles Ellis einen bahnbrechenden Aufsatz mit dem Titel »Winning the Loser's Game«. Allerdings meinte Ellis mit dem Ausdruck »Verliererspiel« (*Loser's Game*) nicht das, was man gemeinhin darunter versteht – ein Spiel, das man nur verlieren kann. Das Verliererspiel ist ein Konzept aus der Sportwissenschaft und bezeichnet einen Spieltypus, bei dem Ausgeglichenheit, Kontinuität, Aufwandsminimierung und Fehlervermeidung die besten Voraussetzungen für Erfolg sind. Hingegen führen in einem »Gewinnerspiel« (*Winner's Game*) tendenziell die entgegengesetzten Strategien und Techniken zum Erfolg: gelungene Einzelaktionen, kurzzeitige Spitzenleistungen, die Beherrschung spezieller Spieltechniken, Risikofreude. Das Begriffspaar Verliererspiel und Gewinnerspiel bezieht sich also nicht darauf, dass man in dem einen Spieltyp eher gewinnt, im anderen eher verliert, sondern beschreibt den Grundcharakter des Spiels. In beiden Spieltypen kann man gewinnen, aber sie begünstigen jeweils entgegengesetzte Spieltechniken. Ellis will also mit seiner Metapher vom Verliererspiel nicht von Wertpapierinvestments abraten – im Gegenteil. Die Börse insgesamt, daran lässt er keinen Zweifel, liefert den Anlegern als Gruppe langfristig Gewinne – höhere Gewinne als alternative Vermögensanlagen, wie etwa Sparbücher, Immobilien oder Kapitallebensversicherungen, und besonders als die gesetzliche Rentenversicherung.[1]

Anleger investieren mehrheitlich so, als ob die Börse ein Gewinnerspiel sei. Diesen Irrtum bezahlen sie mit Langfristrenditen, die beträchtlich unter dem Wert eines korrekt ausgewählten Vergleichsindex liegen, und mit deutlich höheren Risiken (Wertschwankungen) als notwendig. Würden Anleger hingegen die Erfolgstechniken eines Verliererspiels verwenden, wären ihre Langfristrenditen höher und ihr Risiko geringer.

Ellis illustriert das Begriffspaar Verliererspiel und Gewinnerspiel am Beispiel des Tennissports. Dort gebe es zwei grundsätzlich verschiedene Spielphilosophien; die eine sei geeignet für die große Zahl der Hobbyspieler, die andere für die winzige Zahl der Profis. Bei Hobbytennisspielern entscheide über den langfristigen Spielerfolg nicht, ob der betreffende Spieler einzelne anspruchsvolle Schlagtechniken und Spielelemente möglichst gut beherrsche, sondern wie wenig Fehler er insgesamt in einem Spiel bzw. über viele Spiele hinweg mache. Für Amateurtennisspieler komme es somit kaum darauf an, spezielle Teilelemente des persönlichen Tennisspiels zu perfektionieren, sondern seine grundlegenden Schwächen und Fehler zu minimieren – beginnend mit den wichtigsten, gleichsam banalsten und dann systematisch fortschreitend zu den weniger wichtigen Schwächen. Gut zu spielen, möglichst viele Spiele zu gewinnen, hänge bei Hobbyspielern viel stärker von allgemeiner Fehlerminimierung als von spezieller Technikoptimierung ab. Die langfristig besten Hobbyspieler seien jene, die am wenigsten Schwächen hätten und am ausgeglichensten spielten, nicht jene, die in ausgewählten Teilen des Tennisspieles brillierten.

Andere Gesetze – so Ellis – gelten dagegen in der Welt der Tennisprofis, im Leistungssport: »Professionelles Tennis ist ein Gewinnerspiel: Das Spielergebnis wird durch die Aktionen des Gewinners bestimmt.« Profi- und Amateurtennis funktionierten mithin nach unterschiedlichen strategischen Grundregeln. Bei den Profis werde eine Spieltechnik vorausgesetzt, die bereits frei sei von elementaren Fehlern. Um gegen andere Profis zu gewinnen, genüge es in dieser Spielerkategorie nicht mehr, keine Basisfehler mehr zu machen. Aufbauend auf ihren jeweils eigenen physischen und emotionalen Ressourcen müssten diese Profis zusätzlich einige besondere, persönliche Fertigkeiten vervollkommnen, die sie in einem Match aktiv und gezielt zu ihren Gunsten einsetzen könnten. Für die Perfektionierung dieser speziellen Techniken verwendeten die Profis sehr viel Trainingszeit, die Hobbyspieler nicht aufbringen könnten. Aber auch für die Profis sei es – ebenfalls aus Zeitmangel – kaum möglich, mehr als eine Hand voll solcher individuellen Fertigkeiten zu entwickeln. Insgesamt könne man diese Spielweise mit der Vokabel »aktiv« beschreiben.

»Profis gewinnen Punkte, Amateure verlieren sie ... Der Amateur schlägt seinen Gegner nur selten, sich selbst aber sehr oft. Der Sieger in einem Spiel zwischen Amateuren erreicht einen höheren Punktestand, weil sein Gegner noch mehr Punkte verliert als er selbst.« (Ellis) Hier liegt ein fundamentaler, quasi philosophischer Unterschied, der trotz seiner grundlegenden Bedeu-

tung von vielen langjährigen Hobbytennisspielern – zu ihrem eigenen, oft
nicht erkannten Nachteil – übersehen wird. Für einen Hobbyspieler ist somit
der Verliererspiel-Ansatz die überlegene Trainings- und Spielphilosophie
und führt zu einem besseren Spiel, zu mehr Siegen und weniger Frustration.
Der Gewinnerspiel-Ansatz bringt den Hobbyspielern dagegen mehr Nieder-
lagen und Enttäuschung als nötig ein. Der Gewinnerspiel-Ansatz für Profis
setzt die Beherrschung des Verliererspiel-Ansatzes bereits voraus[2].

Genau dieselbe Gesetzmäßigkeit führt auch an der Börse zum Erfolg;
allerdings gewinnen dort Profis *und* Amateure nur mit *einer* der beiden
Spielphilosophien, derjenigen der Hobbytennisspieler. Und die Ironie will es,
dass Privatanleger – ähnlich wie Hobbyspieler beim Tennis – viel häufiger
den falschen, aktiven »Profi-Ansatz« verfolgen als professionelle Anleger
selbst. Denn diese kennen eher die Fakten und handeln danach. Dazu noch
einmal Charles Ellis: »Die Annahme, dass die meisten institutionellen Anleger den Markt [mit aktivem Anlagemanagement – siehe Infobox] outperformen können, ist falsch. Diese Institutionen sind der Markt. Sie können als
Gruppe sich selbst nicht outperformen. Und tatsächlich enden die meisten
Portfoliomanager wegen der Nebenkosten des aktiven Asset-Managements
(wie Courtagen und Geld-Brief-Spannen) langfristig unter dem Gesamtmarkt.«

Warum eine aktive Strategie, die den Profis im Tennissport zum Erfolg
verhilft, gänzlich ungeeignet ist für das »Spielfeld« an der Wall Street, werden wir in diesem Buch noch in vielfältiger Weise zeigen. Aufgrund der speziellen Gesetze der Kapitalmärkte führt bei methodisch korrekter Betrachtung
im Verliererspiel »Börse« nur eine einzige Investmentstrategie zum langfristigen Erfolg – und zwar gleichermaßen für private und berufsmäßige Anleger. Sie wird bislang von lediglich 5 Prozent aller Privatanleger und nur gut
25 Prozent aller Profianleger weltweit praktiziert. Diese Anlagestrategie
lässt sich in Schlagworten wie folgt beschreiben: low cost, buy-and-hold,
systematisch diversifiziert.

Aktives und passives Anlagemanagement

Aktives Anlagemanagement ist der Versuch, auf der Basis einer bestimmten Anlagestrategie eine »Überrendite« zu erzielen, also eine höhere Rendite als der Durchschnitt der übrigen Marktteilnehmer bzw. der Referenzindex. Anders formuliert: der Versuch eines einzelnen Investors oder

Fondsmanagers, Wertpapiere oder ganze Marktsegmente zu identifizieren, die die restlichen Marktteilnehmer (vermeintlich) vorübergehend über- oder unterbewertet haben. Sobald der restliche Markt seinen »Irrtum« erkennt und korrigiert, kann der Investor/Fondsmanager einen Gewinn realisieren. Aktives Anlegen ist stets spekulatives Anlegen, da der Anleger bewusst von einer neutralen Gewichtung seiner einzelnen Anlagepositionen zugunsten einer Über- oder Untergewichtung bestimmter Assets oder Asset-Klassen abweicht, also auf mögliche Diversifikation verzichtet. Dem steht passives Portfoliomanagement gegenüber – eine Buy-and-Hold-Strategie, bei der ein Investor alle Wertpapiere, die zu einer bestimmten Asset-Klasse gehören, im Umfang proportional zum Anteil ihrer Marktkapitalisierung oder einer anderen Größe am gesamten »Anlageuniversum« hält. Aktives Trading (laufendes Kaufen und Verkaufen) findet nicht statt. Im Unterschied zu aktivem Portfoliomanagement verfolgt passives Management nicht das Ziel, eine Überrendite zu erzielen. Forscher haben in Hunderten von empirischen Studien bestätigt, dass aktives Portfoliomanagement nach Berücksichtigung von Transaktionskosten und Risiko nur in relativ wenigen, nicht vorhersagbaren Ausnahmefällen gelingt, also in aller Regel keine dauerhafte Überrendite erzielt wird.

▸ *Low Cost* (niedrige Kosten) deswegen, weil die Nebenkosten der Geldanlage – im Börsenjargon Transaktionskosten genannt – eine von fast allen Anlegern weit unterschätzte Auswirkung auf die langfristige Nettorendite von Wertpapierinvestments haben. Wie groß diese Auswirkung ist und wie man sie reduzieren kann, zeigen wir in Abschnitt 5.1.

▸ *Buy-and-Hold* deswegen, weil aktive Strategien erfahrungsgemäß nicht nur unnötige Transaktionskosten verursachen – sie führen bei der deutlichen Mehrzahl aller Anleger sogar dazu, dass die gekauften Wertpapiere eine niedrigere Rendite erzielen als die verkauften. Das werden wir insbesondere in den Abschnitten über das regelmäßige Scheitern aktiver Anlagestrategien und die Nachteile aktiven Tradens illustrieren.

▸ *Systematisch diversifiziert* deswegen, weil alles andere als eine systematische und weltweite Diversifikation über Asset-Klassen hinweg einen unnötigen Verzicht auf Risikoreduktion (durch Senkung der Volatilität) bedeutet. Diese Sicherheit ist nämlich »kostenlos«, sie bedeutet langfristig keinerlei Verzicht auf Rendite.

Wie Amateurtennis sind Wertpapierinvestments ein Verliererspiel im Sinne von Charles Ellis. Ein Anleger, der in diesem Spiel langfristig maximale Erfolge (die höchstmögliche Nettorendite bei einem gegebenen Risikoniveau) erzielen will, muss nach den Gesetzmäßigkeiten eines Verliererspiels anlegen, nicht nach denen eines Gewinnerspiels – wie heute die Mehrheit aller Privatanleger. Ein solcher Verliererspiel-Investor verfolgt eine langfristig orientierte Strategie und wird primär danach streben, Fehler, Kosten und Risiken zu vermeiden. Er wird keine gefährlichen Versuche unternehmen, den Markt schlagen zu wollen, weil er dabei notwendigerweise nur geringe Rücksicht auf Risiko und Aufwand nehmen kann.

3
Investmentpornografie – die schamlose Verbreitung teurer Irrtümer

> »Artikel, die glauben machen, dass Investieren kinderleicht sei –
> beispielsweise ›Drei Wege, Ihr Geld zu verdoppeln‹ oder ›Zehn
> heiße Aktien‹ – das ist Investmentpornografie.«
>
> *Jane Bryant Quinn*, Wirtschschaftsjournalistin, Bestellerautorin

In der Einleitung haben wir den Begriff »Investmentpornografie« einge-
führt, um zu beschreiben, was heute mehrheitlich von den Print- und Funk-
medien und zum Teil auch von der Finanzbranche als Information getarnt
über Wertpapier- und andere Vermögensanlagen verbreitet wird. Was genau
ist Investmentpornografie? Wie echte Pornografie ist auch dieses Phänomen
schwer zu definieren, aber leicht zu erkennen.

Für Investmentpornografie ist charakteristisch, dass die Risiken des Investierens heruntergespielt oder ganz übergangen werden; dass Aussagen,
die nur zufällig stimmen können (zum Beispiel Kursprognosen), mit der
Aura gesicherten Expertenwissens versehen werden; dass vergangene Prognosen nur dann noch einmal erwähnt werden, wenn sie zufällig eingetrof-
fen sind; dass ein überholter Stand der Wissenschaft vermittelt wird; dass die
modernsten Forschungsergebnisse mit wenigen Ausnahmen totgeschwiegen
werden, da nicht schlagzeilentauglich; und nicht zuletzt, dass ein kindischer
Starkult mit einer laufend wechselnden Kollektion aus »Reichmachern« und
»Börsengurus« betrieben wird.

Da verwandelt sich etwa ein gelernter Bäckermeister mit offenbar ma-
gischen Fähigkeiten – die Rede ist von Buchautor Markus Frick – in den
»Mann, der Millionäre macht«. Anderenorts, in der Anlegerzeitschrift *Der
Aktionär* nämlich, ist von »10 Aktien mit 100 % Gewinnchance in 6–12
Monaten« die Rede, und man fragt sich unwillkürlich, warum die Verfas-
ser überhaupt noch in einem so wenig einträglichen Geschäft wie dem Fach-
zeitschriftenmarkt tätig sind – wenn diese Tipps funktionierten, wären sie
in kürzester Zeit Millionäre. Denn schließlich, so Michael Mross, ist ja
»Gewinnen durch Aktiensparen« und überhaupt die Börse »kinderleicht«.
So leicht, dass sich auch Schüler wie Bastian Timm bedenkenlos »kopfüber
ins Abenteuer« stürzen und verkünden können, dass »Börse echt geil« ist.

Kurz: Investmentpornografie sind Medienaussagen, die Anleger glauben machen, jeder könne in kurzer Zeit selbst mit geringem Startkapital Millionär werden. In Wirklichkeit gelingt dies natürlich nur einigen wenigen Glückspilzen und zwar primär deshalb, weil sie ein hohes Verlustrisiko eingegangen sind, indem sie alles »auf eine Karte«, sprich auf wenige Einzeltitel oder Marktsegmente setzten. Solche Wetten gehen meistens, aber eben nicht immer schief. Doch wem gelingt es schon, »227 % Gewinn an einem Tag« mit »brandheißen Penny Stocks« zu vereinnahmen, wie es ein Aufmacher der Anlegerzeitschrift *Focus Money* verspricht, und damit in wenigen Wochen Bill Gates zu überholen? Vermutlich braucht es dazu Rat von höchster Stelle – »Gott ist mein Broker« lautet ganz folgerichtig der Titel einer einschlägigen Publikation, mit der uns Bruder Ty beglückt.

90 Prozent der Informationen über Wertpapiermärkte, die täglich in Tageszeitungen, Anlegermagazinen, Investment-Newslettern, Ratgeberbüchern, im Fernsehen und ganz besonders im Internet verbreitet werden, sind Investmentpornografie: Informationen, die nicht nur nutzlos, sondern schädlich sind – bestens geeignet, die Nettorendite von Anlegerportfolios zu senken. Es handelt sich dabei überwiegend um kurzatmiges, aus dem Kontext gerissenes, sensationsheischendes, gezielt an Gier und Neid appellierendes »Marktgeschrei« mit dem primären Ziel, Anleger zum Kaufen und Verkaufen zu animieren oder die Absatzzahlen der Medien zu steigern.

»China-Aktien vor einer Kursexplosion!« titelte der Online-Börsenbrief *Emerging Markets Investor* auf der Website Onvista.de am 13. Juli 2001: Der MSCI China Index und der MSCI Hongkong Index erlebten von diesem Zeitpunkt bis zum 31. März 2002 (Redaktionsschluss dieses Buches) eine »Kursexplosion« von –24,9 Prozent beziehungsweise –3,4 Prozent. Wer diese »Traumrenditen« verpasst hat, muss nicht enttäuscht sein: »Biotechnologie: Die Investment-Chance des Jahrhunderts« verkündet die Anlegerzeitschrift *Finanzen* und erklärt damit ihren Lesern, wie man in den nächsten 99 Jahren immer richtig liegt.

Man könnte seitenweise mit ähnlich krassen Beispielen aus den einschlägigen Medien fortfahren. Nicht alle wären so leicht zu durchschauen. Der Soziologe Thomas Schuster hat sich in seinem kürzlich erschienenen Buch »Die Geldfalle. Wie die Börsenmedien das Aktionärsverhalten fehlsteuern« mit Investmentpornografie befasst. Sein Fazit: Seriöse Berichterstattung mit dem Ziel, Anleger wahrheitsgetreu zu informieren und sie vor Risiken und Fehlern zu schützen, ist in den Medien die Ausnahme, nicht die Regel.

Die Finanzwissenschaft hat keine Zweifel mehr: Das Trommelfeuer der

Wirtschaftsmedien und der Finanzbranche aus täglich neuen Anlagetipps, Musterportfolios, Unternehmensanalysen und Börsennachrichten ist in der Summe unbrauchbar. Wenige nützliche Informationen gehen in einem Meer von pseudowissenschaftlichem, missverständlichem »Datenlärm« unter. Fast alles, was die bekannten Finanzzeitschriften, das Business-Fernsehen sowie praktisch das gesamte Internet laufend verkünden, müsste – wie jede Zigarettenschachtel – einen Warnhinweis tragen: »Achtung – die Verwendung dieser Empfehlungen gefährdet Ihre finanzielle Gesundheit.« Gegen diesen Angriff auf Ihre Finanzgesundheit wird Sie dieses Buch immunisieren und Ihnen eine überlegene, seriöse Alternative vorstellen.

Schauen wir uns nun an, wie Wertpapiermärkte *wirklich* funktionieren. Sie werden dabei ein faszinierendes Wissensgebäude kennen lernen, für das mehrere Wirtschaftsnobelpreise vergeben wurden und das die Geschehnisse an der Börse tatsächlich durchschaubar macht. Was Sie nun lesen werden, hat nicht viel gemein mit dem knallbunten Börsenunsinn, der in den Medien und Investment-Ratgebern verbreitet wird. Machen Sie sich auf einige interessante Überraschungen gefasst.

4
Wie die Wertpapiermärkte
wirklich funktionieren

Dieses Kapitel repräsentiert den ersten von vier Schritten, mit denen dieses Buch Sie zu einer tragfähigen, langfristigen Anlagestrategie führen möchte. Hier die vier Schritte noch einmal im Überblick:

☒ Schritt 1: Die Ausgangsbasis: Wie die Wertpapiermärkte tatsächlich funktionieren

☐ Schritt 2: Die Welt der Illusion: Dreizehn grundlegende Irrtümer über Wertpapieranlagen

☐ Schritt 3: Die Nabelschau: Eine kritische Überprüfung Ihrer derzeitigen Anlagestrategie und Ihres Anlagewissens

☐ Schritt 4: Der Königsweg: Wie Sie mit einer einfachen und überlegenen Anlagestrategie das Verliererspiel gewinnen können

4.1 Die enttäuschenden Renditen von Aktienanlegern und Investmentfonds

»So gut wie jeder Anleger, dem ich begegne, glaubt, er sei die Ausnahme von der Regel.«
William Bernstein, Finanzwissenschaftler

Nur eine erstaunlich kleine Zahl von Investmentfonds und Privatanlegern schlägt ihren Vergleichsindex (siehe nachfolgende Infobox) über nennenswerte Zeiträume. Dennoch trägt dieses seit Jahrzehnten beobachtete Faktum für die meisten Anleger immer noch nur den Charakter einer beunruhigen Vermutung, die sie nicht auf sich beziehen und nicht wirklich glauben können oder wollen. In diesem Abschnitt werden wir die von Profis und

Amateuren tatsächlich erzielten Renditen kritisch beleuchten. Ohne eine nüchterne Analyse dieser Art lassen sich aktive Anlagestrategien kaum objektiv beurteilen. Zunächst wollen wir die in unzähligen Studien über die vergangenen vierzig Jahre hinweg gesammelten Erkenntnisse der Finanzwissenschaft kurz zusammenfassen:

▶ Die überwältigende Mehrheit aller Investmentfonds, Profi- und Privatanleger scheitert in der Tat regelmäßig daran, einen korrekt ausgewählten Vergleichsindex (Benchmark) bei Berücksichtigung aller Kosten und des eingegangenen Risikos über Zeiträume von drei Jahren aufwärts zu übertreffen. Je nach Untersuchungsmethode, betrachteter Periode und Marktsegment schwankt dieser »Verliererprozentsatz« zwischen 50 Prozent und über 95 Prozent. Der durchschnittliche aktiv gemanagte Investmentfonds liegt bei Berücksichtigung aller Kosten und des so genannten Survivorship-Bias (siehe Infobox) um mehr als 2,5 Prozentpunkte unter der Rendite eines vergleichbaren Indexfonds – eines Fonds, der einfach nur einen Wertpapierindex nachbildet. Das ist ein Rückstand von mehr als einem Fünftel der durchschnittlichen Langfristnettorendite (12 Prozent p. a.). Bei Privatanlegern fällt dieser Rückstand gegenüber dem passenden Vergleichsindex sogar noch höher aus.

Vergleichsindex (Benchmark)

Der englische Begriff *Benchmark* steht sinngemäß für »Vergleichsgröße«: Gemeint ist die Entwicklung eines bestimmten Index, der einem Fonds als Vergleichsmaßstab für die eigene Wertentwicklung dient. Ziel eines aktiv gemanagten Fonds muss es notwendigerweise sein, den Vergleichsindex zu schlagen. Um die Performance von Investmentfonds objektiv beurteilen zu können, werden häufig Börsenindizes als Benchmark verwendet. Aber auch ein anderes (»vergleichbares«) Wertpapier kann als Benchmark dienen. Passiv gemanagte Indexfonds entwickeln sich immer genau wie der Benchmark-Index abzüglich des *Tracking errors*. Dieser beschreibt das Ausmaß, mit dem die Rendite eines Indexfonds gegenüber dem Index zurückbleibt. Da ein Indexfonds im Unterschied zum Index selbst stets Transaktionskosten verkraften muss, die die Rendite schmälern, ist bei einem echten Indexfonds immer ein (zumeist kleiner) Tracking error vorhanden. Die besten Indexfonds weisen aufgrund ihrer niedrigen Transaktionskosten Tracking errors von etwa 0,25 Prozentpunkten p. a. auf.

▸ Die kleine Gruppe der »Outperformer«-Fonds und -Anleger (zwischen 5 Prozent und 40 Prozent, je nach Untersuchungszeitraum) wechselt in ihrer Zusammensetzung von Betrachtungsperiode zu Betrachtungsperiode. Das heißt, es gibt praktisch keinerlei Performance-Konstanz und es ist unmöglich, »Gewinnerfonds« im Voraus mit einer Treffsicherheit, die nennenswert über dem statistischen Zufall liegt, zu identifizieren. Anders formuliert: Die Wahrscheinlichkeit, dass die Outperformer der Periode 1 auch in Periode 2 zu den Outperformern gehören, liegt nicht signifikant höher als für die Underperformer der Periode 1. Diese Feststellung – das wird oft übersehen – hat eine größere Bedeutung als die vorher genannte. Denn nur wenn es eine gewisse Performance-Konstanz gäbe, würde der Versuch lohnen, den Marktindex zu schlagen.

▸ Der Versuch, den Index zu übertreffen, ist nicht kostenlos. Wer ihn unternimmt, muss zwangsläufig auf Diversifikation (Risikostreuung) verzichten und fast immer auch höhere Transaktionskosten auf sich nehmen als ein Buy-and-Hold-Anleger. Beides trägt dazu bei, dass aktive Anleger durchschnittlich ein erhöhtes Portfolio-Risiko aufgrund stärkerer Renditeschwankungen hinnehmen müssen und langfristig eine geringere Nettorendite erzielen.

▸ Dass in manchen der in Zeitungen und Zeitschriften veröffentlichten Renditevergleiche scheinbar mehr als die Hälfte aller Fonds über dem Marktindex liegen, ist zumeist Folge eines »Äpfel-und-Birnen«-Vergleichs. Die entsprechenden Fonds repräsentieren nicht genau dieselbe Asset-Klasse wie der Vergleichsindex. Überspitzt formuliert: Wenn man Emerging-Market-Fonds mit dem DAX vergleicht, ist es nicht verwunderlich, wenn 99 Prozent und mehr aller aktiven Fonds besser abschneiden. Beispielsweise gibt es praktisch keinen deutschen Blue-Chip-Fonds, der nicht auch in Aktien außerhalb des DAX 30 investiert. Trotzdem werden so gut wie nie der H-DAX (die 100 größten Aktien Deutschlands) oder der C-DAX (die etwa 360 größten Aktien) verwendet – die eigentlich passenden Benchmarks –, sondern eben der DAX, weil dieser so bekannt ist. Streng genommen ist das zwar irreführend, dennoch ist es üblich. Generell gilt: Die meisten Untersuchungen zur Performance von Fonds und Aktienanalysten stellen die durchschnittlichen Ergebnisse von Investmentfonds zu positiv dar, denn sie berücksichtigen entweder gar keine oder nicht alle Kosten der Fondsanlage.[3] Dass die wenigsten Studien den Survivorship-Bias mit einbeziehen, der die kollektive Performance von Investmentfonds optisch um rund 1,5 Prozentpunkte (das sind etwa 13 Prozent bei einer langfristigen Durchschnittsrendite von 12 Prozent) nach oben schiebt, haben wir bereits erwäht. Auch lassen viele Studien das von den Fonds eingegangene Risiko in Form von Wertschwankungen außer Acht. Dieses Risiko ist für Indexfonds, die Alternative zu aktiv gemanagten Fonds oder Portfolios, jedoch meistens niedriger.

Survivorship-Bias

Wörtlich »Ungleichgewicht zugunsten der Überlebenden«. Sämtliche Fondsgesellschaften liquidieren erfolglose Fonds nach einer bestimmten Zeit. Dies führt dazu, dass die kollektive Performance der Gruppe der aktiv gemanagten Fonds besser ausgewiesen wird als tatsächlich gerechtfertigt, da die »Pleitefonds« laufend aus der Kalkulation herausfallen. Der Survivorship-Bias verbessert die durchschnittliche Jahresrendite aller aktiv gemanagten Fonds in der Statistik um 1 bis 2 Prozentpunkte, je nach Fondssegment und betrachteter Zeitperiode. Wenn man ihn in jeder Vergleichsstudie berücksichtigen würde, dann blieben noch mehr aktiv gemanagte Fonds hinter dem Index zurück, als dies ohnehin der Fall ist. Überraschenderweise sind mehr als neun von zehn Renditevergleichen aktiver Fonds mit einem Index oder mit Indexfonds nicht um den Survivorship-Bias korrigiert.

All diese ernüchternden Aussagen sind, wie erwähnt, vielfach belegt worden, oft von den führenden Finanzwissenschaftlern der Welt. Alle verbleibenden Zweifel sind ausgeräumt. Hier seien nur einige der empirischen Ergebnisse kurz aufgeführt: In der anspruchsvollsten Analyse der Langfrist-Performance von Investmentfonds, die jemals durchgeführt wurde, untersuchte der amerikanische Finanzökonom Mark Carhart die Performance von 1 892 aktiv gemanagten amerikanischen Investmentfonds über die 35-Jahres-Periode von 1961 bis 1995. In dieser Studie lagen knapp über 94 Prozent aller aktiv gemanagten Fonds unter ihrer Benchmark (Carhart, 1997.)

Alljährlich wird in den USA die Performance der breit anlegenden Aktienfonds untersucht, deren Benchmark der amerikanische S&P 500-Index darstellt. Um nicht rund 10 000 US-Aktienfonds auswerten zu müssen, wird eine repräsentative Stichprobe von etwa 300 Fonds gezogen. Ergebnis für den Zeitraum von 1984 bis Ende 1998: Der größte Indexfonds der Welt, der Vanguard Index 500-Trust (der den S&P 500-Index nachbildet) schlug

272 von 298 Fonds – das sind 91 Prozent. Die durchschnittliche Jahresrendite des Vanguard-Fonds in diesen 15 Jahren betrug 17,2 Prozent, die des Durchschnitts aller aktiven Fonds 14,2 Prozent (Genaueres unter *www. indexfunds.com*).

Die blamable, weil nicht vorhandene Performance-Kontinuität von Investmentfonds illustriert der nachfolgende Auszug aus einer Studie von Micropal (einer Tochtergesellschaft von McGraw-Hill / Standard & Poor's). Dieses Ergebnis wiederholte sich analog für jeden untersuchten Zeitraum von 1970 bis 1998.

	1990–1994	1995–1998
Durchschnittliche jährliche Rendite der besten 30 US-Standardwerte-Aktienfonds	18,9%	21,3%
Durchschnittliche jährliche Rendite aller Standardwertefonds	9,4%	24,6%
Jährliche Rendite des S&P 500-Index	8,7%	32,2%

Quelle: Bernstein, William: The Grand Infatuation, 1999

Der bekannte amerikanische Finanzwissenschaftler Terrance Odean, der weltweit die umfangreichsten statistischen Untersuchungen zum Anlageverhalten und Anlageerfolg von Privatanlegern durchgeführt hat, kam unter anderem zu folgenden Ergebnissen: Eine Analyse von über 100 000 Privatanleger-Trades aus dem Zeitraum von 1987 bis 1993 ergab, dass Privatanleger noch schlechter abschneiden, als viele denken. Die von den Anlegern verkauften Aktien verzeichneten danach im Durchschnitt eine höhere Rendite als die dafür gekauften. In einer anderen Analyse von 60 000 Depots über den Zeitraum von 1991 bis 1996 stellte sich heraus, dass deren jährliche Depot-Nettorendite um 1,8 Prozentpunkte unter der Rendite des Marktindex lag – ohne Berücksichtigung des zudem höheren Risikos. Das Quintil (die 20-Prozent-Gruppe) der intensivsten Trader unter diesen 60 000 Haushalten schnitt sogar um 5,8 Prozentpunkte schlechter als der Index ab (Odean, 1999, 2000).

In den 16 Jahren von 1982 bis 1997 erzielten amerikanische Blue-Chip-Aktienfonds eine Bruttorendite von knapp über 15 Prozent p. a. Gleichzeitig realisierten private Fondsanleger nur knapp 10 Prozent p. a. Warum? Antwort: Durch häufigen Fondswechsel und die damit verbundenen Kosten

büßten die Anleger durchschnittlich ein volles Drittel der mittleren Fondsnettorendite ein. Dieses Drittel landete bei den Banken, Brokern und Fondsgesellschaften (Bogle, 2001, S. 191).

Auch Aktienanalysten stehen nicht besser da. Eine kaum noch zu überbli-
ckende Anzahl von Untersuchungen belegt, dass es keinen Grund zu der
Annahme gibt, Analysten zeigten überlegenes Können bei ihren Aktienempf-
fehlungen oder bei Kursprognosen. So blieben zum Beispiel während der
Fünf-Jahres-Periode von November 1993 bis Oktober 1998 13 der 15 wichtigsten amerikanischen Investmentbanken mit ihren Anlageempfehlungen
hinter dem amerikanischen S&P 500-Index zurück, und das ohne Berücksichtigung von Trading-Kosten (Swedroe, 2001, S. 103).

Man könnte leicht mehrere Buchkapitel allein mit der Zusammenfassung
ähnlicher Forschungsergebnisse zu diesem Thema füllen. Wir wollen es aber
bei den genannten Belegen bewenden lassen (einige weitere werden in diesem Buch noch an anderer Stelle zitiert). Leser, die unsere Aussagen überprüfen wollen, seien auf das Literaturverzeichnis verwiesen.

In der Finanzwissenschaft ist man sich längst einig: Der überwältigenden
Mehrheit aller privaten und professionellen Anleger gelingt es unter Berücksichtigung von Transaktionskosten, Steuern und Risiko nicht, die Langfrist-
Performance der entsprechenden Indizes zu erreichen, geschweige denn zu
übertreffen. Keine bekannte Anlagestrategie konnte an diesem Faktum bisher etwas ändern. Die institutionellen Anleger (Versicherungen, Banken,
Sozialkassen, Pensionsfonds etc.) haben dies erkannt und in den vergangenen zehn Jahren dafür gesorgt, dass Indexfonds und andere Indexanlagen,
bei denen das Erreichen der Marktrendite garantiert ist, global weit überdurchschnittlich zulegten und inzwischen weltweit fast ein Drittel aller
Finanzanlagen ausmachen.

Im folgenden Abschnitt befassen wir uns mit einem zwar sehr wenig
beachteten, aber umso bedeutsameren Merkmal der Wertpapiermärkte.
Der Wirtschaftsnobelpreisträger William Sharpe nannte diese unscheinbare
Eigenschaft in einem Aufsatz die »Arithmetik des aktiven Anlagemanagements«.

4.2 50 Prozent Underperformer sind mathematisch notwendig

»Wenn man die Begriffe ›aktives‹ und ›passives‹
Portfoliomanagement korrekt definiert, dann sind folgende
Aussagen zwangsläufig wahr: Erstens, vor Kosten ist die Rendite
der durchschnittlichen aktiv gemanagten Geldeinheit
gleich hoch wie die der durchschnittlichen passiv gemanagten
Geldeinheit. Zweitens, nach Kosten ist die Rendite der
durchschnittlichen aktiv gemanagten Geldeinheit niedriger als
diejenige der durchschnittlichen passiv gemanagten.
Diese zwei Aussagen gelten für jede Zeitperiode und setzen
keine zusätzliche Annahme voraus.«
William Sharpe, Wirtschaftsnobelpreisträger

Einer der wichtigsten Gründe dafür, dass die langfristigen Nettorenditen der meisten Anleger unter derjenigen eines angemessenen Marktindex liegen, ist ebenso simpel wie unbekannt. Technisch ausgedrückt könnte man diese Ursache als den »Nullsummenspiel-Charakter der Wertpapiermärkte hinsichtlich der Verteilung von Überrenditen unter allen Anlegern« bezeichnen. Klingt umständlich und trocken. Was ist damit gemeint?

In diesem Buch werden wir den Begriff der Überrendite (Outperformance) noch oft gebrauchen. Um Missverständnisse zu vermeiden, muss man »Überrendite« und »Rendite« sehr klar auseinander halten. Überrenditen sind Renditen, die über der Performance des entsprechenden Marktsegmentes (der Asset-Klasse) liegen, wenn man das Risiko und die Transaktionskosten des Wertpapierhandels berücksichtigt. Beispiel: Deutsche Top-Aktien (Blue-Chips) erbringen im langfristigen Durchschnitt eine Bruttorendite von etwa 11 Prozent. Erzielt ein Anleger in diesem Marktsegment (unter Berücksichtigung des Risikos) langfristig ein Ergebnis über 11 Prozent, liegt eine Überrendite vor. Man kann auch für einzelne Jahre von einer Überrendite sprechen: Der amerikanische Blue-Chip-Aktienmarkt lieferte 1999 eine Bruttorendite von 39,9 Prozent. Ein besseres Ergebnis innerhalb dieses Marktsegmentes unter Berücksichtigung des Risikos und der Transaktionskosten wäre eine Überrendite gewesen. Je kürzer man das Betrachtungsintervall wählt, desto häufiger treten Überrenditen auf.

> **Nullsummenspiel**
>
> Bildhafter Ausdruck für eine Situation, in der einer nur gewinnen kann, was ein anderer verliert. Der Gesamtgewinn des »Spieles« ist begrenzt. Hinsichtlich der Verteilung der Über- und Unterrenditen unter den einzelnen Anlegern ist der Wertpapiermarkt ein Nullsummenspiel.

Mathematische Notwendigkeit will es, dass 50 Prozent aller investierten Geldeinheiten über und 50 Prozent unter dem Marktdurchschnitt (Index) rentieren. Dieses Gesetz ist so sicher wie die Gravitation und hängt nicht von der Effizienz der Wertpapiermärkte ab. Selbst wenn jeder einzelne Investor plötzlich die Expertise eines Warren Buffetts besäße oder gar bei seinen Investitionsentscheidungen fast ausschließlich Volltreffer landen würde, gälte das Gesetz weiterhin. Alle Anleger zusammen bilden den Markt, also den Index, daher kann nie mehr als die Hälfte ihrer Gelder über der Durchschnittsrendite des Marktes liegen. Wir nennen diese Regel das »Renditenullsummengesetz«. Statistisch hat jede angelegte Geldeinheit also von vornherein nur eine fünfzigprozentige Chance, vor Kosten mehr am Kapitalmarkt zu verdienen als die durchschnittliche Geldeinheit (Börsenindizes sind nach Geldeinheiten, das heißt nach Marktkapitalisierung gewichtete Durchschnittswerte). Im Eingangszitat dieses Abschnittes beschrieb der Nobelpreisträger William Sharpe genau diesen Umstand: Im Durchschnitt rentieren aktive und passive Investments innerhalb einer Asset-Klasse vor Kosten exakt gleich; nach Kosten *müssen* die aktiven Investments schlechter rentieren.

> **Markteffizienz**
>
> Etwas verkürzt definiert ist ein effizienter Markt ein Markt, in dem alle verfügbaren Informationen mit großer Wahrscheinlichkeit bereits in den aktuellen Preisen (Kursen) enthalten sind und kein Marktteilnehmer hoffen kann, dauerhaft eine über der Marktrendite liegende Nettorendite zu realisieren. Auf Markteffizienz gehen wir in Abschnitt 4.4, der sich mit der Efficient-Market-Theorie beschäftigt, noch genauer ein.

Man darf dabei allerdings nicht vergessen, dass die Wertpapiermärkte als Ganzes – wie auch der Kapitalismus schlechthin – glücklicherweise ein Positivsummenspiel sind. Hier ist es eben nicht so, dass der eine nur gewinnen kann, was der andere verliert, sondern die volkswirtschaftlichen Gewinne und Einkommen überwiegen die Verluste. Bezogen auf die Börse als Teilsystem des Kapitalismus heißt das: Die Gesamtrendite des Wertpapiermarktes ist positiv. Allerdings ist die Verteilung der Renditen in einem Markt tatsächlich ein mathematisches Nullsummenspiel.[4]

Führt man nun Kosten, die jeder Anleger unweigerlich verursacht, in diese Gleichung ein, müssen statistisch sogar mehr als 50 Prozent aller Geldeinheiten unter dem Marktdurchschnitt rentieren, denn dieser repräsentiert ja einen Durchschnittswert, in dessen Berechnung keine Transaktionskosten einfließen. Wie bereits erwähnt, schwankt der Wert der »Underperformer nach Kosten« je nach Markt und betrachteter Zeitperiode zwischen 50 Prozent und über 95 Prozent.

Die Transaktionskosten eines typischen Wertpapieranlegers liegen langfristig bei etwa 2 bis 3 Prozent seines Anlagevolumens. Bei Anlegern mit starker Trading-Aktivität kann dieser Wert leicht über 6 Prozent hochschnellen. Dieses Geld fließt in Form unterschiedlicher Gebühren, von denen ein Teil explizit ausgewiesen wird, der andere Teil bereits mit der Performance des Investmentproduktes verrechnet ist (zum Beispiel bei Investmentfonds), an Vermögens- und Steuerberater, Broker, Banken, die Medien und so weiter. Unterstellt man eine langfristige Bruttorendite von 11 Prozent für ein Aktienportfolio mit einem kleinen Anteil risikoarmer Geldmarktanlagen, verschenkt ein normaler Anleger also fast ein Viertel seiner Bruttorendite an die Finanzbranche und realisiert nur 8,5 Prozent.

Wir haben oben erwähnt, dass in jedem Wertpapiermarkt der Welt und jederzeit nach Kosten mindestens 50 Prozent aller *Geldeinheiten* unter dem Marktdurchschnitt liegen müssen. In dieser Aussage sprechen wir bewusst nicht von 50 Prozent der *Anleger*. Hier besteht ein kleiner, aber feiner Unterschied. Rechnerisch wäre es mit dem Nullsummengesetz vereinbar, dass mehr als 50 Prozent der Anleger (vor Kosten) mit ihren jeweiligen Portfolios über dem Renditedurchschnitt liegen und zugleich 50 Prozent der investierten Geldeinheiten (vor Kosten) unter dem Durchschnitt. Diese Situation könnte eintreten, wenn tendenziell die großen Portfolios (also die Portfolios der »institutionellen« Anleger und anderer Großanleger) schlechter abschnitten als die Portfolios der kleinen Anleger. Dass diese Annahme reichlich unrealistisch ist, brauchen wir an dieser Stelle wohl nicht näher zu belegen. Daher kann man das Renditenullsummengesetz über die Verteilung der Überrenditen in der Praxis nicht nur auf die investierten Geldeinheiten beziehen, sondern auch auf die Anleger bzw. ihre Portfolios selbst: Es lautet:

Vor Kosten liegt exakt die eine Hälfte aller Marktteilnehmer *unter* der mittleren Performance des Marktes, exakt die andere Hälfte *darüber*. Nach Kosten liegen deutlich mehr als die Hälfte aller Anleger unter der mittleren Marktperformance. Dieses Renditenullsummengesetz gilt immer und in jedem Wertpapiermarkt.

Manche Anleger glauben, sie könnten dem Nullsummengesetz entkommen, indem sie zum Beispiel 80 Prozent ihrer Mittel in einen deutschen Blue-Chip-Aktienfonds investieren und 20 Prozent in Emerging-Markets-Aktien, mit dem Ziel, die Rendite des DAX-Portfolios aufzubessern. Der Investor nimmt jedoch nun an zwei Renditenullsummenspielen teil, da er sich in zwei Märkten (Asset-Klassen) engagiert. Man kann dem »Nullsummenfluch« also nicht dadurch entgehen, dass man sich auf verschiedenen Märkten engagiert oder in seiner Anlagestrategie (durch seine Asset-Allokation) von einem bestimmten Vergleichsindex abweicht.

Nun könnte ein aktiver Anleger die praktische Relevanz des Renditenullsummengesetzes bestreiten, wenn sich belegen ließe, dass stets bestimmte Anleger den Marktdurchschnitt schlagen. Wie wir im weiteren Verlauf dieses Kapitels noch sehen werden, spricht sowohl die Theorie als auch die empirische Realität gegen diesen optimistischen Gedanken.

4.3 Die Moderne Portfoliotheorie: Wissenschaft schlägt Praxis

> »Heutzutage ist die Moderne Portfoliotheorie buchstäblich eine Religion in der professionellen Investment-Gemeinschaft. Hunderte Milliarden Dollar sind auf der Basis von MPT-Prinzipien investiert. Es scheint, als müsste die MPT zu den größten Erfindungen des 20. Jahrhunderts gezählt werden.«
>
> *Richard Evans*, Portfoliomanager

Im Jahr 1990 erhielten drei amerikanische Finanzökonomen – Harry Markowitz, William Sharpe und Merton Miller – den Wirtschaftsnobelpreis für ihre Beiträge zu einem Theoriegebäude, das seit Mitte der 70er Jahre die Erkenntnisse über Finanzinvestments zweifellos revolutioniert hat. Diese

Theoriegebäude ist unter dem Namen »Moderne Portfoliotheorie« (MPT) bekannt geworden. Die MPT liefert eine Reihe verblüffender Einsichten und ist gleichzeitig die Basis einer cleveren Investmentstrategie, die auch ganz normale Privatanleger umsetzen können. Anleger, die die zwar mathematisch komplex begründeten, aber in ihren Schlussfolgerungen leicht zu verstehenden Grundprinzipien der MPT nicht kennen, kann man mit Joggern vergleichen, die ohne Training einen Triatholon gewinnen wollen – ein aussichtsloses und für die Gesundheit gefährliches Unterfangen.

Hier die wichtigsten Aussagen der MPT:

▸ Risiko und Rendite sind *untrennbar* mit einander verknüpft. Risikoreiche Assets (Vermögensanlagen) müssen dieses höhere Risiko durch höhere erwartete Renditen kompensieren. Diese höheren Renditen sind jedoch nicht garantiert (sonst wären sie ja risikolos). Je länger die Halteperiode für ein Investment ausfällt, desto höher ist die Wahrscheinlichkeit, dass seine erwartete Rendite tatsächlich realisiert wird.[5]

▸ Der Wert eines Investments (ausgedrückt in seinem Wertpapierkurs) wird in erster Linie durch die Erwartung der in der Zukunft an den Anleger fließenden liquiden Zahlungen (Cashflows) sowie deren Schwankungsintensität bestimmt. Vergangene Zahlungen wie zum Beispiel Dividenden oder die Angaben in der Bilanz des Unternehmens spielen letztlich keine Rolle.

▸ Die überwältigende Mehrheit aller privaten und institutionellen Anleger scheitert daran, den Markt (repräsentiert durch einen entsprechenden Wertpapierindex, zum Beispiel den DAX) dauerhaft und bei Berücksichtigung von Risiko und Transaktionskosten zu schlagen. Das Unterfangen, den Markt durch eine aktive Anlagestrategie langfristig zu outperformen, gelingt nur zufällig.

▸ Die kleine Gruppe der Outperformer in einer gegebenen Zeiteinheit, zum Beispiel einem Jahr, wechselt in ihrer Zusammensetzung von Periode zu Periode und ist nicht vorhersagbar.

▸ Der Versuch, den Markt zu schlagen, ist nicht kostenlos. Anleger, die diesen Versuch unternehmen, müssen notwendigerweise höhere Verlustrisiken eingehen, um sich damit die Chance auf eine Überrendite zu erkaufen. Aufgrund der ebenfalls zumeist höheren Transaktionskosten dieser Anleger enden sie auch als Gruppe unter der marktdurchschnittlichen Nettorendite.

▸ Die Finanzmärkte sind hochgradig effiziente Mechanismen. In die jeweils aktuellen Marktpreise (Wertpapierkurse) sind alle am Markt verfügbaren Informationen einschließlich der Erwartungen und Vermutungen bereits eingepreist. Kein Investor kann hoffen, dauerhaft mehr zu wissen als der Markt insgesamt.

▸ Entdeckt ein Investor eine »Marktanomalie« (siehe Infobox), das heißt einen Wettbewerbsvorteil, der es gestattet, erfolgreich unter- oder überbewertete Wertpapiere aufzuspüren, kopiert der Markt (die übrigen Anleger) diese Strategie und zerstört damit ihre Wirksamkeit.

Marktanomalien

Engl. *mispricings*; Wertpapierkurse, die systematisch von ihrem »wahren« oder »fairen« Wert abweichen und daher eine Möglichkeit zur Erzielung einer Überrendite, also einer über dem Marktdurchschnitt liegenden Nettorendite bieten. Zwar lassen sich in historischen Daten immer wieder Marktanomalien nachweisen, doch werden diese nach ihrer Entdeckung regelmäßig »wegarbitriert«, das heißt, sie verschwinden oder sind so gering, dass sich eine Ausbeutung bei Berücksichtigung von Transaktionskosten nicht lohnt.

▸ Mittels einer bestimmten Form der Diversifikation über so genannte Asset-Klassen hinweg ist es möglich, rund zwei Drittel des Risikos (der Wertschwankungen) einzelner Assets ohne gleichzeitigen Verlust an Renditechancen zu reduzieren oder umgekehrt, bei gegebenem Risiko eine maximale Rendite zu erzielen. Portfolios, die so konstruiert sind, nennt man »effiziente« Portfolios.

▸ Der mit Abstand wichtigste einzelne Einflussfaktor auf die Performance eines Gesamtportfolios (gemeint ist die Nettorendite bei Berücksichtung des Risikos) ist seine *Asset-Allokation*, das heißt seine spezifische Aufteilung auf ganze Asset-Klassen (siehe Infobox). Dagegen sind beispielsweise die Verteilung des Portfolios auf bestimmte Einzelwertpapiere (»Stock-Picking«) oder der Zeitpunkt von Käufen und Verkäufen (»Market-Timing«) für den Langfristerfolg des Portfolios nur von untergeordneter Auswirkung – im positiven wie im negativen Sinne.

▸ Zwar ist aktives Portfoliomanagement für den Investor ein Verliererspiel, doch drei andere Institutionen gewinnen dabei durchaus: (a) die Finanzbranche, das heißt die Banken, Vermögensberater, Fondsgesellschaften und Wertpapierhändler, die beträchtliche Provisionen und Spesen vereinnahmen; (b) die zahlreichen Finanzpublikationen, die Woche für Woche an den Anlageempfehlungen ihrer »Experten« verdienen, und (c) Vater Staat, der sich über ein Mehr an Kapitalertrags- bzw. Einkommensteuer freut.

Die Investmentstrategie, die sich aus den vorgenannten Erkenntnissen ableitet, heißt *Passives Portfoliomanagement*. Ihre Hauptmerkmale sind eine sehr langfristige Buy-and-Hold-Perspektive, die systematische Diversifikation über Asset-Klassen hinweg sowie eine radikale Kostenminimierung durch den Verzicht auf laufendes Trading und die Nutzung kostengünstiger Indexinvestments wie Indexfonds, Indexzertifikate und Indexaktien (siehe Glossar). »Passiv« heißt diese Anlagestrategie deshalb, weil auf die aktive Einzelauswahl bestimmter Aktien mit vermeintlich überdurchschnittlichem Wertsteigerungspotenzial vollständig verzichtet wird. Unzählige wissenschaftliche Studien haben die Überlegenheit passiven Investierens gegenüber allen aktiven Anlagestrategien bestätigt. Passives Investieren ist überraschend einfach. Wir stellen diesen Ansatz in Kapitel 7 detailliert vor.

Die MPT ist heute die einzige allgemein akzeptierte wissenschaftliche Theorie der Vermögensanlage. Ohne Übertreibung können wir behaupten, dass Theorien, die zu diesen Grundaussagen der MPT im Widerspruch stehen, von der Wissenschaft jedenfalls kaum noch ernst genommen werden. Ganz anders sieht es jedoch in der Finanzbranche aus. Die Informationen und Empfehlungen, die sie tagtäglich verbreitet, lassen sich zu einem beträchtlichen Teil nicht mit der MPT vereinbaren. Dies ist kein Zufall, denn nur so lassen sich viele Milliarden Euro an Wertpapierprovisionen und anderen Einkünften sichern.[6]

Asset-Klasse

Eine Gruppe von Assets mit ähnlicher oder identischer Risiko-Rendite-Kombination. Beispiele für Haupt-Asset-Klassen: Cash (Termingelder, Geldmarktpapiere bis zwölf Monate Laufzeit), festverzinsliche Wertpapiere (ab zwölf Monaten Laufzeit), Aktien, Immobilien, Edelmetalle, Stapelgüter (Weizen, Öl, Kohle etc.). Diese Haupt-Asset-Klassen lassen sich wiederum unterteilen, die Haupt-Asset-Klasse Aktien etwa in Standardwerte, mittelgroße Werte und Nebenwerte. Diese Unterklassen können wiederum in nationale und internationale Titel und diese wiederum in bestimmte Branchen und/oder Unternehmensgrößen untergliedert werden. Wie in den meisten Klassifikationssystemen können auch Asset-Klassen – je nach Zielsetzung – in unterschiedlicher Weise gebildet werden und sich je nach Klassifikation auch überlappen. Ein bestimmtes Asset kann also zu vielen verschiedenen Asset-Klassen gehören. *Asset-Allokation* bezeichnet die Aufteilung eines Portfolios auf einzelne Asset-Klassen. Die Bedeutung der Asset-Allokation beruht auf der Tatsache, dass der langfristige Ertrag eines Portfolios zu einem außerordentlich hohen Prozentsatz von der Auswahl und Gewichtung der Asset-Klassen bestimmt wird (nicht von der Auswahl einzelner Wertpapiere innerhalb der Asset-Klassen). Asset-Allokation zielt letztlich darauf, das Verhältnis von Rendite und Risiko eines Portfolios zu optimieren.

Eines der wichtigsten und interessantesten Elemente der MPT ist die bekannte Efficient-Market-Theorie. Die EMT wird von der Finanzbranche zum Teil wütend attackiert, weil sie viele für die Branche (nicht jedoch für die Anleger) ertragreiche Finanzprodukte und gängige Praktiken infrage stellt. Diese enorm praxisrelevante Theorie wollen wir uns im folgenden Abschnitt etwas näher ansehen.

4.4 Die Efficient-Market-Theorie (EMT): »Die praktischste Sache der Welt«

> »There ain't no such thing as a free lunch.«
> Amerikanisches Sprichwort

Bereits auf den ersten Blick zeichnet sich die Efficient-Market-Theorie (EMT) durch zwei hervorstechende Merkmale aus: Erstens ist sie die am schärfsten angegriffene finanzwissenschaftliche Theorie in der Investmentbranche (weniger in der Finanzwissenschaft) und zweitens ist sie diejenige Theorie, die – sofern sie zutrifft – unter allen Forschungsergebnissen der Finanzwissenschaft die größte Bedeutung für Anleger hat. Der Kern dieser Theorie besagt ganz einfach, dass Wertpapierkurse zu jedem gegebenen

Zeitpunkt alle existierenden Informationen über diese Wertpapiere beinhalten. Daher sind Marktpreise stets faire Preise. Eine systematisch erkennbare Unterbewertung oder Überbewertung von Wertpapieren ist somit ausgeschlossen.

Die Implikationen dieser Aussage – die manchen zunächst naiv erscheinen mag – sind tiefgreifend. Die meisten Aktienanleger kaufen Aktien in der Annahme, dass diese Wertpapiere mehr wert sind als der Preis, den sie dafür bezahlen, und verkaufen Aktien in der Annahme, dass diese Papiere weniger wert sind als das, was sie dafür erhalten. Nimmt man jedoch einen effizienten Aktienmarkt an, spiegeln die gegenwärtigen Marktpreise (Kurse) alle Informationen über die entsprechenden Aktien wider. Dann ist das Kaufen und Verkaufen von Aktien mit dem Ziel, den Markt zu schlagen, ein glücksspielartiges Unterfangen und eben gerade kein Vorhaben, bei dem Können und/oder Wissen den Erfolg bestimmen.

In einem solchen Markt führt der Wettbewerb unter den Marktteilnehmern zu einer Situation, in der zu jedem gegebenen Zeitpunkt die tatsächlichen Preise einzelner Wertpapiere alle Auswirkungen von Ereignissen widerspiegeln, die entweder bereits stattgefunden haben oder die der Markt in diesem Augenblick für die Zukunft erwartet. Das heißt, der tatsächliche Wertpapierkurs ist stets die beste Schätzung des »inneren Wertes« des Wertpapiers, also seines zukünftigen Kurses. Jeder andere Kurs ist weniger wahrscheinlich. Dementsprechend sind auch »systematisch ausbeutbare« Kursprognosen, wie sie Analysten jährlich zu Tausenden abgeben, nutzlos. Und tatsächlich wurde nachgewiesen, dass solche Prognosen für einzelne Wertpapiere oder für ganze Marktsegmente zum einen eine Trefferquote aufweisen, die über einen längeren Zeitraum hinweg kaum über der statistischen Zufallstrefferquote liegt, und zum anderen nach Transaktionskosten und bei Berücksichtigung des im Rahmen einer »aktiven Anlagestrategie« in Kauf zu nehmenden Risikos nicht profitabel ausgebeutet werden können. Mit anderen Worten: Das Anlegen nach Kursprognosen führt risikoadjustiert (risikogewichtet – siehe nachfolgende Infobox) nur zufällig zu einer langfristigen Überrendite gegenüber dem relevanten Marktindex.

Die Wurzeln der EMT gehen letztlich auf Adam Smith und vielleicht noch weiter zurück, aber im engeren Sinne hat der geniale amerikanische Ökonom und Nobelpreisanwärter Eugene Fama von der Universität Chicago seit Mitte der 60er Jahre am meisten zu ihrer Weiterentwicklung beigetragen. Von ihm stammt auch das Bonmot, die EMT sei die »praktischste Sache der Welt«. Ein effizienter Markt hat nach Fama folgende Merkmale:

▸ *Hohe Transparenz und Informationseffizienz:* Es ist zu jedem Zeitpunkt leicht möglich, sich einen Überblick über das gesamte Angebot und die gesamte Nachfrage zu verschaffen. Informationseffizienz heißt jedoch *nicht*, dass alle Informationen sich in der Zukunft als wahr herausstellen müssen.

▸ *Hohe Liquidität:* Im Markt sind laufend Angebot und Nachfrage in hohen Volumina vorhanden.

▸ *Niedrige Transaktionskosten:* Das Zusammentreffen von Angebot und Nachfrage sowie der Austausch von Gütern verursachen wenig Kosten und Zeitaufwand.

▸ *Homogene Güter:* Die Güter einer bestimmten Art sind »homogen«, das heißt, sie unterscheiden sich nicht oder nur wenig hinsichtlich ihrer Qualität.

▸ *Rationalität der Anleger:* Unter allen Anbietern und Nachfragen befindet sich zu jedem Zeitpunkt eine gewisse Mindestzahl rationaler, also nutzenmaximierender Personen (was jedoch nicht heißen muss, dass alle Marktteilnehmer permanent rational agieren).

▸ *Abwesenheit staatlicher Eingriffe:* Es handelt sich im Wesentlichen um einen deregulierten Markt ohne hoheitlich festgelegte Mindest- oder Höchstpreise und ohne sozial- oder strukturpolitische Eingriffe des Staates.

Ein wichtiger Spezialaspekt der EMT ist die *Random-Walk-Theorie* (wörtlich übersetzt: Zufallslauftheorie). »Random-Walk« ist ein Begriff aus der Statistik, der in diesem Zusammenhang den Verlauf von Aktienkursen im Zeitablauf beschreibt. Die Random-Walk-Theorie sagt aus, dass historische Kursverläufe keine Aussagen über künftige Kursverläufe zulassen. Tatsächlich lässt sich nachweisen, dass der Verlauf von Wertpapierkursen – nach Berücksichtigung des natürlichen Aufwärtstrends (beim DAX rund 0,052 Prozent pro Trading-Tag) – keinerlei Muster enthält, die nicht auch durch Zufall entstanden sein könnten.

Dementsprechend sind selbst Experten oder Computer nicht in der Lage, Kursdiagramme, die per Zufallsgenerator (mit einprogrammiertem natürlichem Aufwärtstrend) erzeugt wurden, von echten Kursdiagrammen zu unterscheiden. Salopp formuliert: »Der Wertpapiermarkt hat kein Gedächtnis.« Die Kurse von gestern bedeuten nichts für die Kurse von heute. Zwar kann allein der Glaube an die Wirksamkeit eines Chartsignals kurzfristige Marktanomalien auslösen, falls die »Anlegerherde« diesem Signal folgt, doch genügt es für einen effizienten Markt bereits, wenn ein relativ kleiner Teil der Akteure rational handelt, und diese Anleger müssen nicht immer dieselben sein. Darüber hinaus treten solche Phänomene nicht systematisch auf, das heißt, sie lassen sich nicht zuverlässig vorhersagen – und nur unter dieser Voraussetzung könnte eine risikolose Zusatzrendite erzielt werden.

Risikoadjustierung von Renditen / Sharpe-Ratio

Die Renditen zweier Wertpapiere können nur durch eine Risikoadjustierung (Risikogewichtung, Risikoanpassung) objektiv miteinander verglichen werden, denn eine höhere Rendite mit einem höheren Risiko in Bezug auf Wertschwankungen ist nicht unbedingt einer niedrigeren Rendite mit niedrigerem Risiko vorzuziehen (Problem des Äpfel-Birnen-Vergleichs). Die einfachste Form der Risikoadjustierung besteht darin, dass man grundsätzlich nur Renditen vergleicht, die zur selben Asset-Klasse gehören, also etwa die Aktien zweier Automobilhersteller (Äpfel-mit-Äpfeln-Vergleich). Da das in der Praxis aber oft nicht möglich ist, behilft man sich zum Beispiel damit, dass die Renditen zum entsprechenden Risiko ins Verhältnis gesetzt, sprich durch dieses dividiert werden. Das Ergebnis ist dann eine objektiv vergleichbare Renditezahl, bezogen auf eine Einheit Risiko. Die bekannteste Kennzahl hierfür ist das Sharpe-Ratio, eine Kennzahl, die – in ihrer einfachsten Form – die Rendite eines Fonds oder eines anderen Portfolios durch seine Standardabweichung (Maßzahl für Risiko, Volatilität, Wertschwankungen) dividiert. Das Sharpe-Ratio ist somit eine risikoadjustierte Renditekennzahl, die die Rendite pro 1 Prozent Standardabweichung ausdrückt, und damit ein besserer Vergleichsmaßstab zwischen Fonds als die Rendite oder die Standardabweichung (Volatilität) alleine.

Erhält der Markt nun tatsächlich eine neue (also unerwartete) Information, passt sich der Marktpreis rasend schnell an. Viele Untersuchungen haben für die meisten Börsen Anpassungszeiträume zwischen fünf Sekunden und wenigen Minuten festgestellt. Für das Bekanntwerden der neuen Information im Markt bedarf es keiner speziellen Verlautbarung; das Reagieren der einzelnen Marktteilnehmer auf die Information selbst sorgt bereits für ihre Übertragung. Ein allmähliches Einfließen einer Information über Wochen oder gar Monate hinweg ist kaum denkbar, geschweige denn statistisch nachgewiesen. Vermutungen sind wahrscheinlichkeitsgewichtete Informationen und unterscheiden sich hinsichtlich ihrer Einwirkungsart auf den Kurs nicht grundsätzlich von sicheren Informationen. Ferner können alte Informationen aufgrund neuer Erkenntnisse (Informationen) anders interpretiert werden, um erneut oder erstmalig einen Kurseffekt auszulösen.

Sollte es doch einmal länger dauern, bis eine neue Information in den Kurs einfließt, werden gewiss nicht Privatanleger davon profitieren. Rund 85 Prozent des weltweiten Wertpapierhandels geht von so genannten institutionellen Marktteilnehmern aus, also von Banken, Investmentfonds, Brokern, Versicherungen, staatlichen Kapitalsammelstellen wie die Sozialkassen oder Großunternehmen. Kein Privatanleger – auch nicht im Zeitalter des Internets – hat eine echte Chance, in diesem Rennen mitzuhalten, genauso wenig, wie er mit einem Kleinwagen in der Formel 1 gewinnen könnte.

Wie muss man sich diese Informationseffizienz konkret vorstellen? Jede Information, die den Kurs beeinflussen kann, muss ihn sofort beeinflussen. Eine heute bekannte Information kann, sofern es auch nur eine Hand voll rationaler Investoren (unter Millionen irrationalen Anlegern) gibt, aus logischen Gründen unmöglich erst morgen den Kurs beeinflussen. Wüsste man mit Gewissheit, dass die Information X morgen den Kurs der Aktie Y vom derzeitigen Kurs 100 auf 110 erhöhen würde, wäre es völlig risikolos, die Aktie heute in jeder beliebigen Menge (bis hin zu 100 Prozent aller umlaufenden Y-Aktien) zu kaufen, um sie morgen beim Kurs von 110 wieder zu verkaufen. Das brächte eine Rendite von über 3500 Prozent. Binnen eines Jahres könnte man so zum Multimilliardär werden. Es gibt also keine Informationen, die nicht bereits im aktuellen Kurs enthalten sind (im Börsendeutsch: »eskomptiert« oder eingepreist) – Insider-Informationen ausgenommen. Louis Bachelier, der Begründer der modernen Finanzwissenschaft, stellte schon im Jahr 1900 fest: »Ganz klar ist der vom Markt als am wahrscheinlichsten angenommene Preis der wahre, korrekte Preis; wäre der Markt anderer Meinung, wäre der Marktpreis entweder höher oder niedriger.«

Ändern sich die Marktpreise in einem effizienten Markt, dann nur aufgrund *neuer* Informationen. Neu sind Informationen aber nur, wenn sie eben nicht schon bekannt und auch nicht vorhersehbar waren. Eine Preisänderung aufgrund einer Information, die schon seit einigen Tagen bekannt war, ist mit den allgemein akzeptierten Grundeigenschaften von Märkten, zum Beispiel dem dominierenden Gewinnmotiv, unvereinbar und auch logisch nicht nachvollziehbar. Vermutungen, Ahnungen, Gerüchte und Hoffnungen sind keine neuen Informationen, sondern bekannte Informationen mit einem Unsicherheitsfaktor, also wahrscheinlichkeitsgewichtete Informationen. Wenn ein Ereignis »vorhersehbar« ist, ist die entsprechende Information nicht neu und hat daher den Preis bereits beeinflusst. Jede wirklich neue Information wird und muss jedoch – weil sie nicht systematisch erahn- oder vorhersagbar ist – zufälligen Inhalt haben (im Börsendeutsch: »random«). »Zufällig« nicht im Sinne von gut oder schlecht, sondern hinsichtlich der Frage, ob die Information die Markterwartungen zur Rentabilität der Aktie (die gegenwärtige Einschätzung der Aktie) bestätigt oder nicht. Da der Zufall nicht vorhersagbar ist, ist auch der Wertpapierkurs nicht vorhersagbar. Weil also alle verfügbaren Informationen bereits im Preis eines Wertpapiers enthalten sind und ein Prognostiker all jene Informationen, die der Kurs noch nicht reflektiert, nicht kennen kann, sind systematisch ausbeutbare Kursprognosen unmöglich.

Die Informationseffizienz betrifft nicht nur die erwartete Rendite einer Aktie, sondern auch den kursbeeinflussenden Effekt von Risiken. In einem effizienten Markt sind alle bekannten (erwarteten) Risiken und die Wahrscheinlichkeit ihres Auftretens bereits im Marktpreis des Wertpapiers enthalten. Insofern können solche Risiken nur dann einen weiteren negativen Einfluss auf den Marktpreis eines Wertpapiers auslösen, wenn die Risiken durch ein plötzliches, vom Markt unerwartetes Ereignis größer oder wahrscheinlicher werden oder der Risikofall tatsächlich eintritt. Dieser könnte zum Beispiel die Senkung des Ratings einer Aktie durch eine der großen Rating-Agenturen sein.

Erwartete Rendite, erwartetes Risiko

Engl. *expected return*, *expected risk*; bezeichnet den auf der Basis einer bestimmten Methode für die Zukunft *angenommenen* (geschätzten) durchschnittlichen Wert für Rendite oder Risiko. Der Erwartungswert für die Rendite ganzer Märkte wird üblicherweise ermittelt, indem man einen Durchschnitt aller Jahresrenditen während eines mehr oder weniger langen vergangenen Zeitraums, zum Beispiel über dreißig Jahre, errechnet. Das erwartete Risiko in Form der Standardabweichung ist aufgrund der Definition dieser Variablen von vornherein ein Durchschnittswert. Auch er wird in der Regel für die Vergangenheit berechnet und dann auch für die Zukunft angenommen. Die historischen Erwartungswerte müssen sich aber keineswegs in der Zukunft, insbesondere nicht in bestimmten Teilabschnitten der Zukunft, bestätigen und bei Aktien wird das überwiegend auch nicht der Fall sein. Dennoch ist dieser Erwartungswert im Allgemeinen die bestmögliche Prognose für die tatsächlichen zukünftigen Werte. Häufig wird vereinfacht von »Rendite« oder »Risiko« gesprochen, wenn eigentlich *erwartete* Rendite oder *erwartetes* Risiko gemeint sind. Für ein Portfolio von Wertpapieren gilt: Je länger die Anlageperiode, desto höher die Wahrscheinlichkeit, die erwarteten Werte auch tatsächlich zu erzielen.

Die wesentliche Schlussfolgerung aus den Erkenntnissen der EMT besteht kurz gesagt darin, dass aktive Wertpapierinvestments, die notwendigerweise auf die Erzielung von Überrenditen abzielen, ein Glücksspiel sind (dies gilt nicht hinsichtlich der Erzielung von Renditen an sich). Die EMT-Debatte spielt deshalb für Anleger bei der Beantwortung der Frage, ob sie »aktiv« oder »passiv« investieren sollten, eine eminent wichtige Rolle.

Aktives Anlagemanagement ist das, »was alle machen«. Über 95 Prozent aller privaten Anlagegelder und rund 75 Prozent der professionellen Anlagen werden aktiv gemanagt. Bei aktivem Investieren will der Anleger oder Fondsmanager Wertpapiere finden, die vom Markt gegenüber ihrem »fairen« (also »angemessenen«) Preis falsch bewertet werden, also entweder zu teuer oder zu billig sind. Im Falle zu billiger, unterbewerteter Aktien wird der aktive Anleger diese Aktie kaufen. Danach hält er das Papier so lange, bis der Markt den Bewertungsirrtum erkannt hat und den Preis durch verstärkte Nachfrage auf seinen fairen Level hinaufkorrigiert. An diesem Punkt verkauft der Anleger das Wertpapier wieder. Die Frage, wie ein Anleger die Unter- oder Überbewertung eines Wertpapiers erkennt, hängt von der speziellen aktiven Anlagestrategie ab, die er verfolgt. Davon gibt es – je nach Zählweise – rund fünfzig oder mehr. Die bekanntesten sind Stock-Picking auf der Basis fundamentaler Analyse, Stock-Picking auf der Basis technischer Analyse und Market-Timing auf der Basis makroökonomischer Analysen (vorübergehendes Über- oder Untergewichten von Märkten oder Marktsegmenten).

Passives Anlagemanagement macht dagegen keinerlei Versuch, attraktive von unattraktiven Wertpapieren zu unterscheiden, Wertpapierkurse zu prognostizieren oder Märkte zu timen. Passive Anleger investieren nach dem Buy-and-Hold-Grundsatz in ein oder mehrere breite Segmente des Aktienmarktes (Asset-Klassen), zum Beispiel in Form von Indexfonds. Sie geben sich mit der jeweiligen Marktrendite zufrieden und versuchen, die hohen Transaktionskosten eines aktiven Portfoliomanagements zu vermeiden (mehr zu dieser Anlagestrategie in Kapitel 7 »Wie man das Verliererspiel gewinnen kann«).

Oft wird behauptet, dass die EMT – sofern sie denn zutreffe – das Hauptargument für passives Investieren sei. Das ist nicht ganz korrekt. Ein vielleicht wichtigeres Argument ist der bereits in Abschnitt 4.2 beschriebene »Renditenullsummenspiel-Charakter« der Wertpapiermärkte hinsichtlich der Verteilung von Überrenditen unter allen Anlegern. Aufgrund dieses ehernen mathematischen Gesetzes erzielt vor Kosten notwendigerweise eine Hälfte der Anleger eine unter dem betreffenden Marktindex liegende Rendite, nach Kosten sind es noch deutlich weniger. Die Efficient-Market-Theorie erklärt lediglich, warum die unweigerlich vorhandenen Outperformer nicht ausschließlich Profianleger sind, sondern sich etwa repräsentativ aus allen Anlegergruppen – auch aus den Reihen der Privatanleger – zusammensetzen. (Rund 85 Prozent aller global investierten Mittel stammen von institutionellen, also professionellen Investoren, nur etwa 15 Prozent von Privatanlegern.)

Die EMT gilt nicht für jeden Markt, sondern nur für den Wertpapier- und den Devisenmarkt. Die große Mehrzahl der normalen Güter- und Dienstleistungsmärkte ist mehr oder weniger »ineffizient«. Beispiel: der Gebrauchtwagenmarkt. Hier ist es möglich, mit Fachverstand, Marktübersicht und entsprechendem Suchaufwand einzelne Fahrzeuge zu finden, die entweder »zu billig« oder »zu teuer« sind. Als Käufer würde man sich auf die zu billigen Autos konzentrieren und könnte so (bei gleichem Risiko) gegenüber dem durchschnittlichen Marktakteur höhere Renditen auf das eingesetzte Kapital erzielen.

Ein kurioses, aber anerkanntes Paradox der EMT besteht übrigens darin, dass ihre Aussagen nicht mehr zuträfen, wenn alle Marktteilnehmer nach ihr handeln würden, also nur noch passives Portfoliomanagement, zum Beispiel mit Indexfonds, betrieben. Es gibt auch Untersuchungen zu der Frage, wie groß der Anteil der passiven Investoren an der Gesamtzahl aller Investoren sein müsste, um die Effizienz der Märkte zum »Kippen« zu bringen, sodass sich aktive Anlagestrategien wieder lohnen würden. Die entsprechenden Schätzungen belaufen sich auf etwa 80 Prozent (gemessen am Anteil der passiv gemanagten Gelder am gesamten Anlagevolumen aus privaten und institutionellen Anlagen). Heute liegt dieser Anteil bei etwa 20 Prozent.

Fest steht: Wer den Markt dauerhaft schlagen will, muss nicht nur mehr

Tabelle 1: So unterscheiden Sie effiziente von ineffizienten Wertpapiermärkten

Unterscheidungskriterium	Effizienter Wertpapier- markt	Ineffizienter Wertpapier- markt
Wie lange dauert es, bis neue Information (also Information, die vorher nicht bekannt war) im aktuellen Wertpapierkurs berücksichtigt wird?	nur wenige Minuten	einige Tage bis mehrere Monate
Wie lange bleiben daher falsche (d. h. zu hohe oder zu niedrige) Preise von Wertpapieren bestehen, bis eine Anpassung des Preises an den »wahren« Wert (den fairen Kurs) erfolgt?	extrem kurz	manchmal sehr lange
Wie hoch ist die Chance, ein Wertpapier zu finden, das gemessen an seinem fairen Kurs zu billig ist?	sehr niedrig bis beinahe null	hoch
Lohnt es sich, diesen Wertpapiermarkt mit hohem Aufwand an Zeit und Geld zu beobachten und zu analysieren?	nein	ja
Ist der Markt übersichtlich und transparent, d. h., gibt es ausreichende, leicht zugängliche Informationen über Angebot und Nachfrage?	ja	nein
Lohnt es sich, einen professionellen Anlagemanager zu bezahlen, um eine Überrendite zu erreichen, d. h. eine höhere Performance (Rendite nach Risiko und Kosten) als der Markt?	nein	ja
Ist der Markt liquide, d. h., treffen jederzeit ein relativ breites, aus vielen einzelnen Marktteilnehmern zusammengesetztes Angebot und eine ebenso breite Nachfrage aufeinander?	ja, fast immer	nein, häufig nicht
Ist es möglich, mit einem »Dart-Portfolio« (einen Dartpfeil 30-mal blind auf den Kurszettel des Handelsblattes werfen) langfristig eine ebenso hohe Rendite wie der Markt zu erzielen?	leicht möglich	schwer möglich
Welchen »Grundcharakter« hat Investieren in diesem Markt?	gleicht einem Glücksspiel (*luck based game*)	beruht auf Fähigkeiten (*skill based game*)

wissen als irgendjemand anders – das wäre zweifellos möglich –, sondern mehr als jeder andere und das permanent.

In den finanzwissenschaftlichen Fakultäten der Universitäten wird heute im Grunde nur noch darüber gestritten, wie hoch der Grad der Markteffizienz ist. Über deren Vorhandensein an sich besteht unter Wissenschaftlern kaum noch Dissens. Dennoch wird die EMT in der Investmentbranche vielfach mit hysterisch anmutender Leidenschaft angegriffen und in der populären Finanzpresse – gemessen an der enormen Bedeutung dieser Theorie – beinahe totgeschwiegen. Das lässt sich jedoch leicht erklären. Die Jobs von Fondsmanagern, Analysten und Finanzjournalisten erfordern zwingend den Glauben an ineffiziente Wertpapiermärkte. Andernfalls könnten diese Personen buchstäblich »nach Hause gehen« und die Fonds- und Bankenbranche würde Schätzungen zufolge weltweit mehr als 50 Milliarden Euro pro Jahr an risikolosen Wertpapierhandelsprovisionen verlieren – die entgangenen Umsätze der populären Finanzpresse nicht einmal mit eingerechnet. Deren kurzatmige, bei Berücksichtigung der Trading-Kosten genauso oft richtigen wie falschen Anlagetipps wären nämlich für passiv orientierte Anleger uninteressant.

Auf einige weitere, sachliche Einwände gegen die EMT gehen wir im nächsten Abschnitt ein.

4.5 Die Kritik an der EMT ist nicht überzeugend

> »Unsere ganze Forschung wie auch die Erfahrung zeigen, dass die meisten Finanzmärkte tatsächlich hochgradig effizient sind. Die vorhandene Beweislage – manche würden sagen: brutale Beweislage – ist so überwältigend, dass Widerlegungsversuche inzwischen aussichtslos erscheinen.«
>
> *John Bogle*, legendärer Gründer der amerikanischen Fondsgesellschaft Vanguard

Mittlerweile sind unzählige Studien zur Efficient-Market-Theorie (EMT) und zur Random-Walk-Theorie veröffentlicht worden, insbesondere zu der Frage, wie effizient bestimmte Märkte sind; aber auch grundsätzliche Überprüfungen dieser Theorien wurden angestellt. Zusammenfassend kann man sagen, dass die Ergebnisse dieser Studien die Markteffizienz für Wertpapiermärkte sehr weitgehend bestätigt haben. Hinsichtlich der Intensität der

Markteffizienz werden drei mögliche Stufen unterschieden: schwach, mittel und stark. Die akademische Diskussion über den Effizienzgrad der Wertpapiermärkte dauert an, ihre praktische Bedeutung für den Privatanleger wird von der populären Presse jedoch auf absurde Weise übertrieben. Motto: Da hier noch keine völlige Einigkeit unter den Experten bestehe, könne man die EMT insgesamt nicht als bewiesen anerkennen. Eine naive und, wie das Geschehen an den Börsen lehrt, für die Anleger gefährliche Einschätzung. Für die Gültigkeit einer Theorie kommt es generell weder darauf an, ob alternative Erklärungsansätze vorhanden sind, noch ob vollständige Einigkeit über jeden Aspekt der betreffenden Theorie besteht, sondern schlicht, ob es sich um den besten Erklärungsansatz mit der höchsten Prognosekraft handelt. Dieser Rang unter den Theorien der Preisbildung an den Kapitalmärkten kommt ganz klar der EMT zu.

Neben diesem wenig ernst zu nehmenden Kritikpunkt an der EMT gibt es noch einige andere, etwas besser begründete Einwände, auf die wir kurz eingehen wollen.

Oft wird die Gültigkeit der EMT mit dem Hinweis auf die Existenz einzelner Anleger, die über lange Zeit hinweg den Markt nach Kosten und Risiko schlagen, in Zweifel gezogen. Dieses Faktum ist für sich genommen keine Widerlegung der EMT. Selbst in einem reinen Glücksspiel wird es Teilnehmer geben, deren Spielergebnis vom statistischen Erwartungswert über lange Phasen hinweg positiv abweicht. Würde man beispielsweise 66 500 Personen jeweils zehnmal hintereinander würfeln lassen, müsste statistisch gesehen einer unter ihnen sein, der zehn Sechsen würfelt. Diese Person lässt sich aber nicht im Vorhinein identifizieren und kein Spieler kann vor dem Spiel erwarten, einen Augendurchschnitt zu erreichen, der wesentlich von 3,5 abweicht. Mithilfe statistischer Techniken lässt sich untersuchen, wie lange die Outperformance eines Anlegers anhalten muss, bis man mit 99-prozentiger Sicherheit davon ausgehen kann, dass diese Überrendite auf Können und nicht auf Glück zurückzuführen ist. Nimmt man eine Aktienmarktrendite von 12 Prozent p. a. an und eine kontinuierliche, jedes Jahr erzielte Überrendite von 2 Prozentpunkten (also eine Rendite von 14 Prozent p. a.), dauert es etwa 70 Jahre, bis sich mit 99-prozentiger Wahrscheinlichkeit schlussfolgern lässt, die Überrendite sei auf Können statt auf Zufall (Glück) zurückzuführen.

Ein anderes Argument besteht darin, starke Kursschwankungen, die bekanntlich oft genug vorkommen, zum Anlass zu nehmen, die EMT auf der Basis des »gesunden Menschenverstandes« zu kritisieren, ja zu verhöhnen.

Motto: Wie kann irgendjemand so naiv sein, »effiziente Märkte« anzunehmen, wenn der Kurs der XY-Aktie innerhalb von 24 Stunden um 30 Prozent fällt, obwohl sich am Geschäft des betreffenden Unternehmens nichts Wesentliches geändert hat.

Aktienkurse sind der Gegenwartswert (Barwert) eines langfristigen Dividendenstroms in der Zukunft. Simuliert man diesen Marktbewertungsprozess rechnerisch, verwendet man dazu das so genannte »Dividend Discount Model«, das auch von Unternehmensberatungen und Analysten eingesetzt wird, um Unternehmenskaufpreise im Falle von Akquisitionen und Fusionen festzulegen. In diesem – übrigens unumstrittenen und vergleichsweise simplen – Rechenmodell wirken sich schon geringfügige Änderungen der einfließenden Annahmen aufgrund der darin enthaltenen Hebelwirkungen drastisch auf den Kurs und damit auf den Unternehmenswert aus. Bei anderen Gütern, deren Wert von lange in der Zukunft liegenden Zahlungsströmen abhängt, wie etwa Immobilien, ist das nicht anders. Allerdings gibt es für Immobilien keine Börse, auf der diese Schwankungen minütlich festgestellt werden können; gäbe es sie, würde sich herausstellen, dass der Marktwert von Immobilien ebenso stark schwankt wie der von Aktien.

In Abschnitt 5.5 zeigen wir anhand einer Beispielrechnung auf der Basis einer einfachen Variante des Dividend Discount Models, wie eine vergleichsweise geringe Änderung des vom Markt erwarteten langfristigen Gewinnwachstums eines Unternehmens von nur 1 Prozentpunkt, etwa aufgrund der Veröffentlichung einer neuen Unternehmensstrategie oder Patentanmeldung, den Kurs »schlagartig« um über 30 Prozent verändern kann. Ähnliche Korrekturen nach oben oder unten können sich für ganze Märkte ergeben, wenn diese aufgrund politischer oder anderer Ereignisse ihre Einschätzungen über das allgemeine Gewinnwachstum des Marktes oder aber über die künftigen Gewinnschwankungen (Risiko) revidieren. Grundsätzlich ist nichts an solchen drastischen Wertschwankungen »irrational«, wie manche Finanzjournalisten ohne Kenntnisse der modernen Kapitalmarkttheorie immer wieder oberlehrerhaft feststellen. Aktienkurse sind Erwartungswerte eines viele Jahre in die Zukunft reichenden, auf die Gegenwart abgezinsten Zahlungsstromes. Diese Erwartungen werden selbstverständlich von menschlichen »Grundstimmungen« (Optimismus, Pessimusmus, Angst etc.) beeinflusst – wie praktisch unser ganzes Dasein. Derartige Stimmungen, insofern sie Unsicherheit über die zukünftige Entwicklung widerspiegeln, sind aber letztlich nichts anderes als wahrscheinlichkeitsgewichtete Informationen. Wer das als »irrational« einstuft, hat das Wesen der Bewertung von Wertpapieren und den marktwirtschaftlichen Preismechanismus nicht richtig verstanden. Er behauptet damit ferner, er wisse besser als der Markt, sprich Millionen anderer Marktteilnehmer, was das »wahre«, richtige Bewertungsniveau eines Marktes oder einer Aktie sei – eine erstaunliche Arroganz.

Extreme Kurssprünge in sehr kurzer Zeit sind somit kein Beleg für mangelnde Markteffizienz. Sie wären es erst dann, wenn es bestimmten Anlegern gelänge, diese Kurssprünge nach Kosten und Risiko systematisch mit Gewinn auszubeuten. Das hat in der Vergangenheit nur eine winzige Minderheit von Anlegern geschafft.[7] Und niemand konnte die Zusammensetzung dieser Minderheit im Vorhinein zuverlässig voraussagen. Genauso wie niemand heute weiß, wer – von heute an gerechnet – in den kommenden fünf oder zehn Jahren zu dieser Outperformer-Gruppe gehören wird. Die einzige Gewissheit, die wir haben, ist, dass es eine Hand voll solcher Investmentgenies geben wird. Ob ihr Erfolg hingegen auf überlegenes Können oder einfach nur Glück zurückzuführen sein wird, war und ist durchaus schwierig zu beweisen. (Mehr zu dieser speziellen Frage in Abschnitt 5.9.)

Ein weiteres unter Wirtschaftsjournalisten und Privatanlegern verbreitetes Missverständnis lautet wie folgt: Ausgehend von der wohl richtigen Beobachtung, dass die Mehrzahl der Privatanleger Investmententscheidungen trifft, die zumindest zeitweilig emotionsgetrieben sind oder von vornherein auf erkennbar falschen Annahmen beruhen, schlussfolgern sie, dass Wertpapiermärkte gar nicht effizient sein können – da nicht vollständig rational. Ergo müsse die EMT als widerlegt gelten. Auch dieses Argument ist nur scheinplausibel. In einem transparenten, liquiden Markt genügt bereits ein kleiner Prozentsatz rationaler Anleger, um die Effizienz des Gesamtmarktes zu gewährleisten. Diese rationalen Anleger brauchen nicht stets dieselben zu sein, und es spielt keine Rolle, wenn die Majorität der Anleger ständig oder zeitweilig irrational handelt. Die wenigen rationalen Anleger sorgen bereits dafür, dass das Preisniveau oder – genauer formuliert – die Rendite-Risiko-Kombination von Wertpapieren »fair« ist, also den inneren Wert der Aktie bestmöglich schätzt. Man könnte das vielleicht mit einem kleinen Beispiel aus dem Kartoffelmarkt illustrieren (obwohl dieser nicht annähernd so effizient ist wie der Wertpapiermarkt). Niemand bezahlt im Supermarkt an der Ecke allein deshalb mehr für ein Kilo Erdäpfel, weil er nicht genau weiß, was der marktübliche, angemessene Preis in derartigen Läden ist. Vielmehr zahlen alle dasselbe – »irrationale« (ahnungslose) Kartoffelkäufer ebenso wie »Kartoffelexperten«. Um diesen wundersamen Zustand zu erreichen, reicht es aus, wenn nur wenige Kartoffelkäufer aktiv Preisvergleiche anstellen und die Händler mit den besseren Preisen bevorzugen. So bildet sich ein – bei Berücksichtigung der Transaktionskosten – sehr uniformer Marktpreis, der sicherstellt, dass auch »irrationale« Kartoffelkäufer nicht übers Ohr gehauen werden.[8]

Neuerdings ist oft zu hören, die junge Forschungsrichtung der Behavioral Finance (etwa »Verhaltensökonomie«, eine neue Spezialdisziplin der Finanzwissenschaft) widerlege die EMT. Forschungsergebnisse hätten gezeigt, dass die Mehrzahl der Anleger irrationale Verhaltensweisen an den Tag legte. Die EMT unterstelle dagegen den »Homo oeconomicus«, den vollständig rationalen, nutzenmaximierenden Wirtschaftsakteur, und sei deshalb realitätsfern. Einer eingehenden Überprüfung hält auch diese Behauptung nicht stand. Erstens ist es – wie wir gesehen haben – zur Erreichung einer hohen Markteffizienz nicht erforderlich, dass alle Anleger rational agieren, nicht einmal, dass die notwendige, rationale Minderheit sich immer aus denselben Akteuren zusammensetzt. Ferner sind viele von der Behavioral Finance aufgedeckten irrationalen Verhaltensweisen nicht »stabil«; das heißt, Anleger reagieren zwar oft »falsch« auf bestimmte Informationen, aber nicht kontinuierlich auf die gleiche Weise falsch. Falsches Verhalten wäre aber nur dann von anderen, rationalen Anlegern ausbeutbar, wenn es langfristig gleichförmig wäre. Und schließlich führt die Aufdeckung von Marktineffizienzen alsbald zu ihrem Verschwinden. Mit diesem faszinierenden Phänomen beschäftigen wir uns im nächsten Abschnitt.[9]

4.6 Die EMT wird durch die Angriffe ihrer Gegner nur noch stärker

> »Die Efficient-Market-Theorie ist eine der mächtigsten ökonomischen Theorien, weil – sobald eine Marktanomalie entdeckt ist – ihre Ausbeutung zu ihrem Verschwinden führen wird. Als beispielsweise der Januar-Effekt für Nebenwerte nachgewiesen wurde, begannen Anleger im Dezember zu kaufen. Andere, die das erkannten, begannen im November zu kaufen, um der ersten Gruppe zuvorzukommen, und so weiter – Sie sehen, was ich meine ...«
>
> *Larry Swedroe*, Finanzwissenschaftler und Research Director von Buckingham Asset Management

Ein eigentümliches Merkmal der Efficient-Market-Theorie (EMT) besteht darin, dass sie durch diejenigen, die sie nicht beachten oder für falsch halten, gestärkt wird. In dieser Hinsicht nimmt die EMT unter allen finanzwissenschaftlichen Theorien vielleicht eine einzigartige Position ein. Dieser »Bumerang-Effekt« hat vorwiegend zwei Gründe:

Zum einen wird die Effizienz der Wertpapiermärkte täglich neu von den Marktteilnehmern mit aktiver Anlagestrategie (also jenen, die *nicht* an die EMT glauben) erzeugt. Das sind mehr als 90 Prozent aller Marktteilnehmer, also viele Millionen gewinnhungrige Investoren, Profis und Amateure, die 365 Tage im Jahr, 24 Stunden am Tag rastlos und weltweit nach fehlgepreisten (zu billigen oder zu teuren) Wertpapieren suchen. Unter diesen Anlegern befinden sich Tausende mit exzellenter Ausbildung, hohem IQ und Insider-Informationen. Dank der immer besseren Informationstechnologie und Telekommunikation werden die den Anlegern zur Verfügung stehenden Unternehmens- und Marktinformationen laufend umfangreicher, billiger, schneller und genauer. Das führt zu einem immer rascheren Wegkaufen oder Wegbieten der wenigen Gelegenheiten, den Marktdurchschnitt zu übertreffen. Bildhaft gesprochen: Es sind einfach zu viele Wölfe da, die alle dasselbe freie, übersichtliche Feld mit Schafen beobachten. Taucht nun ein Lämmchen in einer Ecke des Feldes auf, ist sein Schicksal ganz schnell besiegelt. Und kein Wolf kann hoffen, stets als Erster bei der Beute zu sein. Die beiden amerikanischen Finanzökonomen Dwight Lee und James Verbrugge haben es etwas nüchterner und präziser formuliert: »Die Efficient-Market-Theorie [...] wird durch jede Entdeckung von Widersprüchen zwischen ihr und der realen Welt schrittweise noch mächtiger und allgemeingültiger gemacht. Die Freilegung einer Marktanomalie wird durch den Wettbewerb unter den Investoren um höhere Renditen beseitigt. Ironischerweise sind also diejenigen, die am meisten dazu beitragen, dass die EMT der Grunderklärungsansatz in der Finanzwirtschaft bleibt, nicht ihre akademischen Urheber und Verteidiger, sondern diejenigen, die sie für falsch halten und versuchen, sie in der Anlagepraxis zu widerlegen.« (Journal of Applied Economics, Spring 1996)

Der zweite Grund liegt darin, dass an den Universitäten und privaten Finanzinstituten Tausende Finanzwissenschaftler unermüdlich nach systembedingten Marktanomalien forschen – nach Wertpapieren also, deren Preis gemessen am Risiko des Wertpapiers zu hoch oder zu niedrig ist und damit im Widerspruch zur EMT steht. Jede erdenkliche Anlagestrategie, ob alt oder neu, jede auch noch so unplausible »Korrelation« wird überprüft (wir gehen darauf später noch ein). Und tatsächlich wurden immer wieder solche

Anomalien (in der Fachsprache: *mispricings*) gefunden. Eine berühmte Marktanomalie war der im Eingangszitat aufgegriffene Januar-Effekt bei Nebenwerten: Die historischen Preisdaten zeigten nämlich, dass Anleger, die neue Aktien nur im Monat Januar gekauft hätten, den Marktdurchschnitt kontinuierlich outperformt hätten, denn in diesem Monat waren die Kurse stets besonders niedrig. (Es wurden auch einige Hypothesen formuliert, worauf dieser in der Vergangenheit über viele Jahrzehnte hinweg überraschend konsistente, relative Kursrückgang im Januar zurückzuführen sei, auf die wir hier nicht eingehen.)

Doch dann setzte ein faszinierender Prozess ein, der Finanzökonomen wohl bekannt ist: die Selbstzerstörung von Marktanomalien und Outperformance-Strategien nach ihrer Entdeckung. Der Januar-Effekt verschwand, nachdem er in wissenschaftlichen Aufsätzen benannt worden war. Das Gleiche geschieht mit allen anderen Marktanomalien und den Strategien zu ihrer Ausbeutung. Sobald diese Strategien bekannt werden, verpufft ihre Wirksamkeit. Wie das? Nun, wenn jemand quasi mit dem Finger auf ausbeutbare Marktanomalien zeigt, indem er sie laufend mit Gewinn ausbeutet, wird die ganze Anlegergemeinschaft darauf aufmerksam, und alle »steigen ein«. Damit treibt die »Herde« den Preis für diese Investmentchance nach oben, und die Strategie verliert ihre Wirkung. Dieses blitzschnelle »Wegarbitrieren« von Gelegenheiten zur Erzielung von Überrenditen ist ein Hauptmerkmal effizienter Märkte.

Arbitrage

Beruht auf dem so genannten »Gesetz des Preisausgleichs« (*law of one price*), eines zentralen Standpfeilers der Wirtschaftswissenschaft. Das Gesetz sagt aus, dass zwei identische Güter den gleichen Marktpreis haben müssen. Wäre dies nicht der Fall, könnte jemand diese Ungleichheit ausbeuten, indem er gleichzeitig das billigere Gut einkauft und es teurer verkauft. (Arbitrage ist per definitionem immer risikolos.) Dies würde sich so lange fortsetzen, bis aufgrund eines Nachfragedrucks für Gut A und eines Angebotüberhanges für Gut B sich die Preise angeglichen hätten. In Bezug auf Wertpapiere bedeutet das Gesetz, dass zwei Finanz-Assets mit dem gleichen Risikograd auch den gleichen erwarteten Ertrag haben müssen, andernfalls würde es sich lohnen, das Finanz-Asset A mit dem niedrigeren Preis (und deswegen höherer erwarteter Rendite) zu kaufen und simultan zu einem höheren Preis (niedrigere Rendite) zu verkaufen. Soweit identische Güter in zwei real existierenden Märkten tatsächlich unterschiedliche Preise haben, ist dieser Zustand entweder nur temporär (bis er wegarbitriert ist) oder die Transaktionskosten für Kauf und Verkauf in den unterschiedlichen Märkten sind genauso hoch oder höher als die Preisunterschiede und verhindern so den Preisangleich.

Die Existenz von Marktanomalien widerlegt also nicht die EMT, wie in der Finanzpresse vielfach behauptet wird. Eine Widerlegung der EMT wäre dann gegeben, wenn Marktanomalien nach ihrer Entdeckung dauerhaft weiterbestünden und bei Berücksichtigung von Transaktionskosten systematisch ausgebeutet werden könnten.

Aktive Anleger jedoch halten die EMT offensichtlich für zumindest teilweise falsch. Ansonsten würde die kostspielige Suche nach fehlgepreisten Wertpapieren und das Tragen hoher (weil nicht wegdiversifizierter) Risiken keinen Sinn ergeben.

Passive Anleger, die in Indexfonds, Indexaktien und -zertifikate auf der Basis eines Low-Cost-, Buy-and-Hold-Ansatzes investieren (siehe Kapitel 7), sollten sich daher über die Masse der aktiven Anleger freuen. Ohne aktive Anleger würde die in der Regel überlegene passive Strategie ihre erstaunlichen Vorteile verlieren. Keiner beschrieb dieses Phänomen prägnanter als der große Mark Twain: »Lasst uns dankbar sein für die Narren, denn ohne sie könnte der Rest von uns nicht gewinnen.«

4.7 Regression zum Mittelwert: Die mächtige Tendenz zum Durchschnitt

»Die historischen Daten scheinen die Auffassung zu bestätigen,
dass Aktienrenditen zu ihrem Durchschnitt zurückpendeln.«
Mark P. Kritzman, Finanzwissenschaftler

Kommen wir nun auf ein ganz anderes mächtiges Phänomen zu sprechen, mit dem Anleger unweigerlich konfrontiert werden, zumeist ohne sich je dessen bewusst zu werden. In der Finanzpresse und den meisten Anlegerratgebern wird sie ebenfalls regelmäßig ignoriert: die »Regression zum Mittelwert«.

Hinter diesem wenig anschaulichen Begriff aus der Statistiktheorie verbirgt sich eine faszinierende Gesetzmäßigkeit, die die langfristige Renditeentwicklung von Kapitalanlagen aller Art betrifft.

Die meisten Anleger spüren es intuitiv, auch wenn sie sich über die Gründe nicht im Klaren sind: Die *Brutto*rendite (die Rendite vor Kosten) des eigenen Wertpapierdepots pendelt irgendwann zu einem langfristigen Marktdurchschnittswert zurück, seien die Ausgangsrenditen nun besonders positiv oder besonders negativ. Mit anderen Worten, es existieren wenig Aktien, die zwanzig Jahre lang über dem Durchschnitt ihrer Risikoklasse liegen, und genauso wenig Aktien, die zwanzig Jahre lang darunter performen. Bereits die Zahl der Aktien, die auch nur fünf Jahre ununterbrochen über oder unter diesem Mittelwert liegen, ist erstaunlich gering. Dieses Phänomen wird in der Statistik als Regression zum Mittelwert bezeichnet (engl.: *regression/ reversion to the mean*).

Regression zum Mittelwert ist bei Kapitalanlagen durch Hunderte statistische Studien nachgewiesen. Sowohl überdurchschnittliche als auch unterdurchschnittliche Renditen aktiv gemanagter Investmentfonds und einzelner Wertpapiere nähern sich langfristig wieder dem für die jeweilige Asset-Klasse durchschnittlichen Wert an. Das heißt, die Rendite eines einzelnen Wertpapiers (oder aktiv gemanagten Fonds) schwankt im Zeitablauf um den Asset-Klassen-Mittelwert. Noch einmal anders formuliert: Über- oder Unterrenditen haben nahezu immer vorübergehenden Charakter. Dieses Phänomen kann übrigens in praktisch allen physikalischen, chemischen, biologischen, sozialen und ökonomischen Systemen auf breiter Front beobachtet werden.

Wichtig beim Verständnis dieser statistischen Gesetzmäßigkeit: Regression zum Mittelwert ist nur der *Ausdruck* bestimmter (zumeist mehrerer) Ursachen, nicht aber die Ursache selbst. Regression zum Mittelwert kann auch als eine Art Gleichgewichtsgesetz oder -tendenz verstanden werden, denn ohne sie würden die meisten ökonomischen, sozialen, biologischen und physikalischen Systeme – metaphorisch gesprochen – implodieren oder explodieren.

Ein Beispiel aus der Biologie: Trotz anders lautender herrschender Meinung werden die Nachkommen körperlich groß gewachsener Eltern nicht von Generation zu Generation größer. Stattdessen gilt Folgendes: Je größer die Eltern, desto häufiger (wahrscheinlicher) sind die Kinder kleiner als die Eltern – gleichgeschlechtliche Vergleiche natürlich vorausgesetzt. Umgekehrt: Je kleiner die Eltern, desto häufiger (wahrscheinlicher) sind die Kinder größer als sie. Wäre es nicht so, gäbe es schon längst Menschen, die nur noch 20 cm oder aber gigantische 20 Meter groß wären. (Die biologischen Ursachen dieses speziellen Falles von Regression zum Mittelwert sind wohl bekannt.)

Zurück zum Wertpapiermarkt: In der Phase der unkritischen Aktieneuphorie, die von etwa 1995 bis Mitte 2000 reichte, überschätzten fast alle Anleger aufgrund der weit überdurchschnittlichen Aktienrenditen in den USA und Westeuropa die kurz- und langfristigen Ertragschancen von Aktienanlagen. So ist zum Beispiel sicher, dass die durchschnittliche Rendite des Euro Stoxx 50 in den zehn Jahren von 1991 bis 2000 von 21,0 Prozent p. a. unter keinen Umständen dauerhaft wiederholbar ist, weil das Wachstum der Unternehmensgewinne dies gar nicht erlaubt, und dieses Wachstum bestimmt langfristig die Entwicklung der Aktienrenditen. Ein Anleger, der nach mehreren Jahren so hoher Renditen glaubt, dieses Wachstum würde sich fortsetzen, unterstellt damit, dass sich die Unternehmensgewinne in Zukunft (real, ohne Inflation) dauerhaft etwa alle dreieinhalb Jahre verdoppeln. Das aber hat es in der ganzen Geschichte des Kapitalismus noch nie gegeben. Bei einer dauerhaften Rendite von 21 Prozent würde sich ein einmaliges Investment alle 40 Monate verdoppeln – wir alle wären längst Multimillionäre und der Staat hätte ganz sicher kein Haushalts- oder Rentenproblem.

Das Phänomen der Regression zum Mittelwert diktiert, dass für jedes überdurchschnittliche Jahr pro Asset-Klasse irgendwann ein unterdurchschnittliches auftreten muss. Dementsprechend sank die Rendite des Euro Stoxx 50 in 2000 auf –1,7 Prozent und –17,3 Prozent p. a. in 2001. Regression zum Mittelwert erklärt auch, warum die langfristigen Renditen (über Zeiträume von zehn Jahren und länger) sowohl für ganze Aktienmärkte als auch für einzelne Aktien vergleichsweise stabil sind. Wer Regression zum Mittelwert versteht und akzeptiert, ist gegenüber anderen Anlegern beträchtlich im Vorteil:

▸ Er wird von vornherein die besseren Anlageentscheidungen treffen, weil er nicht sinnloser kurzfristiger Outperformance hinterherjagt, die letztlich wegen höherer Trading-Kosten und Risikokonzentration in langfristiger Unterperformance gegenüber dem Markt mündet;

▸ er wird ruhiger schlafen können, weil er vorübergehende Abschwünge und Verluste besser versteht und gelassener hinnehmen kann und seltener zu emotionsgetriebenen, spontanen Entscheidungen neigt.

Im folgenden Abschnitt beschäftigen wir uns mit den fragwürdigen Forschungsmethoden, die Anleger in den Irrglauben versetzen, Anlegerrenditen seien vom Gesetz der Regression zum Mittelwert ausgenommen, sprich, es ließen sich laufend neue, zuverlässige Chancen identifizieren, den Markt zu schlagen.

4.8 Mit »Data-Mining« lässt sich alles beweisen

> »Menschen sehen Muster, wo keine sind – und das ständig:
> in Wolken, in Lotterien, in Bergrücken, auf der Marsoberfläche
> und sogar in den Wurzeln von Rettichgemüse.«
> Das renommierte britische Wirtschaftsmagazin *The Economist*, 2.6.2001

Seit der Preis von Computer-Rechenkapazität praktisch auf null gefallen und anspruchsvolle Statistik-Software benutzerfreundlich wie nie zuvor geworden ist, hat eine unter Wissenschaftlern beliebte Unsitte, der vor allem Soziologen, Ökologen, Mediziner und Finanzwissenschaftler anheim fallen, epidemische Ausmaße angenommen: »Data-Mining« (wörtlich »Datenbergbau«). Diese Praxis besteht darin, gigantische Mengen historischer Daten nach Korrelationen (Parallelentwicklungen von Datenmerkmalen, siehe Infobox) und Mustern zu durchforsten. Ist eine solche Korrelation gefunden, wird daraus munter ein Ursache-Wirkungs-Zusammenhang formuliert; nach dem Motto: »Wenn X vorliegt, folgt Y.« Fast immer fehlt dabei jedoch eine fundierte, sachlogische Erklärung für den Ursache-Wirkungs-Zusammenhang. Dafür strotzen die Studien, in denen solche Ergebnisse veröffentlicht werden, um so mehr vor mathematischem und scheinbar anspruchsvoll klingendem Beiwerk.

Korrelation, Korrelationskoeffizient

Eine nützliche Kennzahl aus der Statistik, die den Grad der Parallelität der Entwicklung zweier Größen (Zahlenreihen) misst, zum Beispiel der Kursveränderungen zweier Aktien. Die Korrelation wird gemessen in Form des Korrelationskoeffizienten, der zwischen +1 und −1 liegen kann. Eins steht für vollständige Korrelation (exakte Parallelentwicklung), Null steht für vollständig unabhängige Entwicklung (allenfalls zufällige Parallelentwicklung) und −1 steht für exakt gegenläufige Entwicklung. Je niedriger die Korrelation zwischen zwei Finanz-Assets, desto besser eignen sie sich zur Diversifizierung in einem gemeinsamen Portfolio.

Dass sich zwei Datenmerkmale in einem mehr oder weniger groß gewählten Zeitraum der Vergangenheit parallel entwickelt haben, heißt nicht viel. Die Geburtenrate der Deutschen ist seit dem Zweiten Weltkrieg fast exakt im gleichen Maße wie die Zahl der Störche im Land gesunken. Als die Zahl der Störche sich auf niedrigem Niveau einpendelte, tat das auch die Geburtenrate. Der statistische »Korrelationskoeffizient« zwischen dem Rückgang der Zahl der neugeborenden Störche und der Zahl der neugeborenen Babys läge sogar über jenen Werten, die als »aussagekräftiger« Beleg für manchen »Zusammenhang« an der Börse duchgehen. Ist das der Beweis für die Geschichte vom Storch und den Babys? Die meisten Leser mögen über dieses Analogie nur schmunzeln, aber sie ist nicht weit entfernt von dem, was heute vielfach an wirtschaftswissenschaftlichen Fakultäten veröffentlicht und von den Medien und den Marketing-Abteilungen der Finanzinstitute umgesetzt wird.

Sucht man lange genug in Datenbanken nach Parallelentwicklungen (Korrelationen) – und das ist angesichts der heutigen Computertechnologie praktisch kostenlos – wird man statistische Zusammenhänge finden, selbst dann, wenn man gar nichts Bestimmtes gesucht hat, und sehr oft wird man den scheinbaren Zusammenhang nicht wirklich erklären können. Seriöse Wissenschaftler nennen das »Data-Mining« oder »Junk-Science« – Müllwissenschaft. Ein sarkastischer Scherz unter Statistikern lautet denn auch: »Wenn du deine Daten lange genug folterst, werden sie irgendwann gestehen.« Die beiden Biophysiker Beck-Bornholdt und Dubben berichten in ihrem Buch *Der Hund, der Eier legt* von Dutzenden solcher Fälle, in denen vor allem Mediziner mithilfe von Data-Mining Scheinerklärungen und Scheintheorien veröffentlichten, oft in den renommiertesten Fachzeitschriften der Welt, und dann von den Massenmedien unkritisch übernommen und millionenfach verbreitet.

In der Finanzwissenschaft ist beispielsweise die gesamte so genannte »Technische Aktienanalyse« ein Fall von Data-Mining. Hier wird praktisch wahllos in historischen Kursdatenbanken nach kuriosen Durchschnitten, Kennzahlen und Ereignisketten gefischt, die in der Vergangenheit mit der

Kursentwicklung von Aktien oder Aktienindizes hoch positiv oder negativ korrelierten. Bleiben dann zahllose Korrelationen im »Netz« hängen, wird aus der höchsten flugs eine Anlagestrategie abgeleitet. Dass eine finanzwissenschaftlich logische Erklärung der Korrelation fehlt, die über dünne Mutmaßungen hinausgeht, scheint nicht zu stören. Beispiel: die populäre »Dogs-of-the-Dow-Strategie.«

Die bekannte Buchreihe und Website *The Motley Fool*[10] propagierte 1995 eine Anlagestrategie mit dem Titel »The Foolish Four« (eine Variante der vorher bereits allgemein bekannten »Dogs-of-the-Dow Strategie«). Rezept: Man wähle zu einem beliebigen Zeitpunkt jene vier Aktien aus dem Dow-Jones-Industrials-30-Index aus, die in Bezug auf das Kurs-Gewinn-Verhältnis am schlechtesten, hinsichtlich der Dividendenrendite am besten dastehen, halte diese vier Aktien exakt ein Jahr und einen Tag (das »närrische« Element, hahaha) und ersetze sie dann durch die nächsten vier auf diese Weise ausgewählten Aktien. Diese Strategie sollte, so The Motley Fool, eine Rendite von 25 Prozent p. a. erbringen, also ungefähr das Doppelte des historischen Durchschnittes für den US-Aktienmarkt. Als Beleg führten die »Fools« die Performance von 25 Prozent p. a. zwischen 1973 und 1993 an. Die Strategie wurde daraufhin von vermutlich mehreren Millionen Privatanlegern angewendet. Unglücklicherweise brach die auf Diversifikation weitgehend verzichtende Strategie bis Mitte 2001 mit 30 Prozent Wertverlust in wenigen Wochen brutal ein – etwa doppelt so stark wie der Dow-Jones-Index. Das *Wall Street Journal* berichtete von Anlegern, die einen großen Teil des Familienvermögens verloren hatten. Doch wer den Schaden hat, braucht für den Spott nicht zu sorgen: Finanzwissenschaftler fanden etwa zur gleichen Zeit heraus, dass die Fool-Strategie nach Berücksichtigung von Kosten für den *gesamten* Zeitraum seit dem Zweiten Weltkrieg bis Ende 1999 (also sogar noch vor dem großen Einbruch) den Dow-Jones-Index keineswegs klar geschlagen hätte; vielmehr war die Outperformance über diesen Zeitraum nach Kosten vernachlässigenswert gering oder sogar nicht existent. Resümee: Nur ein Narr dürfte es für Zufall halten, dass die historische »Glanzzeit« der Strategie ausgerechnet in den Zeitraum von 1973 bis 1993 fiel, den The Motley Fool als Beleg für den Erfolg der Strategie publizierte – Data-Mining in klassischer Manier (*Wall Street Journal*, 2.7.2001).

Ein anderes hübsches Beispiel für Data-Mining-Unfug lieferte 1997 der amerikanische Ökonom David Leinweber. Er suchte in einer von der UNO veröffentlichten Daten-CD-ROM nach der bestmöglichen Prognosegröße für die Entwicklung des S&P 500-Aktienindex von 1950 bis 1995. Tatsächlich fand sich in den Tausenden von Megabites auf der CD-ROM eine annähernd perfekte Größe: die halbjährliche Butterproduktion in Bangladesh (*Business Week*, 16. 6. 1997). Mit keiner Variable korrelierte der S&P 500 besser.

Tatsache ist: In historischen Datenbeständen können mühelos »Muster«, Korrelationen und Marktanomalien gefunden werden, ganz besonders, wenn man den Datenbestand willkürlich eingrenzt. Ob diese Muster in der Zukunft für die gleiche Datenreihe stabil weiter gelten werden, ist allerdings ein ganz andere Frage. Deren Beantwortung setzt eines zwingend voraus: die Existenz einer schlüssigen, von mehreren Experten für plausibel befundenen und mit dem übrigen gesicherten Fachwissen übereinstimmenden Erklärung für die gefundene Korrelation. Fehlt diese Erklärung, ist die Korrelation lediglich ein bedeutungsloser Datenartefakt – amüsant vielleicht, aber nutzlos. Daran ändert auch noch so viel Testen an Vergangenheitswerten nichts. Anleger können sich jedoch leicht davor schützen, auf diese Art von »Junk-Science« hereinzufallen, indem sie neben der Frage nach der sachlogischen Begründung für die gefundene Korrelation die folgenden drei zusätzlichen Fragen stellen:

▶ Wurde die Korrelation auch in anderen Märkten oder für andere Zeitabschnitte nachgewiesen? Mit anderen Worten, wurden Tests außerhalb der ursprünglichen Stichprobe durchgeführt? Wurde das Vorliegen der Korrelation von einem zweiten oder dritten unabhängigen Wissenschaftler bestätigt?

▶ Wird belegt, dass die Korrelation auch bei Berücksichtigung von Transaktionskosten und des eingegangenen Risikos noch mit Gewinn ausgebeutet werden kann? Die meisten Studien ignorieren diesen Aspekt und disqualifizieren sich damit von vornherein. Was nutzt die Entdeckung von »Investmentchancen«, wenn das Ausnützen der Chancen so teuer und/oder riskant (volatil) ist, dass am Ende mehr Aufwand als Ertrag steht?

▶ Am wichtigsten: Warum sollte diese Korrelation nun – da sie offenbar seit Wochen oder Monaten offen gelegt ist und sogar in der Zeitung steht – nicht schon längst vom Markt wegarbitriert worden sein? Kann man ausschließen, dass nicht bereits viele andere Anlieger »eingestiegen« sind und so den Kaufpreis der Investment-Chance nach oben getrieben haben? Dieses erstaunlich schnelle Beseitigen von Korrelationen und Marktanomalien ist bekanntlich ein Merkmal effizienter Märkte, wozu der Wertpapiermarkt zweifellos gehört.

Resümee: Wann immer Sie von einer neuen Anlagestrategie hören, für die sich in der Rückschau eine hohe Überrendite und Outperformance ergeben haben soll, lassen Sie sich zunächst diese drei Fragen beantworten. Sofern die Antworten das künftige Fortbestehen der Korrelation oder Anomalie nicht eindeutig bekräftigen, sind Sie wahrscheinlich gut beraten, der Versuchung des »schnellen Gewinns« zu widerstehen.

Vertrauen sollten Sie dagegen einer bewährten und zuverlässigen Risikobegrenzungsmethode, deren Fehlen den Anhängern der »Foolish-Four-Strategie« zum Verhängnis geworden ist: Diversifikation.

4.9 Wie Diversifikation wirklich funktioniert

> »Es ist wahrscheinlich, dass die meisten Privatanleger
> den Nutzen eines korrekt diversifizierten Portfolios
> schlicht nicht verstehen.«
>
> *Terrance Odean*, einer der führenden Forscher auf dem
> Gebiet der Behavioral Finance

Diversikation ist das vermutlich wichtigste Instrument zur Senkung von Rendite- und Wertschwankungen bei Wertpapieranlagen überhaupt. Leider haben viele empirische Untersuchungen ergeben, dass die Depots der Deutschen (wie auch von Anlegern in vielen anderen Ländern) dramatisch unterdiversifiziert sind. Dabei machen Fondskäufer und Einzelwertanleger denselben Fehler: Sie investieren größtenteils nur in deutsche und westeuropäische Werte. Daneben halten viele Anleger lediglich einen Rentenfonds oder ein Bundeswertpapier und glauben dann – von ihren Bankkundenbetreuern in diesem Trugschluss bestärkt – ausreichend diversifiziert zu sein.[11] Ein Fehler, den viele Anleger mit unnötig starken Wertschwankungen ihrers Portfolios bezahlen, die besonders schmerzen, wenn es an der Börse längerfristig abwärts geht.

Unter welchen Bedingungen könnte man auf Diversifikation tatsächlich verzichten? Diversikation wäre nur dann unsinnig, wenn bezüglich der zukünftigen Renditen von Investments *keine* Unsicherheit bestünde. Könnte man diese Wertentwicklungen mit völliger Sicherheit vorhersagen, wäre die einzig richtige Anlagestrategie, sein gesamtes Vermögen in das Asset mit der höchsten definitiven Rendite zu investieren. In diesem Paradies leben wir naturgemäß nicht, und daher macht Diversifikation Sinn. Das klassische, oft wiederholte Beispiel zur Illustration der Vorteile von Diversikation ist das folgende:

Tabelle 2: Auswirkung der Diversifizierung auf die Schwankung der jährlichen Renditen eines gemischten Portfolios

Portfoliostruktur	»Kaltes« Jahr 1	»Heißes« Jahr 2	»Kaltes« Jahr 3	»Kaltes« Jahr 4	»Heißes« Jahr 5	»Heißes« Jahr 6	»Heißes« Jahr 7	»Kaltes« Jahr 8	Jahres-rendite
Rendite Portfolio 1: 100 % Badehosen AG	4 Euro	10 Euro	4 Euro	4 Euro	10 Euro	10 Euro	10 Euro	4 Euro	**7 Euro**
Rendite Portfolio 2: 100 % Regenschirm AG	10 Euro	4 Euro	10 Euro	10 Euro	4 Euro	4 Euro	4 Euro	10 Euro	**7 Euro**
Rendite Portfolio 3: 50 % Badehosen AG / 50 % Regenschirm AG	7 Euro	7 Euro	7 Euro	7 Euro	7 Euro	7 Euro	7 Euro	7 Euro	**7 Euro**

Wir denken uns zwei Aktiengesellschaften. Die eine stellt Badehosen her, die andere Regenschirme. In überwiegend heißen Jahren geht es der Badehosen AG finanziell gut, ihr Gewinn steigt. In eher kalten Jahren hingegen geht er zurück. Genau umgekehrt verhält es sich mit der Regenschirm AG. Im langfristigen Durchschnitt gibt es gleich viele kalte wie heiße Jahre. Ein Investor hätte – vereinfacht gesagt – drei Möglichkeiten: Er könnte seine Mittel vollständig in die Badehosen AG, vollständig in die Regenschirm AG oder je zur Hälfte in beide Unternehmen investieren. Wie aus Tabelle 2 hervorgeht, ist die langfristige Durchschnittsrendite aller drei Portfolios identisch. Dennoch ist das diversifizierte »50 : 50-Gesamtportfolio« (Portfolio Nr. 3) klar vorzuziehen, denn es weist keinerlei jährliche Renditeschwankungen und daher kein Risiko auf. Bei den anderen beiden Portfolios ist das nicht der Fall.

Wäre ein Anleger fähig, stets korrekt zu prognostizieren, welches Unternehmen in einem gegebenen Jahr den höheren Gewinn realisiert, würde er seine Anlagen jeweils konzentrieren, statt zu diversifizieren, und könnte so einen Gewinn von 10 Euro p. a. erzielen.

Damit eine so optimale Diversifikation – in unserem Beispiel die vollständige Eliminierung der Volatilität des Gesamtportfolios – erreicht werden kann, dürfen die Gewinne der beiden Unternehmen (bzw. in der realen Welt die Aktienkurse) nicht vollkommen positiv miteinander »korrelieren«. Sie müssen somit eine Korrelation (präziser formuliert: einen Korrelationskoeffizienten) von unter +1,0 haben. Die Spannbreite reicht bekanntlich von +1 bis –1 (»1« steht für vollständige Korrelation, das heißt perfekte Parallelentwicklung, »0« steht für vollständig unabhängige Entwicklung, das heißt allenfalls zufällige Parallelentwicklung, und »–1« steht für perfekt gegenläufige Entwicklung). Die Korrelation der jährlichen Unternehmensgewinne der Badehosen AG und der Regenschirm AG hat den Optimalwert von –1. Die beiden Unternehmen sind deswegen perfekt geeignet zur Risikosenkung eines gemischten Portfolios. Eine Korrelation von 0,5 zwischen zwei Aktien A und B würde bedeuten, dass für jedes Prozent Kursanstieg der Aktie A die Aktie B im Durchschnitt nur um 0,5 Prozent ansteigt und für jeden Kursverlust der Aktie A von 1 Prozent die Aktie B nur um 0,5 Prozent fällt. In der Realität sind negative Korrelationen zwischen zwei Wertpapieren oder zwei Wertpapiermärkten äußerst selten.

Tabelle 3 zeigt, wie internationale Diversifikation das Risiko eines Portfolios senkt (Wertschwankungen gemessen als Standardabweichung).

Tabelle 3: Globale Diversifikation senkt das Risiko

Indizes	Gewichtung im Gesamtportfolio	Arithm. durchschn. Rendite von 1993 bis 1999 p. a. in Euro	Risiko: Jährl. Standardabweichung (Wertschwankung)
Europa: MSCI Europe Index	40%	25,5%	17,1%
USA: S&P 500-Index	30%	24,2%	18,4%
Japan: Nikkei 225	25%	11,4%	30,3%
Emerg. Markets Asien (MSCI Pacific-Index exkl. Japan)	5%	20,9%	43,7%
Gesamtportfolio	*100%*	*21,4%*	*16,2%*

Quelle: Fidelity

Sobald ein Vermögenswert eine Korrelation von ungefähr 0,8 oder weniger zu einem Portfolio aufweist, lohnt es sich, diesen Vermögenswert dem Portfolio beizumischen, um die Gesamtvolatilität des erweiterten Portfolios unter die alte Gesamtvolatilität zu senken. Tabelle 4 nennt die Korrelationen zwischen einigen wichtigen globalen Aktienmärkten.

Die Rendite eines Portfolios entspricht der Rendite des gewichteten Durchschnitts seiner Bestandteile. Beim Risiko ist die Rechnung komplizierter. Das Gesamtrisiko (die Standardabweichung) entspricht nicht dem ge-

Tabelle 4: Korrelationen verschiedener regionaler Märkte auf der Basis der MSCI-Indizes in Euro, 1973–2000

	Welt	Westeuropa	Nordamerika	Japan	Emerg. Mkt. All
Welt	1,00	—	–	–	–
Westeuropa	0,89	1,00	–	–	–
Nordamerika	0,92	0,82	1,00	–	–
Japan	0,71	0,51	0,43	1,00	–
Emerg. Mkt. All	0,77	0,65	0,51	0,86	1,00

Quelle: www.indexconsulting.de

wichteten Durchschnitt, sondern sinkt erfreulicherweise bei jeder Hinzufügung eines neuen Investments, das mit dem restlichen Portfolio mit einem Wert von unter 1,0 korreliert, unter den gewichteten Durchschnitt der einzelnen Standardabweichungen.[12]

Diese Erkenntnis ist geradezu genial und ungemein praktisch. Sie kann in ihrer Tragweite kaum überschätzt werden. Wir wollen sie uns deswegen noch einmal deutlich vor Augen führen:

Das Gesamtrisiko eines Portfolios aus verschiedenen Anlagen, die nicht hundertprozentig mit einander korrelieren, ist kleiner als die Summe oder der Durchschnitt der Einzelrisiken. Risikosteuerung macht deshalb nur auf der Ebene des Gesamtportfolios Sinn. Der Risikograd einer einzelnen Portfoliokomponente (zum Beispiel einer Aktie) spielt im Grunde genommen keine Rolle, selbst dann nicht, wenn dieser Risikograd (in Form der Schwankungsintensität) hoch ist. Eine Betrachtung der Einzelrisiken in einem Depot – wie sie den Empfehlungen der meisten Banken und Anlegerzeitschriften zugrunde liegt – ist praktisch nutzlos und führt in der Regel zu falschen Entscheidungen.

Diversifizieren kann man jedoch nicht nur über einzelne Assets oder Asset-Klassen hinweg, man kann auch über die Zeit hinweg diversifizieren (neudeutsch *Time-Diversification*). Gemeint ist nichts anderes als ein langfristiger Buy-and-Hold-Ansatz oder – noch simpler formuliert – »warten zu können«. Hinter dem Konzept der Zeitdiversifikation verbirgt sich die tausendfach bestätigte Beobachtung, dass die erwartete Rendite eines Wertpapiers oder einer Asset-Klasse um so wahrscheinlicher eintrifft, je länger man wartet, oder umgekehrt formuliert, dass das Risiko negativer Abweichungen von der erwarteten Rendite im Zeitablauf immer niedriger wird. Das zeigt auch Tabelle 5.

Tabelle 5: Die Auswirkung der »Zeitdiversifikation«: Das Risiko sinkt mit der Länge der Halteperiode

	Jahresrenditen von 1970 bis 1999 (30 Einzelwerte)		Rollierende 10-Jahres-Renditen von 1970 bis 1999 (21 Einzelwerte)	
	Deutschland (MSCI-Index)	Welt (MSCI-Index)	Deutschland (MSCI-Index)	Welt (MSCI-Index)
Standardabweichung	25,2%	15,8%	4,2%	3,6%
Höchster Einzelwert	84,4% p.a.	42,8% p.a.	16,1% p.a.	19,3% p.a.
Niedrigster Einzelwert	−38,4% p.a.	−24,5% p.a.	2,2% p.a.	6,3% p.a.

Quelle: Morgan Stanley Capital International

Ein Vergleich der beiden Betrachtungszeiträume von einem Jahr und von zehn Jahren zeigt, dass für das kürzere jährliche Intervall sowohl die Spannbreite der Renditen als auch die Standardabweichung weitaus höher liegen. Je länger ein Portfolio unverändert besteht, desto wahrscheinlicher wird das Gesamtergebnis am Ende dieses Zeitraumes dem ursprünglich erwarteten Ergebnis (zum Beispiel dem langfristigen Durchschnittsertrag für das jeweilige Wertpapier bzw. die Asset-Klasse) entsprechen. Grund dafür ist, dass mit zunehmender Anlagedauer die einzelnen vorübergehenden, positiven wie negativen Renditeschwankungen dazu neigen, sich auszugleichen. Dieses Gesetz kommt in der allgemein akzeptierten Empfehlung zum Ausdruck, dass man risikobehaftete, also stark schwankende Anlagen nur tätigen sollte, wenn man es sich leisten kann, lange Zeit (mehrere Jahre) zu warten, bevor die Anlage wieder liquidiert wird.

Leider lässt sich das Risiko eines Portfolios in der Praxis auch durch noch so hohe Diversifikation nicht vollständig beseitigen. Grund dafür ist, dass es praktisch keine zwei Wertpapiere oder Asset-Klassen auf der Welt gibt, die eine stabile Korrelation von −1,0 aufweisen. Tatsächlich bewegen sich die meisten Korrelationen zwischen +0,2 und +1,0. Auch damit ist allerdings bereits eine erhebliche Risikosenkung erreichbar. Dies hängt damit zusammen, dass die Wertschwankungen, denen eine Aktie unterliegt, auf drei Typen von Ursachen zurückgehen:

▶ Risikofaktoren, die nur das jeweilige Unternehmen betreffen
▶ Risikofaktoren, die die jeweilige Asset-Klasse betreffen
▶ Risikofaktoren, die alle Aktien weltweit betreffen

Nun zur Krux: Die beiden erstgenannten Risikofaktoren lassen sich durch Diversifizierung vollständig neutralisieren, der dritte dagegen nicht. Warum das so ist, werden wir sehen, wenn wir die drei Klassen ein wenig differenzierter betrachten.[13]

Einzelwertrisiko (wegdiversifizierbar) Dieses Risiko kann man durch geeignete Diversifizierung vollständig eliminieren, da es auf negative Einflüsse zurückgeht, die nur diese einzelne Aktie treffen, z. B. auf eine falsche Entscheidung der Geschäftsleitung, einen Großbrand auf dem Firmengelände, die spezifische Eigenkapitalausstattung des Unternehmens, eine desolate Personalpolitik oder das Auslaufen eines profitablen Patents.

Asset-Klassen-Risiko (wegdiversifizierbar) Dieses Risiko lässt sich durch Diversifizierung über mehrere Asset-Klassen hinweg beseitigen, da es auf negative Einflüsse zurückgeht, die jeweils nur eine oder wenige Asset-Klassen treffen, z. B. auf den negativen Einfluss fallender Zinsen auf Bankaktien, des Ölpreisanstiegs auf die Automobilindustrie oder branchenweiter Streiks.

Gesamtmarktrisiko (nicht wegdiversifizierbar) Darunter versteht man das Risiko des weltweiten Aktienmarktes schlechthin. Auch durch noch so viel Diversifizierung lässt sich dieses Risiko nicht beseitigen, denn es geht auf Einflussfaktoren zurück, die alle Aktien weltweit betreffen (z. B. die »Nachrangigkeit« von Eigenkapitalansprüchen gegenüber Fremdkapitalansprüchen, Wechselkurse der Weltwährungen, die Konjunktursituation in den größten Volkswirtschaften der Welt und viele andere Einflüsse, die weltweit alle Aktienmärkte tangieren).

Durch eine breite Streuung auf verschiedene Aktien und Asset-Klassen lassen sich die unternehmensspezifischen und Asset-Klassen-spezifischen Renditeschwankungen eines Portfolios vollständig eliminieren, denn aufgrund genau dieser beiden Risikotypen liegt die Korrelation zwischen einzelnen Aktien und einzelnen Asset-Klassen häufig unter 1,0. Mithin ist niemand, der in Aktien investieren will, gezwungen, diese beiden Risikoarten zu tragen. Da das so ist, »bezahlt« der Finanzmarkt die Anleger nicht für das Tragen dieser Risiken, denn diese können ja ohne Renditeverzicht – also ohne

Kosten – wegdiversifiziert werden. Der Markt bezahlt den Anleger lediglich für das Tragen gesamtmarktbezogener Risiken (da sich diese nicht wegdiversifizieren lassen). Diese Erkenntnis ist von kaum zu überschätzender praktischer Tragweite und geht auf den Nobelpreisträger William Sharpe zurück. Sie ist durch viele statistische Untersuchungen bestätigt worden und in der Finanzwissenschaft unumstritten.

Untersuchungen zufolge umfasst das gesamtmarktbezogene, nicht wegdiversifizierbare Risiko einer individuellen Aktie oder Anleihe in einem nicht bis kaum diversifizierten Portfolio durchschnittlich etwa 30–40 Prozent des Gesamtrisikos. Die übrigen 60–70 Prozent bestehen aus unternehmensspezifischem und Asset-Klassen-spezifischem – also wegdiversifizierbarem – Risiko. Mischt man nun verschiedene Einzelwerte und Asset-Klassen in einem Portfolio, so führt das zu einer erfreulichen Senkung des Gesamtrisikos, wie Abbildung 1 veranschaulicht.

Das gesamtmarktbezogene Risiko lässt sich zwar nicht wegdiversifizieren, aber man kann es bis zu einem gewissen Grad »steuern«. Genauer ge-

Abbildung 1: Beseitigung des einzelwertbezogenen und des Asset-Klassen-Risikos eines Portfolios durch internationale Diversifizierung

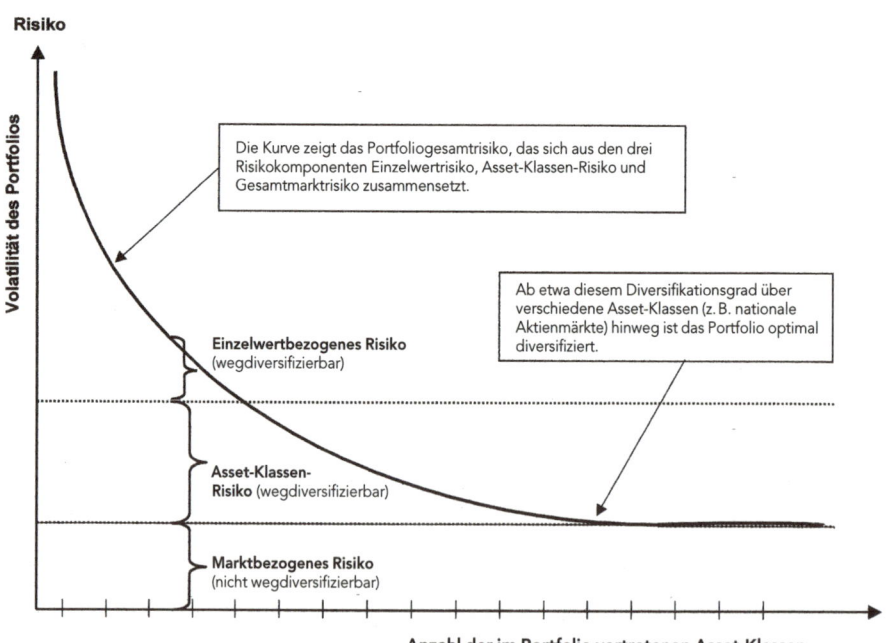

sagt verfügt der Anleger über zwei indirekte Einflussmöglichkeiten auf dieses unangenehme Restrisiko:

Die Beimischung einer risikofreien Anlage Zum Beispiel eines Festgeldes, eines Bundeswertpapiers mit einer Laufzeit von bis zu zwölf Monaten oder eines (fast risikofreien) Geldmarktfonds einer namhaften Bank (alle Anlagen in Euro). Proportional zur Beimischung der risikofreien Anlage sinkt auch die Rendite eines vormals zu 100 Prozent aus Aktien bestehenden Portfolios, aber auch sein Risiko (seine Wertschwankungen).

Die Erweiterung des Anlagehorizonts Je länger der Anlagezeitraum für ein einzelnes Asset oder für ein Portfolio von Assets ausfällt, desto höher ist die Wahrscheinlichkeit, in diesem Zeitraum die langfristig zu erwartende Durchschnittsrendite des Assets bzw. Portfolios auch tatsächlich zu erreichen (Zeitdiversifikation).

In diesem Zusammenhang wollen wir noch auf einen gefährlichen Irrtum zum Thema Diversifikation eingehen, der in vielen Bankbroschüren und Ratgeberbüchern verbreitet wird: Da heißt es dann, statistische Untersuchungen hätten gezeigt, dass der Vorteil der Diversifikation ab etwa 20 (zufällig ausgewählten) Aktien im Depot »ausgereizt« sei. Eine Hinzufügung weiterer Aktien führe nicht mehr zu einer wesentlichen Senkung der Wertschwankungsintensität (Volatilität, gemessen als Standardabweichung). Den so genannten Beweis liefert dann meistens eine Grafik, die Abbildung 1 ähnelt, allerdings nur nach Einzelwertrisiko und Gesamtmarktrisiko unterscheidet (also das Asset-Klassen-Risiko ignoriert). Für sich genommen ist diese Aussage zwar nicht falsch, doch stellt sie leider nicht einmal die halbe Wahrheit dar. Richtig ist, dass innerhalb der einzelnen dargestellten Asset-Klasse (zum Beispiel deutsche Blue-Chip-Aktien) durch Hinzufügung weiterer Aktien kaum noch eine Risikosenkung erzielt werden kann, sehr wohl aber durch Hinzufügung weiterer Asset-Klassen. Würde man einem Portfolio aus 20 DAX-Aktien die Asset-Klasse »deutsche Nebenwerte« oder »Blue-Chips Lateinamerika« hinzufügen, käme es sehr wohl zu einer ansehnlichen Senkung des Portfoliorisikos. Nach unserer Ansicht wird diese Halbwahrheit von der angeblich ausreichenden Diversifikation bei 20 Aktien oft deswegen verbreitet, weil man vor allem Anlegern in Einzelwerten damit weismachen will, mit dem Kauf einiger weiterer einzelner Aktien hätten sie genug für die optimale Diversifikation ihres Portfolios getan (schließlich verdienen die Banken an dieser Anlegerkategorie noch mehr als an Fondsanlegern).

Wir haben nun einiges über die Ursachen von Wertpapierrisiken erfahren und gesehen, wie man dieses Risiko so weit wie möglich senken kann: durch eine möglichst breite Diversifikation. Wir empfehlen dabei eine Streuung der Anlage über mindestens fünf wesentliche Asset-Klassen hinweg. Diese Asset-Klassen sollten eine möglichst geringe Korrelation zueinander haben. Deshalb gehört beispielsweise ein Emerging-Market-Fonds in jedes Anlegerdepot. Der Bedeutung halber sei nochmals betont: Diese Diversifikation ist »gratis« – sie bedeutet keinen Verzicht auf erwartete Rendite. Wie ein Portfolio richtig diversifiziert wird, zeigen wir in Kapitel 7.

Risiko hat etwas mit der »Stabilität« von Rendite zu tun. Diese Stabilität ist in einem systematisch diversifizierten Portfolio weit stärker als in einem planlos und gering diversifizierten Portfolio. Neben der Stabilität von Portfoliorenditen ist Anlegern naturgemäß auch die Höhe dieser Renditen wichtig. Mit deren wichtigsten Bestimmungsfaktoren wollen wir uns im nächsten Abschnitt beschäftigen. Es sind keineswegs diejenigen Faktoren, die die meisten Anleger vermuten.

4.10 Asset-Allokation: Was die Rendite Ihres Portfolios tatsächlich bestimmt

> »Ihre Investment-Performance wird fast vollständig durch einen einzigen Faktor bestimmt – Ihre Asset-Allokation über breite Asset-Klassen hinweg. Aktien- oder Fonds-Picking sowie Market-Timing – die Faktoren, von denen traditionell angenommen wird, sie würden den Anlageerfolg bestimmen, sind tatsächlich fast irrelevant.«
> *William Bernstein*

Viele Leser wird es überraschen: Die Entscheidung, die sich am stärksten auf die Rendite und das Risiko eines Portfolios auswirkt, ist die Auswahl der in dem Portfolio enthaltenen Asset-Klassen und deren Gewichtung. Nicht jedoch kommt es – wie viele Anleger annehmen – vor allem auf die in den einzelnen Asset-Klassen enthaltenen konkreten Wertpapiere an. Warum das so ist, werden wir in diesem Abschnitt erläutern.

Was genau versteht man unter dem Begriff *Asset-Klasse*? Es handelt sich dabei um eine Gruppe von Assets mit ähnlichen Risiko- und Renditemerkmalen, die weitgehend gleichen makroökonomischen Einflüssen ausgesetzt sind. Aktien, wie auch andere Wertpapiere, können in solche Asset-Klassen gruppiert werden. Beispielsweise besitzen alle Bankaktien in Deutschland in langfristiger Betrachtung verblüffend ähnliche Rendite- und Risikomerkmale, das heißt, die Aktienkurse dieser Banken entwickeln sich im Zeitablauf überwiegend parallel und reagieren auf Markteinflüsse (wie zum Beispiel Zinsveränderungen) in ähnlicher Weise. Mit zunehmender Feindifferenzierung nimmt die Einheitlichkeit des Risiko-/Renditeprofils in den dann resultierenden Asset-Klassen weiter zu.

Tabelle 6 stellt eine grobe, aber für unsere Zwecke ausreichende Aufstellung einiger Haupt-Asset-Klassen dar. Natürlich ließe sich diese Aufteilung beliebig verfeinern.

Tabelle 6: Die wesentlichen Wertpapier-Asset-Klassen

Aktien	Staatsanleihen	Unternehmensanleihen	Immobilien
Europa	**Cash / kurzfr. Laufzeit (< 12 Mon.)***	**Kurzfr. Laufzeit (< 12 Mon.)**	**Wohnimmobilien**
→ Blue Chips	→ Währung: Euro	→ Währung: Euro	→ national
→ Mid Caps	→ Fremdwährung	→ Fremdwährung	→ international
→ Small Caps	**Mittelfr. Laufzeit (12–60 Mon.)**	**Mittelfr. Lautzeit (12–60 Mon.)**	**Gewerbeimmobilien**
Nordamerika	→ Währung: Euro	→ Währung: Euro	→ national
→ Blue Chips	→ Fremdwährung	→ Fremdwährung	→ international
→ Mid Caps			
→ Small Caps	**→ Langfr. Laufzeit (> 60 Mon.)**	**→ Langfr. Laufzeit (> 60 Mon.)**	
Japan, Ozeanien	→ Währung: Euro	→ Währung: Euro	
→ Blue Chips	→ Fremdwährung	→ Fremdwährung	
→ Mid Caps			
→ Small Caps	**Hochzinsanleihen (Junk-Bonds)**	**Hochzinsanleihen (Junk-Bonds)**	
Emerging Markets	→ Fremdwährung	→ Währung: Euro	
→ Osteuropa		→ Fremdwährung	
→ Asien inkl. Russl.			
→ Lateinamerika			

* Darunter sind z. B. Termingelder, verzinsliche Tagesgeldkonten, Geldmarktfonds und festverzinsliche Wertpapiere mit Laufzeiten unter einem Jahr zu verstehen.

Eine gröbere, aber auch feinere Untergliederung der hier genannten Haupt-Asset-Klassen wäre ohne weiteres möglich. Die beiden Anleihenkategorien (Rentenpapiere) könnte man beispielsweise noch nach Bonität (Rating) differenzieren. Ferner ließe sich jede der hier aufgeführten Aktien-Asset-Klassen zusätzlich nach Value- und Growth-Aktien (siehe Infobox Seite 67) sowie nach Branchen differenzieren. Weitere, hier nicht berücksichtigte Asset-Klassen sind beispielsweise Rohstoffe, Edelmetalle, Kunstgegenstände und Antiquitäten. Generell wird der Begriff Asset-Klasse flexibel verwendet, mal in einer sehr detaillierten Aufgliederung, mal so grob, dass man nur noch von einer Hand voll Asset-Klassen sprechen kann (Aktien, Renten, Immobilien, Rohstoffe, Edelmetalle).

Eingangs nannten wir bereits eines der faszinierendsten Forschungsergebnisse der Finanzwissenschaft in den letzten 20 Jahren:

> Über 90 Prozent der Rendite eines Aktienportfolios wird von den in ihm enthaltenen Asset-Klassen bestimmt. Weniger als 10 Prozent der Rendite geht auf die innerhalb der einzelnen Asset-Klassen enthaltenen konkreten Wertpapiere zurück.

Die relativ komplexen statistischen Techniken zur Herleitung dieses Forschungsergebnisses wollen wir an dieser Stelle nicht näher beschreiben. Im Wesentlichen »normiert« man eine Stichprobe unterschiedlicher Aktienportfolios, indem man gedanklich annimmt, dass (a) die Portfolios die gleiche prozentuale Asset-Klassen-Gewichtung aufweisen und (b) sich die Gewichtung der einzelnen Asset-Klassen durch Käufe oder Verkäufe in allen Portfolios jeweils gleichzeitig verändert. Das Ergebnis unserer Studie wird dann so aussehen wie oben erwähnt: Gut 90 Prozent der Rendite und der Volatilität eines Portfolios werden von der Asset-Klassen-Allokation, also der Aufteilung des Portfolios auf die einzelnen Asset-Klassen bestimmt. Hingegen erklären die konkrete Auswahl einzelner Wertpapiere (Stock-Picking) und die kurzfristige Höher- und Niedergewichtung bestimmter Märkte im Zeitablauf (Market-Timing) innerhalb der im Portfolio vorhandenen Asset-Klassen nur rund 10 Prozent der Renditen und Risikograde. Als besonders trennscharf haben sich dabei die Asset-Klassen-Merkmale Unternehmensgröße (Small Cap, Mid Cap, Large Cap), »Style« (Value-Aktien versus Growth-Aktien) sowie Marktentwicklungsgrad (Schwellenländermärkte versus Industrieländermärkte) erwiesen.

Die bekannteste Studie zu diesem Thema stammt von den Wissenschaftlern Brinson, Hood und Beebower (1986, 1991), die den amerikanischen Aktienmarkt untersuchten. Die Langzeitanalyse dieser Autoren ergab für die oben genannte Quote (Bestimmung der Portfoliorendite durch die Asset-Klassen-Allokation) einen Wert von 91,5 Prozent. Die Untersuchungen des Forschertrios gelten in der Ökonomenzunft als richtungweisend. Seitdem wurden zahllose weitere Studien für die wesentlichen Aktienmärkte angestellt, die zu ähnlichen Ergebnissen kamen. Einer Studie der renommierten Ökonomen Eugene Fama und Kenneth French zufolge betrug der besagte Prozentsatz sogar 97 Prozent (Fama/French, 1992).

Value- versus Growth-Aktien

Eine Value-(Wert-)Aktie ist eine Aktie mit einem niedrigen Kurs-Gewinn- bzw. Kurs-Buchwert-Verhältnis – also eine »billige« Aktie. Diese Aktien weisen oft einen vergleichsweise hohen gegenwärtigen Gewinn (bzw. eine hohe Eigenkapitalrendite) und überwiegend auch eine hohe Dividendenrendite auf. Es wird ihnen jedoch nur geringes Gewinnwachstum attestiert. Im Unterschied zu einer verbreiteten These besitzen Value-Aktien statistisch ein höheres Risiko als ihr Gegenstück, die so genannten Growth-(Wachstums-)Aktien. Allerdings zeigt sich dieses höhere Risiko nicht zwangsläufig in dem am meisten verbreiteten Risikomaß, der Standardabweichung der Aktienrenditen. Im langfristigen historischen Vergleich haben sich Value-Aktien besser entwickelt als Growth-Aktien; allerdings war es in der zweiten Hälfte der 90er Jahre umgekehrt. Growth-Aktien gelten als teure Aktien, sie haben ein hohes Kurs-Gewinn- bzw. Kurs-Buchwert-Verhältnis. Diese Aktien weisen oft einen vergleichsweise niedrigen gegenwärtigen Gewinn (bzw. eine niedrige Eigenkapitalrendite) und eine geringe Dividendenrendite auf. Es wird von ihnen jedoch starkes Gewinnwachstum für die Zukunft erwartet.

Aber selbst als Laie kann man dieses Phänomen – ohne jedes wissenschaftliche Hilfsmittel – beobachten. Vergleicht man in einem der monatlich erscheinenden Fonds-Rankings der Zeitschriften *Capital*, *Finanztest* oder ähnlichen Magazinen die Renditen von Fonds innerhalb klar definierter Asset-Klassen (zum Beispiel deutsche NEMAX-Fonds) über Zeiträume ab 24 Monaten hinweg, wird man eine erstaunlich geringe Variation dieser Renditen zwischen den einzelnen Fonds feststellen. Vergleicht man hingegen

Fonds aus unterschiedlichen Asset-Klassen (etwa asiatische Technologie-
fonds mit deutschen DAX-Fonds), streuen die Ergebnisse sehr viel breiter.
Das ist zu erwarten, denn diese Fonds decken unterschiedliche Asset-Klassen ab, daher sind auch ihre Renditen mit hoher Wahrscheinlichkeit unterschiedlich, während die Fonds, die dieselbe Asset-Klasse abdecken, auch
ähnliche Renditen liefern.

Warum ist das so? Eine einfache Antwort lautet: Da eine Asset-Klasse ja
dadurch definiert wird, dass die in ihr zusammengefassten Wertpapiere vergleichbare Rendite- und Risikomerkmale aufweisen, weil diese Unternehmen mehr oder weniger direkt miteinander im Wettbewerb stehen, weil sie
ähnlichen oder gleichen makroökonomischen Einflüssen ausgesetzt sind
und weil ferner Aktienkurse – aufgrund der Markteffizienz – die bestmöglichen Schätzungen des inneren Wertes der Aktie sind, überrascht es nicht,
wenn die Auswahl eines einzelnen Wertpapiers innerhalb einer Asset-Klasse
langfristig keinen großen Einfluss auf die Rendite eines Gesamtportfolios
hat. Wenn Märkte effizient sind, dann sind einzelne Aktienkaufentscheidun-
gen in 50 Prozent der Fälle »richtig« (liefern eine risikoadjustierte Überrendite) und in 50 Prozent der Fälle »falsch« (liefern keine risikoadjustierte
Überrendite). Somit spielt das konkrete Kaufverhalten des einzelnen Fondsmanagers normalerweise keine Rolle, und es müssen andere Ursachen für
das Rendite-/Risikoprofil des Portfolios verantwortlich sein, nämlich die
Asset-Klassen-Aufteilung gemäß Unternehmensgröße und »Style« (Value
vs. Growth).

In diesem Kapitel haben wir gesehen, wie Wertpapiermärkte wirklich
funktionieren. Diese Wirklichkeit unterscheidet sich beträchtlich von der Barbie-Puppen-Welt in den Finanzmedien, die vorwiegend aus »Vom-Teller-
wäscher-zum-Millionär«-Geschichten, »Wer-nicht-wagt-der-nicht-gewinnt«-
Unsinn, »Gurus«, »Reichmachern«, »Geheimtipps«, »Jahrhundertinvest-
mentchancen« und »Powerstrategien« besteht. Im nächsten Kapitel, das den
zweiten unserer vier Schritte auf dem Weg zur richtigen Investmentstrategie
bildet, beschäftigen wir uns mit ganz speziellen Anlegerirrtümern, zu deren
Beseitigung die Finanzbranche und -medien leider wiederum kaum etwas
beitragen.

5
Lassen Sie sich nicht täuschen: Dreizehn Irrtümer über Wertpapierinvestments

Dieses Kapitel repräsentiert den zweiten von vier Schritten auf dem Weg zu einer tragfähigen, langfristigen Anlagestrategie. Zu Ihrer Orientierung hier die vier Schritte im Überblick:

☐ Schritt 1: Die Ausgangsbasis: Wie die Wertpapiermärkte tatsächlich funktionieren

☒ Schritt 2: Die Welt der Illusion: Dreizehn grundlegende Irrtümer über Wertpapieranlagen

☐ Schritt 3: Die Nabelschau: Eine kritische Überprüfung Ihrer derzeitigen Anlagestrategie und Ihres Anlagewissens

☐ Schritt 4: Der Königsweg: Wie Sie mit einer einfachen und überlegenen Anlagestrategie das Verliererspiel gewinnen können

5.1 Irrtum (1): Transaktionskosten sind von untergeordneter Bedeutung

»Die unumstößliche Realität jedes Finanzmarktes lautet,
dass Transaktionskosten sich enorm auswirken.
Dies gilt gleichermaßen für effiziente als auch für ineffiziente
Märkte. All die aalglatte, elegante Investmentfonds-Werbung
und alle konfusen Presseartikel dieser Welt werden
diese einfache arithmetische Tatsache nicht ändern.«
Scott Simon, Finanzwissenschaftler, Portfoliomanager

Die Gesamtkosten einer langfristigen Vermögensanlage werden von den meisten Anlegern dramatisch unterschätzt. Diese Kosten können sich im besten Fall zwischen 0,3 Prozent des Anlagevolumens pro Jahr und im schlechtesten über 4 Prozent bewegen. Das gilt sowohl für Fonds- als auch für Einzelwertanleger. Manche Anleger, die viel traden, übertreffen sogar einen Wert von 4 Prozent noch beträchtlich. Was hohe Kosten für die Wertentwicklung der Anlage bedeuten, zeigt ein einfaches Zahlenbeispiel (Tabelle 7). Dabei unterstellen wir eine Bruttorendite von 12 Prozent p. a. vor Kosten der Anlage, einen einmaligen Anlagebetrag von 10 000 Euro und zwei alternative Fondsinvestments: Das eine verursacht Kosten von 2,0 Prozent p. a. (ein eher am unteren Rand des üblichen Spektrums liegender Wert), das andere von 0,3 Prozent p. a. (mit den kostengünstigsten deutschen Indexfonds erreichbar).

Tabelle 7: **Die langfristige Wertentwicklung einer Einmalanlage von 10 000 Euro in Abhängigkeit von den Anlagekosten (Beträge gerundet)**

	Wert des Fondsinvestments (in Euro)		
	nach 10 Jahren	nach 20 Jahren	nach 30 Jahren
Wertentwicklung *vor* Kosten (12 % p. a.)	31 100	96 500	299 600
Wertentwicklung *nach* Kosten von 2,0 Prozentpunkten p. a.	25 900	67 300	174 500
Wertentwicklung *nach* Kosten von 0,3 Prozentpunkten p. a.	30 200	91 400	276 400
Differenz des Endwertes der beiden Anlagen in Euro	4 300	24 100	101 900
Wertvorsprung der kostengünstigeren Anlage	17 %	36 %	58 %

Die Beispielrechnung zeigt eindrucksvoll, welche krassen Unterschiede in der Wertentwicklung selbst eines kleinen Portfolios sich im langfristigen Zeitablauf ergeben, wenn die Kosten der Anlage nicht optimiert werden. Eine noch größere Differenz hätte sich ergeben, wenn wir im Falle des ersten Investments statt mit einer 2-prozentigen Kostenbelastung mit 4 Prozent gerechnet hätten, ein Wert, den – wie gesagt – viele Anleger mühelos erreichen. Für das Ausmaß dieses Unterschiedes ist der Zinseszinseffekt verantwortlich.

Sich mit den Kosten ihrer Kapitalanlagen zu beschäftigen ist für viele Anleger noch lästiger als die Auswahl und Verwaltung dieser Anlagen. Das ist zwar verständlich, aber insofern bedauerlich, als dass die Kostenbelastung (gemeinsam mit einer sinnvollen Asset-Allokation) langfristig der wichtigste einzelne Einflussfaktor auf die Nettorendite des Anlegers ist – weitaus wichtiger als die Auswahl bestimmter Einzelanlagen. Weil der Anleger diese Kosten beeinflussen kann, behandeln wir dieses Thema ausführlich.

Nicht wenige Anleger unterliegen dem Irrglauben, Anlagekosten seien deshalb zweitrangig, weil es in erster Linie auf die gute (Brutto-)Performance des Portfolios ankomme – nach dem Motto, Leistung und Qualität hätten nun einmal ihren Preis und mit einer guten Performance würden hohe Kosten mehr als ausgeglichen. Leider ein Trugschluss, denn gegen diese Auffassung spricht, dass nur eine kleine Minderheit der Investmentfonds dauerhaft und langfristig nach Kosten über ihrem Vergleichsbörsenindex liegt und diese Fonds nicht im Vorhinein systematisch identifizierbar sind. Auch ist kein stabiler Zusammenhang zwischen hohen Kosten und einer erstklassigen Performance erkennbar. Wenn überhaupt, dann verhält es sich umgekehrt: Unter den besten aktiven Fonds während einer bestimmten Periode sind die besonders günstigen Fonds überproportional vertreten.

Überdies pendelt die langfristige Bruttorendite (Rendite vor Kosten) praktisch aller aktiv gemanagten Investmentfonds irgendwann zum Marktdurchschnitt zurück. Das gilt sowohl für Outperformer als auch für Underperformer. Das ist ein typischer Fall von Regression zum Mittelwert, einem Phänomen, mit dem wir uns bereits beschäftigt haben. Besonders deutlich tritt es zutage, wenn man nicht nur ein einzelnes Anlageintervall (etwa die zurückliegenden fünf Jahre) betrachtet, wie in der Fondswerbung üblich, sondern viele verschiedene Zeiträume parallel. Wenn also langfristig nur die Bruttorendite des Marktdurchschnittes zu erwarten ist und es keine zuverlässige Methode gibt, Outperformer-Fonds im Voraus zu identifizieren, werden die Kosten der Anlage für die Maximierung der Nettorendite zum wichtigsten Unterscheidungsmerkmal zwischen Fonds einer Anlagegruppe (Asset-Klasse, Fondsklasse). Das gilt sowohl für aktiv gemanagte Fonds als auch für Indexanlagen.

Bei dieser Gelegenheit wollen wir ein weiteres unter Fondsanlegern verbreitetes Missverständnis ausräumen: Verglichen mit den laufenden (in der Regel jährlich zu zahlenden) Kosten einer Fondsanlage ist der einmalige, beim Kauf zu zahlende Ausgabeaufschlag für Anlagezeiträume von fünf Jahren und mehr eindeutig weniger bedeutsam. Trotzdem widmen viele Fondsanleger dem Ausgabeaufschlag mehr Aufmerksamkeit als den laufenden

Kosten. Tabelle 8 zeigt ein realistisches Zahlenbeispiel für ein einmaliges
Investment von 10 000 Euro. Fonds A hat einen hohen Ausgabeaufschlag,
aber niedrige laufende Kosten, bei Fonds B ist es umgekehrt. Die Bruttorendite (vor Kosten) für beide Fonds beträgt 12 Prozent p. a.

Tabelle 8: **Vergleich der Wertentwicklung zweier Fonds mit unterschiedlichen**
Kostenstrukturen (Beträge gerundet)

Kostenbelastung der beiden verglichenen Fonds	Wert des Fondsinvestments (in Euro)				
	nach 2 Jahren	nach 5 Jahren	nach 10 Jahren	nach 15 Jahren	nach 20 Jahren
Fonds A: Ausgabeaufschlag: 5 % Laufende Kosten: 0,35 %	11 840	16 480	28 600	49 600	86 100
Fonds B: Ausgabeaufschlag: 1 % Laufende Kosten: 1,5 %	12 090	16 300	26 900	44 270	72 900
Wertvorsprung von Fonds A	−2 %	+1 %	+6 %	+12 %	+18 %

Mit folgender Formel können Sie näherungsweise berechnen, wie lange es
dauert, bis ein Fonds mit hohem Ausgabeaufschlag, aber niedrigen Verwaltungsgebühren einen Fonds ohne bzw. mit niedrigem Ausgabeaufschlag und
hohen Verwaltungsgebühren hinsichtlich der Rendite eingeholt hat (»Break-
even-Dauer«). Diese Berechnung unterstellt natürlich, dass die beiden Fonds
die gleiche Bruttorendite aufweisen, was man allerdings bei Indexfonds mit
dem gleichen Bezugsindex vereinfachend annehmen kann:

$$t = A_1 - A_2 : [(V_2 : 12) - (V_1 : 12)]$$

Die Formel sieht komplizierter aus, als sie ist. t = Anzahl der Monate bis
zum Break-even-Zeitpunkt (also das, was wir ausrechnen wollen), A_1 = Ausgabeaufschlag des ersten Fonds in Prozent, A_2 = Ausgabeaufschlag des zweiten Fonds in Prozent, V_1 = Verwaltungsgebührensatz des ersten Fonds im
Prozent, und V_2 = Verwaltungsgebührensatz des zweiten Fonds in Prozent.
Bei No-Load-Fonds (Fonds ohne Ausgabeaufschlag) ist der Ausgabeaufschlag naturgemäß gleich null. Daher einfach Null in die Formel einsetzen,
sie funktioniert trotzdem. Beispiel: Bei einem Ausgabeaufschlag von 5 Prozent und einem Verwaltungsgebührensatz von 0,55 Prozent dauert es rund
75 Monate, bis ein No-Load-Fonds mit einem Verwaltungsgebührensatz
von 1,4 Prozent renditemäßig eingeholt wird. Auf lange Sicht sind solche

»Trading-Fonds«, die Anleger zum häufigen Traden (Kaufen und Verkaufen) animieren sollen, für den Anleger also ein klares Verlustgeschäft. Wie schädlich häufiges Traden tatsächlich ist, zeigt folgende Beobachtung:

In der 15 Jahren von 1982 bis 1997 erzielten amerikanische Blue-Chip-Aktienfonds eine durchschnittliche jährliche Nettorendite von 15,1 Prozent. Gleichzeitig erreichten die amerikanischen Fondsanleger durchschnittlich nur knapp 9,9 Prozent pro Jahr. Der Grund: Durch häufiges Wechseln von einem Fonds in den anderen oder von einer Anlageform in eine andere verloren die Anleger ein volles Drittel der Fondsnettorendite. Dieses Drittel landete bei den Banken, Brokern und Fondsgesellschaften (Charles Ellis, 1999, S. 22).

Da wir den Erwerb von Einzelwertanlagen für Privatanleger generell nicht für sinnvoll halten, gehen wir in Tabelle 9 (Seite 74) lediglich auf die Kosten von Fondsanlagen ein.

Die Tabelle zeigt: Es gibt einige Kosten, die dem Anleger gesondert in Rechnung gestellt werden. Zu ihnen gehören der Ausgabeaufschlag und die Depotgebühr, dazu kommt gegebenenfalls eine Beratungsgebühr des jeweiligen Vermögensberaters. Die restlichen Kosten, die insgesamt höher sind, werden sofort mit der Bruttorendite des Fonds verrechnet, sodass der Anleger nie wirklich erkennt, was ihm verloren geht. Zu diesen Kosten gehören insbesondere die Verwaltungsgebühr (Management-Fee), die Wertpapierhandelskosten und die Depotbankvergütung. Die sofort verrechneten Kosten sind weiter zu unterscheiden in diejenigen, die zumindest nach außen hin quantifiziert werden (die Depotbankvergütung und die Verwaltungsgebühr) und solche, bei denen nicht einmal das geschieht, der Anleger also vollkommen im Dunkel tappt (zum Beispiel Wertpapierhandelskosten).

Manche Fondsanleger werden im Zusammenhang mit Investmentfonds den sehr wichtigen Begriff des *Total Expense Ratio* (TER) schon einmal gehört haben. Das TER, die Gesamtkostenquote, beinhaltet sämtliche laufenden Kosten einer Fondsanlage, die der Anleger tragen muss, also Verwaltungsgebühr, Depotbankgebühr sowie alle sonstige Betriebskosten wie etwa Personal-, Research- und Sachkosten. Nicht im TER enthalten sind einmalige Vertriebskosten wie der Ausgabeaufschlag, die Wertpapierhandelskosten des Fonds sowie die Depotgebühr des Anlegers. Da das TER eine prozentuale Quote ist, wird die Gesamtsumme der genannten Kosten mit dem Brutto-Fondsvermögen (vor Abzug dieser Kosten) ins Verhältnis gesetzt. Das TER ist somit die aussagekräftigste Größe zur Bewertung der Kostenbelastung von Fonds, streng genommen sogar die einzige aussagekräftige Kos-

Tabelle 9: Typische Kosten von Investmentfonds in Deutschland

Kostentyp	Höhe (in % des Anlage- oder Kaufvolumens)	Form der Weitergabe an den Anleger	In der publizierten Rendite von Fonds enthalten?	Wie lassen sich diese Kosten reduzieren?
Ausgabeaufschlag (einmalig beim Kauf zu zahlen)	– Aktienfonds: durchschnittl. 4,4 % (bei Indexfonds 3 %) – Rentenfonds: durchschnittl. 3,0 %	beim Kauf als Preisaufschlag auf den publizierten Kurswert des Fonds	nein	Bei Kauf des Fonds über bestimmte Direktbanken oder von der Fondsgesellschaft selbst wird der Ausgabeaufschlag häufig um 25 % bis 75 % (gelegentlich sogar um 100 %) reduziert. Indexfonds haben zumeist um die Hälfte niedrigere Ausgabeaufschläge als aktiv gemanagte Fonds. Von Indexfonds, auf die das nicht zutrifft, ist abzuraten.
Rücknahmeabschlag	1 % bis 2 % des Anlagevolumens	Preisabschlag auf den publizierten Kurs des Fonds	nein	In relativ seltenen Fällen verlangen Fondsgesellschaften statt oder zusätzlich zu den Ausgabeaufschlägen auch noch Rücknahmeabschläge auf den publizierten Anteilspreis. Rücknahmeabschläge sind nur dann akzeptabel, wenn sie dem Fondsvermögen und nicht der Fondsgesellschaft zufließen.
Wertpapierhandelskosten (Transaktionskosten), jährlich	– Aktienfonds: durchschnittl. 0,7 % p. a. (bei Indexfonds nur rund ein Zehntel hiervon) – Rentenfonds: 0,5 % p. a.	sind bereits mit der ausgewiesenen Rendite des Fonds verrechnet (werden dem Fondsvermögen entnommen)	ja	Indexfonds haben fast immer deutlich niedrigere Wertpapierhandelskosten als aktiv gemanagte Fonds. Sie liegen für Aktienindexfonds bei etwa 0,15 % des Anlagevolumens.
Verwaltungsgebühr (Management-Fee), jährlich	– Aktienfonds: durchschnittlich 1,4 % p. a. (bei Indexfonds meist weniger als die Hälfte hiervon) – Rentenfonds: durchschnittlich 0,7 % p. a.	ist bereits mit der ausgewiesenen Rendite des Fonds verrechnet (wird dem Fondsvermögen entnommen)	i.d.R. ja	Indexfonds haben fast immer deutlich niedrigere Betriebskosten als aktiv gemanagte Fonds: statt durchschnittlich 1,2 % bei Aktienfonds nur ca. 0,4 % oder auch weniger. Nicht ganz so groß ist der relative Kostenvorteil bei Rentenfonds.
Depotbankvergütung, jährlich	0,15 % bis 1,5 % p. a., durchschnittl. 0,2 p. a.	wird dem Anlegerdepot oder einem anderen Konto des Anlegers vierteljährlich oder in anderen Intervallen belastet	nein	Keine systematische Einflussnahmemöglichkeit des Anlegers. Außerdem sind die Unterschiede dieser Kostenposition bei verschiedeneren Fonds bzw. Fondsgesellschaften vergleichsweise gering.
Depotgebühr, jährlich	– bei Direktbanken: ca. 0,25 % p. a. vom Depotwert – bei Filialbanken: ca. 0,5 % p. a.	wird dem Anlegerdepot oder einem anderen Konto des Anlegers vierteljährlich oder in anderen Intervallen belastet	nein	Direktbanken und Discount-Broker berechnen niedrigere Depotgebühren als Filialbanken. Häufig am günstigsten sind die Fondsgesellschaften selbst, bei denen gelegentlich sogar kostenlose Depots geführt werden können (nur für die gesellschaftseigenen Fonds).
Performanceabhängige Managementvergütung	bei wenigen, aber einer wachsenden Anzahl aktiv gemanagter Fonds. Höhe: 0,5 bis 2 Prozentpunkte p. a. der Überrendite (Renditevorsprung gegenüber dem publizierten Vergleichsindex). Bei Indexfonds existiert diese Gebühr naturgem. nicht.	wird mit der Bruttorendite des Fonds verrechnet (dem Fondsvermögen entnommen)	nein	Empfehlung: nicht kaufen. Solche aktiv gemanagten Fonds sind im langfristigen Durchschnitt noch teurer als herkömmliche aktive Fonds, daneben gibt es keinen systematisch nachweisbaren Zusammenhang zwischen der Rendite solcher Fonds und dieser Gebühr. Mit anderen Worten: ein nur scheinbar kundenfreundlicher Marketing-Gimmick.

tengröße – ganz gewiss aber aussagekräftiger als die überall verwendete Verwaltungsgebühr (denn diese bildet ja nur einen Teil der laufenden Gesamtkosten). In Deutschland liegt das TER durchschnittlich um 50 Prozent über den Verwaltungsgebühren (für Aktienfonds und Rentenfonds zusammengenommen), in Einzelfällen liegt die Differenz aber bei bis zu 150 Prozent. Wenn Sie also zwei Fonds auf der Basis ihrer laufenden Kosten vergleichen, verwenden Sie am besten das TER. Die Verwaltungsgebühr ist nur die zweitbeste Lösung. Leider wird das TER oft nicht angegeben. Überdies kann es auch im Zeitablauf schwanken. Erfahren können Sie es in den Online-Datenbanken der Direkt Anlage Bank, der Advance Bank und der GFA Gesellschaft für Fondsanalyse, ferner im GFA FondsGuide (Adressen siehe Anhang).

Wie Tabelle 9 bereits zeigt, sind längst nicht alle Kosten in den publizierten Renditeangaben der Fondsgesellschaften und Banken enthalten. Dass es sich hierbei um ein gravierendes Problem handelt, zeigt der nun folgende Abschnitt.

5.2 Irrtum (2): Die Renditeangaben der Finanzindustrie sind verlässlich

> »In der Fondsbranche ist es kein Geheimnis, dass
> konventionelle Renditemaße – mit wenigen Ausnahmen –
> eine Performance wiedergeben, die signifikant, in einigen Fällen
> sogar extrem über derjenigen liegt, die die einzelnen
> Anleger tatsächlich erzielt haben.«
> *John Bogle*, Gründer von Vanguard, einer der größten
> Fondsgesellschaften der Welt

Viele Anleger vertrauen darauf, dass Renditeangaben der Banken, Fondsgesellschaften und Finanzmedien gleichsam reine, »objektive« Mathematik seien. Diese Vorstellung ist nicht zutreffend. Um Renditen ganz legal in einem möglichst günstigen Licht erscheinen zu lassen, macht die Zunft Gebrauch von zwei verschiedenen Kategorien von Mitteln. Für beide Kategorien lassen sich Hunderte von Beispielen finden.

▸ *»Präsentationstricks«*: Darunter fallen vor allem die Unterdrückung unvorteilhafter und die einseitige Hervorhebung vorteilhafter Informationen, das Ausweisen von Bruttorenditen, die kein einziger Anleger tatsächlich erzielen kann, da er eine Reihe unterschiedlicher Anlagekosten zu bezahlen hat, und die Verwendung nur scheinbar angemessener Vergleichsgrößen.

▸ *Mathematische Tricks*: Ein einzelnes mathematisches Verfahren, mit dem Rendite »objektiv« errechnet werden kann, existiert nicht – seien es nun Wertpapier-, Depot- oder Fondsrenditen. Vielmehr lassen sich etwa ein halbes Dutzend unterschiedlicher, formal korrekter Rechenmethoden unterscheiden, die – je nach Situation – zu gravierend unterschiedlichen Renditeangaben führen.

In der Gesamtschau muss man leider feststellen, dass es der Finanzbranche fast mühelos gelingt, über die im Folgenden dargestellten »Hebel« Renditen auszuweisen, die zum Teil dramatisch über denen liegen, die die Anleger tatsächlich erzielt haben. Aber auch Anleger, die selbst Renditeberechnungen oder -schätzungen für das eigene Portfolio vornehmen, machen zumeist aus Unkenntnis dieselben Fehler. Vermutlich fällt es deswegen der Finanzbranche so leicht, mit ihrer Renditekosmetik beim Publikum durchzukommen.

Kommen wir zunächst zu den Präsentationstricks bei der Berechnung von Renditen. Anschließend gehen wir dann auf die vier wichtigsten mathematischen Hebel ein. Die fünf populärsten Präsentationstricks sind die folgenden:

Trick 1: Bruttorenditen ausweisen Wichtige Kosten, die der Anleger tatsächlich zu tragen hatte, werden in der Renditekalkulation nicht berücksichtigt. Unter der neutralen Bezeichnung »Rendite« wird eine reine Bruttorendite ausgewiesen, die jedoch höher ist als die Nettorendite (die Bruttorendite nach Kosten), die schlussendlich im Geldbeutel des Anlegers ankommt. Der durchschnittliche Fonds- oder Einzelwertanleger muss jährliche Kosten von 2 bis 3 Prozent seines Anlagevolumens hinnehmen (exklusive Steuern). Bei Anlegern, die viel oder sehr viel traden, kann diese Quote leicht auf über 5 Prozent steigen. Nimmt man nun an, dass ein Fonds- oder Einzelwertanleger langfristig bei niedrigem bis mittleren Risiko eine Bruttorendite von 13 Prozent p. a. wohl kaum überschreiten kann,[14] verschenkt er bei einer Kostenbelastung von 2,5 Prozent rund 20 Prozent (nicht Prozentpunkte) der Rendite auf sein Kapital an die Finanzbranche. Umgekehrt betrachtet muss ein Anleger, der glaubt, durch seine aktive Anlagestrategie den Markt schlagen zu können, durchschnittlich mindestens 20 Prozent erfolgreicher sein als der Markt, um netto überhaupt erst mit diesem gleichzuziehen. Dass es leicht möglich ist, mit Indexanlagen bei gleicher langfristiger Bruttorendite die laufende Kostenbelastung auf deutlich unter 1 Prozent zu senken, macht Vergleiche der Bruttorenditen aus der Sicht der Anbieter kostenintensiver Anlageprodukte um so nahe liegender …

Trick 2: Den vorteilhaftesten Zeitraum auswählen Der Renditeberechnung wird eine Zeitperiode zugrunde gelegt, die günstiger war als diejenige, während derer der Anleger tatsächlich investiert war, oder günstiger als diejenige, die ein neutraler Sachverständiger auswählen würde. Ein erstaunlich durchsichtiger, aber dennoch populärer Trick, den Banken und Fondsgesellschaften immer wieder gerne anwenden. Da Renditen nicht als absolute Größen, sondern erst im Vergleich Aussagekraft gewinnen, stellt sich naturgemäß die Frage, welchen vergangenen Zeitabschnitt man für den Vergleich verwendet. Da es hierzu keine Vorschriften gibt (und wohl auch nicht geben sollte oder kann), wählen Fondsgesellschaften und Musterdepot-Manager Zeitintervalle, in denen das betreffende Anlageprodukt eine besonders gute Rendite aufwies. Nun schwanken bekanntlich die Renditen von Wertpapieren und Fonds im Zeitablauf, und so überrascht es nicht, dass es für so gut wie jedes Anlageprodukt einen oder mehrere Zeiträume gibt, in denen es besser als die Konkurrenz oder der Vergleichsindex abgeschnitten hat. War das im abgelaufenen Jahr nicht der Fall, dann vielleicht in den vergangenen drei, sieben oder 15 Jahren. Was liegt näher, als diese Intervalle in der Werbung zu betonen und die ungünstigen Vergleichszeiträume, zum Beispiel ein, zwei, fünf oder zehn Jahre, entweder im Kleingedruckten zu begraben oder gleich gar nicht anzugeben? Betrachten wir beispielsweise die folgende Performance-Statistik eines namenlosen Investmentfonds:

Jahr	1996	1997	1998	1999	2000	2001
Fondsrendite	6%	22%	14%	−13%	9%	22%
Marktrendite	21%	7%	19%	−8%	14%	19%

Angenommen, Sie konzipieren im Frühjahr 2002 eine Werbeanzeige für den besagten Investmentfonds und wollen in der Annonce die Performance des Fonds im Vergleich zum Marktindex so vorteilhaft wie möglich darstellen. Welche Zeitinterveralle geben Sie in der Anzeige an? Ganz offensichtlich zunächst einmal das letzte Jahr (2001), denn da lag Ihr Fonds mit 22 Prozent über der Benchmark (19 Prozent). Nun rechnen Sie die verschiedenen arithmetischen Durchschnitte für die einzelnen Mehrjahresperioden von 2001 an rückwärts aus, bis Sie auf eine Mehrjahresperiode stoßen, in der Ihr Fonds die Benchmark geschlagen hat. In diesem Beispiel ist das der arithmetische Durchschnitt für die Periode von fünf Jahren (1997 bis 2001). Über diesen Zeitraum hinweg übertraf der Fonds mit durchschnittlich 11 Prozent p. a. die Benchmark, die bei 10 Prozent p. a. lag. Dass der Fonds über die letzten sechs Jahre hinweg, genauso wie über die letzten vier, drei und zwei Jahre – also in vier von sechs möglichen Betrachtungszeiträumen – *unter* der Benchmark lag, lassen Sie nonchalant unter den Tisch fallen.[15] Sie sehen, wie mit ein wenig (selektiv angewandter) Artithmetik aus einem Allerweltspferdchen eine schnelles Vollblut wird …

Trick 3: Mit falscher Benchmark vergleichen   Als Benchmark für einen Fonds werden sachlich unangemessene Indizes verwendet, weil diese Vergleichsmaßstäbe eine niedrigere Rendite aufweisen als die eigentlich angemessene Benchmark. So erscheint der eigene Fonds in einem günstigeren Licht. Nicht selten erfolgt der Vergleich auch mit der Durchschnittsrendite einer »Vergleichsgruppe« von Fonds, wenn dieser Durchschnitt niedriger liegt als der Index.

Trick 4: Risiko ignorieren   Der eigene risikoreiche Fonds (mit einer hohen Volatilität = starken Wertschwankungen) wird mit einem Index verglichen, der zwar eine geringere Rendite, zugleich aber auch eine deutlich stabilere Entwicklung aufwies. Ein solcher Vergleich ist irreführend. Um fair zu sein, müsste er auf risikogewichteter (risikoadjustierter) Basis erfolgen. Dennoch messen fast alle Fondsgesellschaften wie auch die meisten Einzelanleger ihre Fonds bzw. Investments permanent an Börsenindizes (Benchmarks), die einen geringeren Risikograd aufweisen. Es ist zum Beispiel gang und gäbe, dass sich deutsche Aktienfonds mit dem DAX vergleichen, obwohl sie bis zu drei Vierteln in kleinere, nicht im DAX gelistete Werte investiert sind. Diese kleineren Aktien sind aber riskanter (volatiler) als DAX-Werte. Das Ergebnis ist ein Vergleich von Äpfel und Birnen zum Vorteil des Fonds und zum Nachteil des Anlegers.

Trick 5: Währungsgewinne als eigentliche Fondsperformance verkaufen   Die in Euro berechnete Rendite eines nicht währungsgesicherten Auslandsfonds (das sind über 90 Prozent aller Auslandsfonds) setzt sich zusammen aus der eigentlichen Kursentwicklung des Fonds in seiner »Heimatwährung« und der Wechselkursentwicklung zwischen dieser Fondswährung und dem Euro (siehe auch Abschnitt 6.13). Dieser Wechselkurseffekt hat natürlich nichts mit der Leistung des Fondsmanagements zu tun, er ist schlicht ein äußerer Faktor, den der Fonds als gegeben hinnimmt. Darüber hinaus hängt die konkrete Auswirkung des Wechselkurseffektes (nehmen wir an, es sei ein Gewinn) davon ab, in welcher Währung der Anleger rechnet. Für einen Schweizer Anleger wird das in seiner Landeswährung zu einer anderen Fondsrendite führen als für einen deutschen Anleger, der in Euro rechnet, obwohl beide in den gleichen Auslandsfonds investiert haben. Dennoch haben manche Fondsgesellschaften keine Skrupel, Wechselkursgewinne als »Fondsperformance« auszuweisen.

Fallstudie: Renditekosmetik

In der Mai-Ausgabe 2001 von »Investor«, dem auflagenstärksten Anlegermagazin Deutschlands, warb die angesehene Fondsgesellschaft Pioneer für den Investmentfonds »Pioneer Fund Nordamerika« (Wertpapierkennnummer 970360). Die ganzseitige Annonce zeigt eine Grafik, die die Wertentwicklung des Fonds derjenigen des DAX im 10-Jahres-Zeitraum von 1991 bis 2000 gegenüberstellt. Für den Fonds wird eine durchschnittliche Jahresrendite während dieses Zeitraumes von 21,4 Prozent, für den DAX von 16,9 Prozent angegeben. Doch leider ist dieser auf den ersten Blick beeindruckende Renditevorsprung des Pioneer-Fonds irreführend, den die tatsächliche Rendite des Fonds liegt bei etwa 15,1 Prozent. Aus der großen Trickkiste der Renditekosmetik haben die Marketing-Experten der Fondsgesellschaft einige der der am meisten verbreiteten Kunststückchen eingesetzt.

Kunststück 1: Wechselkursschwankungen sachlich falsch berücksichtigen. Um diesen Trick zu erkennen, muss man wissen, dass der Pioneer-Fonds ein in nordamerikanischen Standardwerten anlegender und in Dollar notierender Fonds ist. Die angegebene Fondsrendite ist jedoch in Euro berechnet und beinhaltet einen erklecklichen Wechselkursgewinn, da der Dollar gegenüber der D-Mark bzw. dem Euro in diesem Zeitraum um fast 30 Prozent aufwertete. Rechnet man den von der Leistung des Fondsmanagements völlig unabhängigen Wechselkursgewinn aus der angegebenen Rendite des Fonds heraus, schrumpft diese von 21,4 Prozent auf 17,1 Prozent p. a., ein Wert, der nur noch einen Hauch über der DAX-Vergleichsrendite liegt. Diesen Wechselkursgewinn erwirtschaften im Übrigen nur bestimmte Anleger, diejenigen eben, die ihre Rendite in Euro berechnen. Ein amerikanischer Fondsanleger, der naturgemäß in US-Dollar rechnet, erzielt keinen Währungsgewinn; aus Sicht eines Schweizer Anlegers, der in Franken rechnet, fällt er weitaus geringer aus; für einen Engländer kam es in diesem Zeitraum sogar zu einem Währungsverlust. Aber wie dem auch sei: Weder ist es das Ziel des Fondsmanagements, Währungsgewinne zu realisieren, noch würde das Fondsmanagement die Verantwortung dafür übernehmen, wenn die in anderen Währungen als dem Dollar gerechnete Fondsrendite aufgrund einer Dollarabwertung gelitten hätte. Auf das beträchtliche Wechselkursrisiko des Pioneer-Fonds für Anleger, die nicht entsprechend diversifiziert sind – gerade zum Zeitpunkt der Veröffentlichung der Anzeige mit einem historisch hoch und über der Kaufkraftparität bewerteten Dollar, weist die Anzeige nicht hin.

Kunststück 2: Anlagekosten unter den Tisch fallen lassen. Der Pioneer-Fonds besitzt einen Ausgabeaufschlag von 5,75 Prozent. Berücksichtigt man diese vom Anleger zu tragenden Kosten, sinkt die durchschnittliche Nettorendite des Fonds während der besagten zehn Jahre auf schlappe 16,5 Prozent p. a. (sogar ohne Berücksichtigung der Depotbankgebühr) gegenüber der DAX-Rendite von 16,9 Prozent.

Kunststück 3: Den falschen Vergleichsindex wählen. Es ist natürlich blanker Unsinn, einen ausschließlich in nordamerikanische US-Dollar-Blue-Chip-Aktien anlegenden Fonds mit dem DAX zu vergleichen, bei dem für einen deutschen Anleger kein Währungsrisiko besteht. Genauso viel Sinn hätte es gemacht, den Pioneer-Fonds dem südkoreanischen Aktienindex Kospi gegenüberzustellen. Die passende Benchmark wäre der amerikanische Standardwerte-Index S&P 500 gewesen, nicht der DAX. Der S&P 500 wies über den fraglichen Zeitraum in US-Dollar gemessen eine durchschnittliche Rendite von 17,1 Prozent p. a. aus – zufällig etwa so hoch wie diejenige des DAX in Euro, aber deutlich höher als die Dollar-Nettorendite des Fonds von etwa 16,5 Prozent p. a. (nach Berücksichtigung der dem Anleger belasteten Kosten). Kein Wunder also, dass Pioneer den DAX anstelle des S&P 500 gewählt hat.

Fazit: Erstens ist die Werbeanzeige dieser großen und an sich seriösen Fondsgesellschaft unaufrichtig, und zweitens hat das Pioneer-Fondsmanagement versagt, denn der einzige Zweck eines aktiv gemanagten Fonds ist es, seinen Vergleichsindex langfristig zu schlagen.

Einen anderen kreativen Trick verwendete die größte Fondsgesellschaft der Welt, Fidelity, in ihrem deutschen Newsletter »Fidelity news« vom Juni 2001. Dort vergleicht Fidelity in einer Tabelle mit der Überschrift »Unsere Qualität setzt sich durch« die Ein- und Dreijahresrendite aller Fidelity-Fonds in einer bestimmten »Fondsklasse« (ohne nähere Angabe, wie diese definiert ist) mit derjenigen sechs anderer deutscher Fondsgesellschaften. Es dürfte nicht überraschen, dass Fidelity in allen diesen Vergleichen vorne liegt. Warum allerdings Fidelity sich mit anderen Fondsgesellschaften statt mit einem angemessenen Index vergleicht und warum Fidelity gerade diese sechs Fondsgesellschaften ausgesucht hat, ist (k)ein Rätsel. Da die Index-Performance besser war als der Durchschnitt aller Fonds der sechs Fondsgesellschaften, ist es natürlich schmeichelhafter, sich mit dem Fondsdurchschnitt zu vergleichen. Statt, was methodisch sauber und objektiv gewesen wäre, sich mit allen rund 50 Gesellschaften, die hierzulande zugelassene Fonds anbieten, zu vergleichen, wählt Fidelity munter einfach sechs ausreichend schlechte Gesellschaften aus. Frei nach dem Motto: Unter den Blinden ist der Einäugige König.

Nachdem wir nun die große Palette der Präsentationstricks in Sachen Renditekosmetik kennen gelernt haben, wollen wir uns den mathematischen Tricks zuwenden. Hierbei handelt es sich um die manipulative Auswahl der zur gewünschten Aussage jeweils passenden mathematischen Renditeberechnungsmethode. Alle Methoden sind formal korrekt, können aber je nach Konstellation zu sehr unterschiedlichen Ergebnissen führen. Die vier gebräuchlichsten Renditeberechnungsmethoden sind die folgenden:

▶ arithmetische Durchschnittsrendite,
▶ geometrische Durchschnittsrendite,
▶ Cashflow-gewichtete Durchschnittsrendite und
▶ kumulierte Rendite.

Um die Unterschiede zwischen diesen vier Rechenverfahren zu veranschaulichen, verwenden wir das folgende einfache Beispiel, für das wir alle vier Renditearten betrachten. Nehmen wir an, unser hypothetischer Anleger Paulchen investiert zu Beginn des ersten Jahres 100 Euro in einen Investmentfonds. Als überzeugter Buy-and-Hold-Investor lässt Paulchen nun das Depot drei Jahre lang ruhen. Alle Ausschüttungen werden von der Fondsgesellschaft automatisch reinvestiert. In Tabellenform dargestellt entwickelte sich Paulchens Depot folgendermaßen:

Anfangsinvestment zu Beginn von Jahr 1	Depotwert am Ende von Jahr 1	Depotwert am Ende von Jahr 2	Depotwert am Ende von Jahr 3
100 Euro	130 Euro	80 Euro	140 Euro

Die Frage ist nun: Wie hoch war die Rendite von Paulchens Drei-Jahres-Investment? Antwort: Das kommt ganz darauf an – je nachdem, wie wir sie berechnen. Beginnen wir mit der arithmetischen Durchschnittsrendite.

Arithmetische Durchschnittsrendite Die »Jahresrendite« entspricht dem Wertzuwachs des Depots im Jahresverlauf dividiert durch den Depotwert am Anfang des Jahres. Für das Jahr 2 ist das beispielsweise ein Wertverlust von 50 Euro dividiert durch 130 Euro (den Depotwert zu Beginn von Jahr 2), woraus sich eine negative Rendite von −38,5 Prozent ergibt.

Anfangsinvestment zu Beginn von Jahr 1	Depotwert am Ende von Jahr 1	Depotwert am Ende von Jahr 2	Depotwert am Ende von Jahr 3
100 Euro	130 Euro	80 Euro	140 Euro
Einzelne Jahresrenditen	+30,0 %	−38,5 %	+75 %

Die arithmetische Durchschnittsrendite für den Dreijahreszeitraum ist nun ganz einfach der Durchschnitt aus den drei einzelnen Jahresrenditen, also:
    30,0 % + (−38,5 %) +75,0 % = 66,5 % : 3 = 22,2 % p. a. Eine stattliche Zahl. Doch das Ergebnis kann auch ganz anders aussehen.

Geometrische Durchschnittsrendite Für diese Berechnung verwendet man folgende Formel:

$$\text{Anfangsinvestment} \times (1+r)^n = \text{Endwert des Investments}$$

Dabei ist r die Rendite als Dezimalzahl (also der Wert, den wir ausrechnen wollen), n ist die Anzahl der Jahre. Für Paulchens Investment würde die Formel wie folgt aussehen:

$$100 \times (1+r)^3 = 140$$

Wenn wir diese Formel nach r auflösen, erhalten wir:

$$r = (140 : 100)^{1/3} - 1 = 11,9 \% \text{ p. a.}$$

Hoppla! – plötzlich ist Paulchens Rendite um fast die Hälfte geschrumpft.

Die geometrische Durchschnittsrendite ist der gleichbleibende Jahreszinssatz, der unter Berücksichtigung des Zinseszinseffektes von der Anfangsinvestition zum Endwert der Investition führt. Dabei wird unterstellt, dass während dieses Zeitraums dem Depot weder Mittel zugeflossen noch Gelder aus ihm abgeflossen sind. Die geometrische Rendite stimmt nur dann mit der arithmetischen Durchschnittsrendite überein, wenn die jährlichen Ist-Renditen nicht schwanken. Bei schwankenden Jahresrenditen – wie in diesem Beispiel und wie auch zumeist in der Realität – ist die geometrische Durchschnittsrendite stets niedriger als die arithmetische. Je stärker die Schwankungen der Jahresrendite, desto größer auch der Unterschied zwischen arithmetischer und geometrischer Rendite.

Cashflow-gewichtete Durchschnittsrendite Die oben erwähnte einschränkende Voraussetzung zur Errechnung der geometrischen Durchschnittsrendite – nämlich dass während des Investitionszeitraums keine Mittel zu- oder abfließen – ist in der Realität häufig nicht gegeben. In der Praxis nehmen die meisten Anleger zwischendurch weitere Einzahlungen vor (etwa aufgrund eines Fondssparplans) oder ziehen Mittel ab (zum Beispiel, um eine private Anschaffung zu finanzieren). In diesen Fällen würde der geometrische Durchschnitt zu fehlerhaften Ergebnissen führen. Man verwendet stattdessen eine leider etwas kompliziertere Formel: den »internen Zinsfuß«. Es ist für unsere Zwecke nicht entscheidend, sie im Detail zu verstehen, und wir wollen uns im Folgenden auf ihre Kernaussage beschränken:

$$BW = NCF_1/(1+r)^1 + NCF_2/(1+r)^2 + \ldots + (NCF_n/1+r)^n$$

BW = Barwert des Investments (also der Gegenwartswert des Depots)
NCF = Netto-Cashflow (das ist der jährliche Nettogeldfluss aus dem Depot heraus oder in das Depot hinein)
r = der interne Zinsfuß (nach dieser Größe wird die Formel aufgelöst)

Die Cashflow-gewichtete Durchschnittsrendite würde in unserem Beispiel zum gleichen Ergebnis wie die geometrische Durchschnittsrendite führen, weil Paulchens Depot während der drei Jahre weder Mittelzuflüsse noch -abflüsse verzeichnete.

Im Unterschied zu den beiden anderen bisher betrachteten Methoden berücksichtigt die Cashflow-gewichtete Durchschnittsrendite, wie viel Geld während einer bestimmten Teilperiode investiert war. Das heißt, jede einzelne Jahresrendite wird mit dem Geldbetrag, der während des entsprechenden Jahres angelegt war, gewichtet. Man könnte daher von einer volumens- und zeitgewichteten Rendite sprechen. Dieses Renditemaß ist aus Sicht des Anlegers am objektivsten. Bedauerlich nur, dass es von Fondsgesellschaften und Banken so gut wie nie verwendet wird.

Es liegt auf der Hand, warum das so ist. Besonders bei anfangs guten Jahren innerhalb eines Berechnungszeitraums ist der arithmetische Durchschnitt viel werbewirksamer, denn er verbleibt danach noch eine Reihe von Jahren über dem entsprechenden Durchschnitt für den Index. Die Anleger pumpen nun Geld in diesen Fonds in der Annahme, dass es so weitergehen werde, dabei ist längst der Abstieg in den Renditekeller im Gange.

Kumulierte Rendite   Die kumulierte Rendite ist im Gegensatz zu den vorangegangenen keine Durchschnittsrendite, sondern eine »angesammelte« Rendite (kumulieren heißt so viel wie ansammeln). Für Paulchens Investment sähe die kumulierte Rendite von Jahr zu Jahr folgendermaßen aus:

Anfangsinvestment zu Beginn von Jahr 1	Depotwert am Ende von Jahr 1	Depotwert am Ende von Jahr 2	Depotwert am Ende von Jahr 3
100 Euro	130 Euro	80 Euro	140 Euro
Einzelne Jahresrenditen	+30,0%	−38,5%	+75%
Kumulierte Rendite	+30%	−20%	+40%

Die einzelnen Renditewerte kommen wie folgt zustande: Jahr 1: 30 Euro Zuwachs gegenüber dem Anfangsinvestment von 100 Euro; Jahr 2: 20 Euro Gesamtverlust gegenüber dem Anfangsinvestment von 100 Euro; Jahr 3: 40 Euro Zuwachs gegenüber dem Anfangsinvestment von 100 Euro. Die kumulierte Rendite ist – obwohl in Werbeanzeigen oft verwendet – im Grunde genommen völlig nutzlos, da niemand ein Gefühl dafür besitzt, was zum Beispiel der aus einer Fondswerbeanzeige entnommene Renditewert von +396 % für den Fonds X, die Aktie Y oder das Musterdepot Z im Zeitraum von 1995 bis 2000 wirklich bedeutet.

Mancher Leser wird über die beachtlichen Unterschiede zwischen den einzelnen Renditen staunen. Unser Spektrum reicht von 11,9 Prozent bis 40 Prozent. Und es bleibt der wohl berechtigte Zweifel, ob die Anleger sich stets bewusst sind, mit welcher Zahl sie es im Einzelfall zu tun haben.

Arithmetische Durchschnittsrendite	Geometrische Durchschnittsrendite (hier identisch mit der zeitgewichteten Durchschnittsrendite)	Kumulierte Rendite
22,2 % p. a.	11,9 % p. a.	+30 % (nach 1 Jahr)
–	–	−20 % (nach 2 Jahren)
–	–	+40 % (nach 3 Jahren)

Von wegen objektive Mathematik … – Fachleute weisen allen hier dargestellten Methoden jeweils unterschiedliche Vor- und Nachteile zu, aber es hat sich in der internationalen Fondsarena bisher keine Methode eindeutig durchgesetzt. Was also liegt für viele Finanzinstitute näher, als die in der jeweiligen Situation vorteilhafteste Methode zu verwenden? Immerhin gibt es in Deutschland die so genannte BVI-Methode des Bundesverbandes Deutscher Investmentgesellschaften, die die deutschen Fondsgesellschaften in den Prospekten ihrer im Inland angesiedelten Fonds überwiegend benutzen.[16] Das ist aber bei den zahlreichen ausländischen Fondsgesellschaften und Offshore-Fonds die Ausnahme.

Der Finanzwissenschaftler Mark Kritzmann bringt die Situation auf den Punkt: »Die verschiedenen Renditeberechnungsmethoden erlauben Anlageberatern, eine gegebene Rendite in rechnerisch korrekter, aber oft täuschender Absicht so zu manipulieren, dass die tatsächliche Performance im jeweils vorteilhaftesten Licht erscheint.« Es gibt derzeit noch keine wirksame internationale Übereinkunft über eine Standardmethode zur Performance-Berechnung, nicht einmal zwischen Deutschland und Luxemburg, obwohl dort aus steuer- und aufsichtsrechtlichen Gründen mehrere Hundert in Deutschland zugelassene Fonds registriert sind.

Fazit: Nehmen Sie das, was die gängigen Fondsprospekte in Sachen Rendite und Performance verbreiten, nicht ungeprüft für bare Münze. Noch mehr Skepsis ist allerdings in Bezug auf Analystenprognosen angebracht. Warum, das erfahren Sie im nächsten Abschnitt.

5.3 Irrtum (3): Analysten können konsistent richtige Kursprognosen machen

»Mit Prognosen habe ich immer gute Erfahrungen gemacht –
ich habe nie welche abgegeben.«

Herman Josef Abs, einflussreichster deutscher Bankier
des 20. Jahrhunderts

Die Medien sind voll davon: Finanzprognosen. Eine verwirrende Fülle solcher Prognosen für Aktienkurse, Wertpapierindizes, für Zinsen, Devisenkurse, Unternehmensgewinne, Arbeitslosenquoten, Inflations- und Wirtschaftswachstumsraten ergießt sich tagtäglich über die Anlegerschaft. Viele dieser Prognosen stammen von hoch renommierten Wirtschaftsexperten, weltweit bekannten Ökonomen und Analysten oder großen, angesehenen Banken. Die meisten Anleger orientieren sich an diesen Prognosen, in der an sich plausiblen Annahme, dass die Experten »es ja wissen müssen«.

So überraschend es klingen mag: Die Erfolgsbilanz all dieser Prognosen ist geradezu katastrophal. In seinem Buch *The Fortune Sellers* beschreibt William Sherden dieses Versagen auf der ganzen Linie anhand einer Fülle von Beispielen, die überwiegend, aber nicht ausschließlich dem Finanzbereich entspringen. Wir werden uns im Folgenden auf die Betrachtung von Aktienkursprognosen beschränken.

Die Finanzwissenschaft ist sich darüber einig, dass es nicht möglich ist, systematisch ausbeutbare Prognosen für einzelne Wertpapiere oder auch für ganze Marktsegmente zu erstellen. »Systematisch ausbeutbar« bedeutet: Solche Prognosen (erreichen eine Trefferquote, die über einen längeren Zeitraum hinweg nachweislich (a) über der statistischen Zufallstrefferquote liegt und (b) nach Transaktionskosten und bei Berücksichtigung des einzugehenden Risikos im Rahmen einer aktiven Anlagestrategie profitabel ausgebeutet werden kann – also zu einer risikogewichteten, langfristigen Überrendite führt. Das Gleiche gilt übrigens auch für so genannte Konsensusprognosen – also Durchschnitte mehrerer voneinander unabhängiger Prognosen. Das haben viele Hundert wissenschaftliche Studien bestätigt.[17] Nicht einmal den historisch fast einmaligen Crash der Technologieaktienmärkte um annähernd 70 Prozent von März 2000 bis April 2001 hat auch nur einer unter den Tausenden von Aktienanalysten weltweit korrekt vorausgesagt.

Zunächst zur naheliegenden Frage: Wenn die Erstellung systematisch ausbeutbarer Prognosen unmöglich ist, warum ist dieser Umstand bei den Anlegern nicht allgemein bekannt? Dafür gibt es eine Reihe von Gründen; hier nur die wichtigsten:

▸ Praktisch alle Prognostiker vermarkten ihre richtigen Prognosen weithin, lassen aber die falschen stillschweigend unter den Tisch fallen.

▸ Viele Prognosen sind so ungenau, dass sie zwar irgendwann eintreffen, aber von vornherein nicht zur Grundlage einer Investitionsentscheidung taugen (zum Beispiel Kurszielprognosen ohne genaue Angabe eines Zeitpunktes).

▸ Falsche Prognosen werden kurzerhand »revidiert«, also durch neue Vorhersagen ersetzt.

▸ Und schließlich glauben viele Anleger, wie schon erwähnt, die Experten müssten doch ganz einfach einen Wissensvorsprung vor den Laien haben, da dies ja auf den meisten anderen Fachgebieten des Lebens auch der Fall sei – eine verständliche, aber unrichtige Annahme.

Die aufwändigsten statistischen Untersuchungen zur Qualität von Analystenprognosen und -empfehlungen hat der bekannte amerikanische Finanzwissenschaftler Terrance Odean durchgeführt (siehe Literaturverzeichnis). In einer seiner Studien analysierte er die Qualität von sage und schreibe 360 000 Analystenempfehlungen, abgegeben von 269 amerikanischen Brokerage-Häusern oder Banken im Zeitraum von 1986 bis 1996. Resultat: Nach Berücksichtigung der (aus der Sicht eines Privatanlegers wohl zu niedrig angesetzten) Trading-Kosten konnte bei Umsetzung dieser Empfehlungen keine Überrendite gegenüber dem Marktindex nachgewiesen werden.

Übrigens beweist allein die Tatsache, dass einige Kursprognosen sich als richtig erweisen, noch überhaupt nichts – genauso wenig, wie sechs Richtige im Lotto beweisen, dass der Tipper Lottozahlen richtig vorhersagen kann. Glück, also eine zufällig korrekte Vorhersage, ist nicht gleich Prognosefähigkeit. Wirtschaftlich verwertbare Prognosen setzen voraus, dass der Prognostiker seriös nachprüfbar das wiederholte Eintreffen seiner Prognosen in der Vergangenheit beweisen kann.

Dass die Erstellung systematisch ausbeutbarer Kursprognosen unmöglich ist, hängt mit der Effizienz der Wertpapiermärkte zusammen (siehe auch Abschnitt 4.4). Diese zeigt sich vor allem in beiden folgenden Phänomenen:

Informationseffizienz Sie bedeutet, dass die Preise (Kurse) am Wertpapiermarkt jederzeit »korrekte« (im Börsenslang »faire«) Preise sind, das heißt, sie spiegeln den tatsächlichen Markwert des Wertpapiers korrekt wieder. *Alle* am Markt verfügbaren Informationen (auch Informationen über Trends sowie Vermutungen) sind bereits im Preis des Wertpapiers enthalten.

Wegarbitrieren von Überrenditen Würde jemand eine zuverlässige Methode entwickeln, um Kursprognosen zu optimieren oder Mispricings (Marktanomalien) systematisch auszunutzen, würden andere Anleger diese Methode schnell in großer Zahl imitieren und so den Preis für die entsprechenden Wertpapiere in die Höhe treiben. Die Möglichkeit zur Erzielung der Überrendite wäre dann wegarbitriert. Gäbe es diesen Mechanismus, der eigentlich ein Grundtatbestand der Marktwirtschaft ist, aber nirgendwo effizienter funktioniert als an den Wertpapiermärkten, nicht, müssten viele Anleger existieren, die in kürzester Zeit aufgrund ihres überlegenen Wissens zu Multimilliardären geworden wären. Dem ist nicht so – ein überzeugender Beleg für die Gültigkeit der EMT.

In einem für die Medien eher seltenen Anflug von Realismus stellte das Finanzmagazin *Fortune* vor einigen Jahren fest: »Sagen wir es klipp und klar: Niemand weiß, wohin der Markt geht – weder Experten noch Neulinge, weder Wahrsager noch Astrologen. Das ist die einfache Wahrheit.« (*Fortune*, 12.5.1997)

5.4 Irrtum (4): Analysten *wollen* konsistent richtige Kursprognosen machen

> »Es gibt drei Sorten von Investoren, seien es nun Groß- oder
> Kleinanleger: Erstens jene, die nicht wissen, in welche
> Richtung sich der Markt bewegt, zweitens jene, die nicht wissen,
> dass sie es nicht wissen, und drittens, jene, die wissen,
> dass sie es nicht wissen, deren Lebensunterhalt jedoch davon
> abhängt, dass es so scheint, als ob sie es wüssten. Diese
> Einteilung gilt für jeden Wertpapier- oder Rohstoffmarkt: Aktien,
> Festverzinsliche, Gold und Schweinebäuche.«
> *William Bernstein*

Wir haben nun erfahren, warum Aktienkursprognosen von Analysten (und Fondsmanagern) nicht mit höherer als einer dem Zufall entsprechenden Wahrscheinlichkeit zutreffen können. Darüber hinaus müsste jede objektive

Überprüfung des Nutzens von Prognosen deren Umsetzungskosten berücksichtigen, was die meisten Prognostiker in ihren »Erfolgsmeldungen« jedoch geflissentlich unterlassen. Doch damit nicht genug. Analysten wollen nicht einmal konsistent richtige Kursprognosen abgeben – selbst wenn sie dazu in der Lage wären. Denn die große Mehrzahl von ihnen befindet sich in einem unauflösbaren Interessenkonflikt. Wohl mehr als 90 Prozent aller Aktienanalysten sind bei Banken beschäftigt. Bei jenen Institutionen also, die

▸ in Form von Provisionen am Aktienhandel verdienen – je mehr Trading stattfindet, desto höher sind diese Einkünfte;

▸ die in ihren Geschäftsbereichen Treasury, M&A (Mergers and Acquisitions) und Commercial-Banking an Börsengängen, Bondemissionen, Unternehmensfusionen und -akquisitionen, Krediten und im Anlagegeschäft mit den analysierten Gesellschaften verdienen wollen.

Dass ein Aktienanalyst es wiederholt wagt, diese für seinen Arbeitgeber enorm lukrativen Einkünfte durch eine pessimistische Analyse (niedriges Kursziel, Verkaufsempfehlung) zu gefährden, erscheint eher unplausibel. Die Banken bemühen sich denn auch eifrig, die Bedeutung dieses Interessenkonfliktes mit dem Hinweis auf »chinesische Mauern« zwischen den Aktien- und Bond-Research-Abteilungen einerseits sowie den oben genannten Geschäftsbereichen andererseits herunterzuspielen.

Dessen ungeachtet haben mehrere Studien bestätigt, dass in den vergangenen Jahren nur in etwa 1 Prozent (!) aller Analystenempfehlungen zum Verkauf geraten wurde (*The Economist*, 5.5.2001). Diese lächerlich geringe Quote bestand sogar im März 2000, unmittelbar vor Beginn des massiven Börseneinbruchs, den viele als »Crash auf Raten« bezeichneten. Wären die Analystenempfehlungen einigermaßen seriös, dürfte es kaum weniger Verkaufs- als Kaufempfehlungen geben.

Anfang 2001 leiteten die Börsenaufsichtsbehörden mehrerer Länder Untersuchungen in die Wege, um zu eruieren, inwieweit Bankanalysten durch ihre überwiegend falschen Kaufempfehlungen zu Technologieaktien mit bereits horrend hohen Preisen zu den dramatischen Verlusten Tausender Anleger ab März 2000 beitrugen. Als Reaktion darauf und um in den Augen der Aufsichtsbehörden und der Öffentlichkeit etwas Glaubwürdigkeit zurückzugewinnen, traf die weltgrößte Investmentbank Merrill Lynch im Juli 2001 eine neue interne Regelung: Die Analysten der Bank durften von nun an persönlich keine Aktien jener Gesellschaften mehr besitzen, die sie selbst analysierten. Dieser Schritt war allerdings eher der sprichwörtliche Tropfen auf den heißen Stein oder, etwas forscher formuliert, ein durchsichtiger Public-Relations-Trick. Die eigentliche Wurzel des Problems lies Merrill Lynch unangetastet: dass nämlich ein und dieselbe Bank ganz einfach nicht zugleich im Corporate-Finance-Bereich für einen Firmenkunden und in der Aktienanalyse für die Käufer der Unternehmensaktien oder -anleihen tätig sein kann, ohne in einen unauflösbaren Interessenskonflikt zu geraten. Schade, dass sich der Branchenprimus nicht zu einer echten Lösung, sprich zum Verkauf einer der beiden Sparten durchringen konnte, zumal das Problem nicht ganz neu ist: »Kein Mann kann zwei Herren dienen« (Matthäus-Evangelium, 6/24).

Wir kommen nun zu einem der wichtigsten Themen dieses Buches: dem Irrglauben, aus guten betriebswirtschaftlichen Kennzahlen eines Unternehmens auf ertragreiche Aktienrenditen in der Zukunft schließen zu können.

5.5 Irrtum (5): Ein gutes Unternehmen ist eine gute Aktie

> »Gute Unternehmen sind im Allgemeinen schlechte Aktien und schlechte Unternehmen sind im Allgemeinen gute Aktien. Dieses Konzept zu begreifen ist sowohl für Kleinanleger als auch für professionelle Investoren sehr schwer. Und es ist vermutlich die Ursache für die niedrige Rendite der meisten Profianleger.«
> *William Bernstein*

Der unter Privatanlegern vielleicht am meisten verbreitete, am häufigsten in den Finanzmedien wiederholte und wohl kostspieligste Irrtum über Aktienanlagen besteht in der Annahme, ein betriebswirtschaftlich gutes Unternehmen müsse auch eine gute, ertragreiche Aktie sein, also eine hohe Aktionärsrendite aufweisen. Auf der Grundlage dieser Annahme veröffentlichen die Finanzmedien und die Banken jährlich Tausende an Anleger gerichtete Unternehmensanalysen, teilweise zehn und mehr Seiten lang, mit langen Kolonnen finanzwirtschaftlicher Kennzahlen, vergleichenden Tabellen, Marktanalysen, Grafiken und Aktienkurszielen. Die Anlegerzeitschriften verpacken diese Analysen dann in spannend gemachte Unternehmensportraits mit Überschriften wie »Angriff auf IBM. Wie Computer Associates den Markt aufrollt« (*Finanzen*). Das Problem dieser Aktien- und Unternehmensanalysen – die ja das Herzstück jedes Anlegermagazins bilden – liegt nun darin, dass sie für den Anleger buchstäblich nutzlos sind.

> Die scheinbar plausible Annahme, dass Unternehmen, die in der Vergangenheit höhere Gewinne als ihre Konkurrenten, ein schnelleres Wachstum oder höhere Marktanteile vorwiesen, zugleich überdurchschnittliche Aktionärsrenditen erwirtschaften, ist schlicht falsch. Statistisch lässt sich nicht nachweisen, dass solche »Siegerunternehmen« ihre betriebswirtschaftlich schwächeren Konkurrenten auch an der Börse schlagen – weder kurz- noch langfristig. Eher ist das Gegenteil der Fall: Gute Unternehmen sind überdurchschnittlich häufig schlechte Aktien. Aktientipps, die sich auf gute betriebswirtschaftlichen Kennzahlen stützen, erweisen sich in mehr als 50 Prozent der Fälle als falsch.

Worauf dieses für manchen wohl überraschende Phänomen zurückgeht, werden wir im Folgenden erläutern. Untersuchen wir zunächst, was ein betriebswirtschaftlich gutes Unternehmen ausmacht, und stellen wir dieses Qualitätsmerkmal dem gänzlich anderen Qualitätsmerkmal der »guten Aktie« gegenüber.

Die betriebswirtschaftliche Ebene: Gutes Unternehmen versus schlechtes Unternehmen Die betriebswirtschaftliche Qualität eines Unternehmens wird durch die so genannte fundamentale Analyse (siehe Glossar) beurteilt, die das Unternehmen aus drei verschiedenen Blickwinkeln betrachtet: erstens durch die Analyse betriebswirtschaftlicher und finanzwirtschaftlicher Kennzahlen im Vergleich zu direkten oder indirekten Wettbewerbern, zweitens durch die Analyse »qualitativer« oder »weicher« Faktoren, zu denen etwa die Unternehmensstrategie, die Qualität des Managements, die Unternehmenskultur, möglicherweise anstehende Unternehmenszusammenschlüsse sowie laufende Produktentwicklungen gehören, und drittens durch eine allgemeine Branchenanalyse. Insgesamt stützen Analysten diese Gesamtbeurteilung der vermeintlichen Qualität eines Unternehmens aus Anlegerperspektive auf Ist-Daten der Vergangenheit und auf daraus abgeleitete Einschätzungen der Zukunftsperspektiven des Unternehmens.

Im Börsenjargon werden »fundamental gute« Unternehmen als »Growth-Aktien« bezeichnet, da man diesen Unternehmen hohe Wachstumschancen

Tabelle 10: Merkmale von Growth- und Value-Aktien

Unterscheidungsmerkmal	Growth-Aktien	Value-Aktien
Kurs-Gewinn-Verhältnis (KGV), Kurs-Buchwert-Verhältnis, Kurs-Gewinnwachstums-Verhältnis oder Kurs-Cashflow-Verhältnis	hoch, daher spricht man von »teuren« Aktien	niedrig, daher spricht man von »billigen« Aktien
Dividendenrendite	niedrig (meistens unter 1 % oder null)	hoch (in der Regel zwischen 1 % und 5 %)
Unternehmensgewinn und -Cashflow	niedrig	hoch
Erwartetes Gewinnwachstum	hoch	niedrig
Erwartetes Gewinnwachstum der Branche	hoch	niedrig
Branchencharakterisierung	»moderne«, aktuell hochgeredete Branchen wie High-Tech, Telekommunikation, Internet, Biotechnologie, Medien	»altmodische«, langweilige« Branchen wie Stahl, Einzelhandel, Rohstoffe, Energieversorgung, Automobilbau, Finanzen
Charakterisierung der Aktien	Aktien mit »Glamour« wie Cisco, Amazon, Deutsche Telekom, Intel, Microsoft; populäre Aktien, denen jeder glänzende Gewinnwachstumsperspektiven einräumt und die nicht als krisenanfällig gelten	Unpopuläre Aktien (»distressed stocks«), denen nur wenige noch nennenswertes Gewinnwachstum zutrauen; oft Aktien, die in jüngerer Vergangenheit eine mittlere bis schwere Krise durchlaufen haben (bis hin zur Konkursgefahr)
Emotionale Hemmschwelle gegenüber dem Kauf	niedrig; jeder kauft sie (geschätzte 90 % bis 95 % aller Anleger – Profis wie Amateure – sind Growth-Investoren)	hoch, sie gelten als Verlierer-Aktien
Typische Marktkapitalisierung	tendenziell hoch*, aber auch Nebenwerte aus dem »New-Economy«-/Technologie-/Internet-Sektor (Nasdaq, Neuer Markt)	tendenziell mittelhoch (Mid-Caps) oder niedrig (Small-Caps), selten hoch

* Die großen Länderindizes wie der EuroStoxx 50 oder der S&P 500 setzen sich zu über 75 Prozent aus solchen Growth-Aktien zusammen. Allerdings gibt es auch kleine Growth-Aktien. So besteht zum Beispiel der Neue Markt fast ausschließlich aus Growth-Titeln.

und ein überdurchschnittliches Gewinnsteigerungspotenzial attestiert. Die schlechten Unternehmen firmieren unter der Bezeichnung »Value-Aktien« oder *distressed stocks*. Sie sind angeschlagene oder krisengeschüttelte Firmen mit geringer Kreditwürdigkeit – »hässliche Entlein« ohne Kursfantasie, denen der Markt nur noch unterdurchschnittliches Gewinnwachstum zutraut.

Eine genauere Beschreibung der äußerst wichtigen Unterscheidung zwischen Value- und Growth-Aktien finden Sie in Tabelle 10. Beachten Sie, dass keines der in dieser Tabelle aufgeführten Merkmale – mit Ausnahme des zuerst genannten – zwingend für eine Klassifizierung in Value- oder Growth-Unternehmen vorliegen muss und dass in einzelnen Fällen Ausnahmen möglich sind.

Die Aktienebene: Gute Aktie versus schlechte Aktie Im Unterschied zu der relativ aufwändigen Bestimmung der betriebswirtschaftlichen Güte eines Unternehmen ist die Frage nach der Qualität einer Aktie viel einfacher zu beantworten: »Gut« bedeutet hier einfach, dass die Aktionärsrendite, also die Gesamtrendite aus Kurssteigerungen und Dividenden für einen Aktienanleger in einem bestimmten Zeitraum relativ zum Branchen- oder volkswirtschaftlichen Durchschnitt hoch war beziehungsweise als hoch prognostiziert wird. »Vergleichbare« Aktien sind typischerweise die Aktien von Wettbewerbern aus derselben oder einer verwandten Branche; allgemeiner formuliert: Aktien aus derselben Asset-Klasse. Man kann die Aktionärsrendite für eine bestimmte Zeitperiode der Vergangenheit untersuchen und/ oder in Form einer »erwarteten« Aktionärsrendite für die Zukunft prognostizieren. In Bezug auf neue Anlageentscheidungen ist naturgemäß nur letztere Größe maßgeblich.

Die Anlageempfehlungen der Banken und Anlegermagazine beziehen sich fast ausschließlich auf »gute« Unternehmen, also Growth-Aktien. Dabei wird davon ausgegangen, dass diese guten Unternehmen aufgrund ihrer positiven Wachstumsaussichten eine über dem Markt liegende Renditerwartung haben. Einer statistischen Überprüfung hält diese Annahme allerdings nicht stand, wie Tabelle 11 illustriert.

In den hier berücksichtigten 26 Jahren lagen Growth-Aktien nur achtmal (also in 31 Prozent aller Jahre) vorne, Value-Aktien dagegen achtzehnmal (in 69 Prozent aller Jahre). Der größte einzelne Jahresverlust fiel bei beiden Aktientypen zufällig mit rund −26 Prozent gleich hoch aus (obwohl in vielen Untersuchungen Value-Aktien diesbezüglich schlechter abschneiden). Die Standardabweichung der Monatsrenditen war bei Growth-Aktien größer.

Tabelle 11: Value-Aktien sind rentabler als Growth-Aktien

	MSCI-World-Index (Gesamtmarkt)	»Schlechte« Unternehmen (MSCI-World-Index; nur Value-Aktien)	»Gute« Unternehmen (MSCI-World-Index; nur Growth-Aktien)
Durchschn. Rendite p. a., 1975 bis 2000 (26 Jahre)	14,0%	15,7%	12,3%

Quelle: Morgan Stanley Capital International

Der langfristige Renditevorsprung von Value-Aktien wird in der Finanzwirtschaft als *Value-Premium* bezeichnet. Seine Existenz ist unumstritten und wurde in einer Vielzahl weiterer Studien für sämtliche wesentlichen Aktienmärkte der Welt einschließlich der Emerging-Markets bestätigt. Die Hauptergebnisse aus rund einem halben Dutzend solcher Untersuchungen zu unterschiedlichen Aktienmärkten und Zeitperioden zitiert Larry Swedroe in seinem Buch *What Wall Street doesn't want you to know*, S. 150ff.

Zwar treten in allen Märkten vorübergehende, zum Teil mehrjährige Perioden auf, während derer Growth-Aktien besser performen als Value-Aktien (zum Beispiel 1997 bis 2000), das beweist jedoch nichts. Die Finanzmärkte unterliegen vielen Schwankungen, die nur temporäre Abweichungen von einer Grundstruktur oder -tendenz darstellen. Die von 1998 bis Mitte 2001 von den meisten Analysten postulierten »neuen Bewertungsgesetze der New Economy«, die danach »plötzlich« wieder ungültig wurden, sind ein treffendes Beispiel. Leider macht die Finanzindustrie aus so gut wie jeder dieser zeitweiligen Abweichungen von den Grundstrukturen des Kapitalmarktes in ihrer Sucht zur Erhöhung von Einschaltquoten, Magazinauflagen und Anleger-Trading ein »neues Paradigma«, eine »einmalige Einstiegschance«, einen »heißen Trend«, eine »Innovation an der Börse« oder gar ein »neues Gesetz an der Wall Street« – bei langfristiger Betrachtung fast immer zum Nachteil der Anleger.

Um nun zu verstehen, warum die von den Finanzmedien laufend angepriesenen guten Unternehmen (Growth-Aktien) langfristig *niedrigere* Aktionärsrenditen abliefern als die überwiegend ignorierten schlechten Unternehmen (Value-Aktien), müssen wir uns kurz damit befassen, wie Unternehmenspreise und damit Aktienkurse analytisch bestimmt werden. Wir nehmen also eine finanzmathematische Simulation der Marktpreisbildung für eine Aktie beziehungsweise ein börsennotiertes Unternehmen vor.

Die Finanzwirtschaft ist sich einig darüber, dass der Kurs (Preis) einer Aktie konzeptionell mit folgender Formel bestimmbar ist:[18]

$$\text{Aktienkurs} = CF \div (RFZ + EP - WR)$$

wobei:

CF = Cashflow an den Aktionär in Geldeinheiten, das heißt die Jahresdividende zuzüglich aller weiteren Ausschüttungen. Da auf sehr lange Sicht die Ausschüttungen eines Unternehmens mit seinem Gewinn identisch sein müssen, kann man der Einfachheit halber den jährlichen CF mit dem Jahresgewinn gleichsetzen.

RFZ = risikofreier Zins, ausgedrückt als Dezimalzahl. Man verwendet in Deutschland dafür zum Beispiel den langjährigen Durchschnittszinssatz für einjährige Finanzierungsschätze der Bundesrepublik Deutschland. Dieser risikofreie Zinssatz unterliegt keiner nennenswerten Unsicherheit bezüglich Bonität und Zinsänderung, das heißt, diese Wertpapiere werden als rückzahlungssicher und ihr Kurs als fast schwankungsfrei angenommen.

EP = Equity-Premium, also der Risikozuschlag (ausgedrückt als Dezimalzahl), den eine bestimmte Aktie in der Einschätzung der Marktteilnehmer gegenüber dem risikofreien Zinssatz RFZ beinhaltet. Anders formuliert: Das Equity-Premium repräsentiert die Belohnung dafür, die erwarteten Cashflows eventuell nicht zu vereinnahmen (mehr zum Inhalt dieses Risikos weiter unten).

WR = die gleichbleibende jährliche Wachstumsrate des Cashflows , gewissermaßen in alle Ewigkeit, ausgedrückt als Dezimalzahl. In der Realität wird diese Wachstumsrate natürlich nicht von Jahr zu Jahr unverändert bleiben. Die rechnerische Berücksichtigung einer sich im Zeitablauf ändernden Wachstumsrate wäre ebenfalls möglich und würde die Formel zwar komplizierter machen, die grundsätzliche Berechnungslogik aber nicht verändern.

Hier ein Beispiel für eine Aktienkursentwicklung auf der Basis dieser Formel. Wir (der Markt) nehmen für ein bestimmtes Unternehmen ein Equity-Premium von 7 Prozent (0,07) an, eine (geringe) jährliche Cashflow-Wachstumsrate von 1 Prozent (0,01) und einen risikofreien Zins von 4,5 Prozent p. a. Der gegenwärtige CF (Dividende pro Aktie) beträgt 2 Euro.

$$\text{Aktienkurs} = CF \text{ pro Aktie} \div (RFZ + EP - WR)$$

Beispielrechnung: 2 EUR $\div$ (0,045 + 0,07 − 0,01) = 16,00 EUR
(Das impliziert ein KGV von 16 $\div$ 2 = 8)[19]

Warum weisen nun betriebswirtschaftlich schlechte Unternehmen in der Mehrzahl der Fälle höhere Aktionärsrenditen auf als betriebswirtschaftliche gute Unternehmen? Dafür gibt es drei Gründe:

▸ Alle Negativfaktoren (zum Beispiel schlechte vergangene und gegenwärtige Gewinne oder schwache Wachstumsaussichten) sind dem Aktienmarkt bereits bekannt und daher längst in den Kurs eingepreist. Solche bekannten Schwachpunkte können die *künftige* Aktionärsrendite eindeutig nicht mehr beeinträchtigen.

▸ Schlechte Unternehmen (Value-Aktien) sind risikoreicher als gute Unternehmen (Growth-Aktien). Nach dem ehernen Gesetz der Wertpapiermärkte, demzufolge hohe Renditen mit hohen Risiken einhergehen, muss dieses erhöhte Risiko bei einem Einzelinvestment langfristig mit einem überdurchschnittlichen Ertrag belohnt werden. (Einem ebenso hartnäckig von der Finanzbranche postulierten wie fragwürdig begründeten Fehlschluss zufolge ist es gerade umgekehrt: Growth-Aktien seien risikoreicher als Value-Aktien.

▸ Bei schlechten Unternehmen kommt es häufiger zu nicht vorhersehbaren positiven Überraschungen hinsichtlich der Erträge als bei guten Unternehmen (Growth-Unternehmen). Warum? Bei einem schlechten Unternehmen hellt sich die bestehende Finanzsituation statistisch häufiger auf, als sich bei einem bereits guten Unternehmen die Verhältnisse weiter verbessern. Dieses Phänomen ist intuitiv plausibel und Ausdruck der vor allem an den Wertpapiermärkten allgegenwärtigen Regression zum Mittelwert.

Der erste Gesichtspunkt ist dafür verantwortlich, dass Aktien der offensichtlich ungünstig dastehenden Unternehmen als Gruppe jedenfalls keine schlechteren Wertpapiere darstellen als die Gruppe der glänzend aussehenden Unternehmen. Die beiden weiteren Faktoren wirken darüber hinaus sogar auf eine Börsen-*Outperformance* der schlechten Unternehmen gegenüber den guten Unternehmen hin. Auf den ersten Punkt gehen wir hier nicht mehr weiter ein, da wir ihn bereits im Abschnitt zur Efficient-Market-Theorie behandelt haben. Kommen wir daher zunächst zum zweiten Punkt, dem erhöhten Risiko von Value-Aktien.

Schlechte Unternehmen werden vom Markt, verglichen mit betriebswirtschaftlich guten Unternehmen, als risiko*reicher* eingeschätzt, und zwar unter anderem nach folgenden Risikomerkmalen: höhere Konkurswahrschein-

lichkeit, höhere Gewinn- und Cashflow-Volatilität, häufigere Dividendenkürzungen und höhere Kapitalkosten (von Fremd- und Eigenkapital). Kurioserweise lässt sich für die in der Finanzwirtschaft am meisten verbreitete
Risikomaßzahl, nämlich die Volatilität (Standardabweichung) des Aktienkurses bei Value-Aktien, *kein* höheres Risiko gegenüber Growth-Aktien
nachweisen. Dieses von manchen als »Rätsel« bezeichnete Phänomen stiftet
unter Finanzjournalisten regelmäßig Konfusion und lässt viele zu dem falschen Schluss kommen, Value-Aktien seien risikoärmer als Growth-Aktien.
(Wäre dem wirklich so, dann läge eine dauerhafte Marktanomalie, ein
»Mispricing« vor – ein niedrigeres Risiko bei zugleich höherer Rendite –,
was einer Widerlegung oder jedenfalls Einschränkung der Efficient-Market-
Theorie gleichkäme.) Das Rätsel lässt sich jedoch relativ einfach lösen,
indem man sich verdeutlicht, dass Kursvolatilität nur einer von mehreren
möglichen Risikoindikatoren ist. Risiko ist nämlich – anders als Rendite –
ein vielschichtiges und von Investoren nicht einheitlich wahrgenommenes
Phänomen.[20] Befragt man Profis und Privatanleger nach ihrer individuellen
Risikowahrnehmung oder Risikodefinition, stellen sich beträchtliche Unterschiede heraus. Neben der Volatilität werden die folgenden Kriterien genannt:

▸ die Wahrscheinlichkeit einer negativen Jahresrendite,
▸ die Wahrscheinlichkeit einer Jahresrendite von unter −10 Prozent,
▸ die Wahrscheinlichkeit, dass eine Benchmark jährlich unterperformt
  wird,
▸ die Wahrscheinlichkeit, dass das ursprünglich eingesetzte Kapital am
  Ende eines geplanten Anlagezeitraums nicht erhalten bleibt,
▸ die Wahrscheinlichkeit des Totalverlustes,
▸ die durchschnittliche Länge von Verlustphasen,
▸ die Wahrscheinlichkeit einer Verlustphase von über 12 Monaten Dauer,
▸ die Wahrscheinlichkeit von Dividendenkürzungen,
▸ die Wahrscheinlichkeit, der Einzige oder einer der Wenigen zu sein, die in
  einem bestimmten Zeitraum Geld verlieren,
▸ eine Kombination aus mehreren dieser oder anderer Kriterien.

Misst man das Risiko von Value- und Growth-Aktien anhand dieser Risiko-
messzahlen, resultiert überwiegend ein höheres Risiko für Value-Aktien. Es
bestätigt sich damit, was intuitiv einleuchtet: Value-Aktien sind risikoreicher als Growth-Aktien. Aufgrund des im Vergleich zu Growth-Aktien
höheren Risikos werden die künftigen Cashflows der schlechter dastehen-

den Value-Unternehmen mit einem Preisabschlag belegt, sprich, der für die Zukunft erwartete Cashflow an die Aktionäre (hier gleichgesetzt mit Gewinn oder Dividende) wird mit einer höheren Diskontrate abgezinst, die dieses erhöhte Risiko reflektiert. Die Finanzökonomen sagen, die Aktie hat ein höheres Equity-Premium. Dieser höhere Abzinsungsfaktor führt zu einem vergleichsweise niedrigen Aktienkurs und damit einem niedrigen KGV (und Kurs-Buchwert-Verhältnis). Das Equity-Premium ist die Belohnung, die der Aktionär für das Tragen des betreffenden Cashflow-Risikos erhält. Noch einmal anders formuliert: Relativ zu einem guten Unternehmen wird das künftige Ertragspotenzial eines Value-Unternehmens niedriger bewertet, daher spricht man von einer »billigen« Aktie im Sinne eines niedrigen KGV (für eine Geldeinheit *gegenwärtigen* Gewinns ist im Wege des Aktienkurses weniger zu zahlen). Dieser niedrige Kurs ermöglicht es, pro erwarteter Geldeinheit künftigen Cashflows mit einer solchen Aktie eine höhere Rendite zu erzielen als mit dem guten, »teuren« Unternehmen.

Dabei ist es sehr wichtig, sich zu vergegenwärtigen, dass dieser Renditevorteil kein »free lunch« ist, kein Gratismittagessen also, wie die Ökonomen das bildhaft formulieren, denn er muss vom Aktionär mit einem höheren Risiko erkauft werden. Dass sich dieses erhöhte Risiko nicht durchgängig in einer erhöhten Kursvolatilität niederschlägt, kann man als erfreulichen Nebeneffekt, aber nicht als Mispricing betrachten.

Bislang haben wir die Ursache für den Renditevorteil von Value-Aktien gegenüber Growth-Aktien in einer »statischen« Welt untersucht, in einer Analysesituation also, bei der nur die zu einem bestimmten Zeitpunkt im Markt vorhandenen Informationen berücksichtigt werden. Wenn neue Informationen im Markt eintreffen, dann kann sich diese Bewertung (der Kurs) jedoch nach oben oder unten verändern.[21] Damit sind wir beim zweiten Argument, nämlich Gesichtspunkt (c), den positiven oder negativen »Überraschungen«.

Sofern sich nach dem Kauf einer Aktie überraschend herausstellt, dass zum Beispiel die tatsächlichen Gewinne oder das erwartete Gewinnwachstum des Unternehmens (sein ausschüttungsfähiger Ertrag) bisher unterschätzt wurden, muss auch der Kurs (und damit die Aktionärsrendite für die *bisherigen* Aktionäre) steigen.

Nehmen wir beispielsweise für das oben genannte Bewertungsbeispiel an, es träfen neue Informationen am Markt ein, aufgrund derer die Marktteilnehmer nunmehr das langfristige Gewinnwachstum nicht mehr nur auf magere 1 Prozent p. a., sondern auf 2 Prozent schätzen. Als Ergebnis steigt nun der Aktienkurs einmalig wie folgt von 16 Euro auf 21,05 Euro:

$$\text{Aktienkurs} = \text{CF pro Aktie} \div (\text{RFZ} + \text{EP} - \text{WR})$$

Beispielrechnung: $2 \text{ EUR} \div (0{,}045 + 0{,}07 - 0{,}02) = 21{,}05 \text{ EUR}$[22]

Das Beispiel zeigt, warum Aktienkurse von einem Tag auf den anderen oder sogar im Tagesverlauf stark schwanken können, ohne dass man dafür irrationales Verhalten der Marktteilnehmer annehmen muss. Gibt ein Unternehmen heute beispielsweise eine überzeugende neue Strategie, die Akquisition eines Konkurrenten oder Ähnliches bekannt, so ist es durchaus möglich, dass der Markt die Wachstumsaussichten des Unternehmens schlagartig viel optimistischer beurteilt. Gegenüber dem ursprünglichen Aktienkurs von 16 Euro in unserem Beispiel bedeutet der oben errechnete Anstieg auf 21,05 Euro aufgrund des höheren angenommenen Gewinnwachstums einen Kursanstieg von 31,6 Prozent. So etwas kommt vor und hat nichts mit »Irrationalität« zu tun.

Nun ist es so, dass diese positiven Gewinnüberraschungen bei unpopulären Value-Aktien häufiger auftreten als bei Growth-Aktien. Das sollte nicht verwundern. Ein Growth-Unternehmen ist ein Unternehmen, das entweder zu einer allgemein gelobten »Zukunftsbranche« gehört oder ohnehin schon sehr rentabel ist; es weist tendenziell höhere Gewinnmargen, Umsatzrenditen und günstigere Kostenkennzahlen auf. Diese Situation noch weiter zu verbessern (was Voraussetzung für eine positive Gewinnüberraschung wäre), ist aber erfahrungsgemäß schwer und lässt sich daher vergleichsweise selten bewerkstelligen. Anders sieht es beim schlechten, ineffizienten, angeschlagenen Value-Unternehmen aus. Das Management und die Belegschaft wissen, dass sie die Finanzsituation verbessern müssen, um nicht irgendwann unterzugehen. Beide Gruppen können auch nicht daran zweifeln, dass diese Situation tatsächlich verbesserungsfähig ist (die guten Unternehmen machen es schließlich vor). Und nicht selten ergeben sich bei solchen Unternehmen durch vergleichsweise banale Umstrukturierungsmaßnahmen geradezu dramatische Ertragssteigerungen (der sprichwörtliche »Turnaround«), denn es ist meistens leichter, schlechte Produkte und Prozesse zu verbessern, als bereits gute noch weiter zu optimieren. Wichtig in diesem Zusammenhang: Die positiven Gewinnüberraschungen bei Value-Aktien treten lediglich *im Durchschnitt* häufiger auf als bei Growth-Aktien, nicht jedoch bei jedem einzelnen Value-Unternehmen.

Fazit: Auch wenn uns die Finanzmedien mit jährlich Tausenden betriebswirtschaftlicher Unternehmensanalysen das Gegenteil weismachen wollen: Schlechte, krisengeschüttelte Unternehmen in langweiligen Branchen sind langfristig die besseren Aktien und gute, spektakuläre Unternehmen oder Unternehmen aus Glitzerbranchen dagegen überwiegend die schlechteren Aktien. Das »Value-Premium«, der langfristige Renditevorsprung von Value-Aktien gegenüber Growth-Aktien in der Vergangenheit, beweist es.

Das Value-Premium ist allerdings eine im Zeitablauf launische Größe, die zudem immer wieder für längere, nicht vorhersehbare Zwischenphasen von der Bildfläche verschwindet oder sich sogar in einen Value-Abschlag (Renditenachteil) verkehrt. Das langfristige Value-Premium lässt sich nur systematisch einfangen, indem man eine Vielzahl von Value-Aktien im Rahmen einer langfristig orientierten Buy-and-Hold-Strategie hält. Auf das Value-Premium im Rahmen einer Stock-Picking- oder Market-Timing-Strategie zu spekulieren ist aussichtslos, da es für einzelne Unternehmen oder Branchen nicht zuverlässig prognostizierbar ist. Die wesentliche Erkenntnis hieraus:

▸ Aktienempfehlungen, die sich beispielsweise auf die Zugehörigkeit zu einer Wachstumsbranche, das Vorliegen oder die Erwartung hoher Margen oder Marktanteile, eines starken Gewinnwachstums oder einer hohen Eigenkapitalrendite stützen, sind genauso oft falsch wie richtig. Diese schwache Trefferquote, die aufgrund der mit ihrer Befolgung verbundenen hohen Trading-Kosten für den Aktionär letztlich zu einer Unterrendite gegenüber dem Markt oder Buy-and-Hold-Anlegern führt, sollte niemanden mit einem Grundverständnis für Wertpapiermärkte verwundern.

▸ Schlechte Unternehmen rentieren langfristig und als Gruppe besser als gute Unternehmen, obwohl die Wirtschaftsmedien, Broker und Banken das Gegenteil verkünden. Diese Mehrrendite geht auf das erhöhte Risiko schlechter Unternehmen und die statistisch häufigeren positiven Gewinnüberraschungen zurück.

Dass diese in der Finanzwirtschaft längst nicht mehr umstrittenen Erkenntnisse von der Finanzbranche totgeschwiegen werden, ist leicht zu erklären: Mit ständig neuen, scheinplausiblen Aktientipps à la »Die 50 besten Unternehmen der Welt. Gewinneraktien für Ihr Depot« (*Focus Money*, 21/2001) lassen sich Anleger zu intensivem, für die Banken und Broker profitablem Traden und zum Kauf hochmargiger Anlageprodukte animieren sowie der Absatz von Finanzmedien nach oben treiben.

5.6 Irrtum (6): Historische Rendite ist ein nützliches Auswahlkriterium für Aktien und Fonds

> »Wir wissen, dass die Vergangenheit bedeutungslos ist,
> aber sie ist alles, was wir haben.«
>
> *John Stolper*, Herausgeber eines Investment-Newsletters
> in San Diego, Kalifornien

Der Performance von Fonds in der Vergangenheit – zum Beispiel während der zurückliegenden zwölf Monate oder zehn Jahre – wird in den Medien eine außerordentliche Aufmerksamkeit zuteil. Umfangreiche Leitartikel mit aufwändigen Renditevergleichstabellen, die oft 500 oder mehr Fonds umfassen, erscheinen in immer kürzeren Abständen in den Anlegerzeitschriften wie *Focus Money*, *Finanzen*, *DM* oder auch im *Handelsblatt*. Selbst Tageszeitungen und gewöhnliche Illustrierte publizieren seit Beginn der allgemeinen Aktieneuphorie Mitte der 90er Jahre solche Performance-Rankings, zumeist begleitet von Interviews mit den Managern der in den Tabellen führenden Fonds.

Natürlich steht hinter diesem starken Interesse für vergangenheitsbezogene Fondsrenditen die unausgesprochene Überzeugung, Fonds mit hohen historischen Renditen würden auch in der Zukunft zu den »Gewinnern« zählen. Doch trifft das wirklich zu? Zur Beantwortung dieser Frage lohnt es, zunächst die Bedeutung historischer Renditen in der Fondsindustrie etwas genauer darzustellen:

Die vergangenheitsbezogene Rendite ist das mit großem Abstand wichtigste Auswahlkriterium der Anleger für neue Fondsanlagen und wird in den Medien als solches empfohlen. Wenn man Fondssparpläne unberücksichtigt lässt, fließen über 90 Prozent aller jährlichen Fondsneuanlagen in die Fonds, die in den letzten drei Jahren in ihrem Segment über dem Renditedurchschnitt lagen. Aufgrund der hohen Mittelzuflüsse verdient die Fondsbranche mit den Fonds, die in der Vergangenheit die höchsten Renditen verzeichneten, das meiste Geld. Hohe Renditen in der jüngeren Vergangenheit sind oft der Anlass für umfangreiche Portraits von einzelnen »Star-Fondsmanagern«.

Ebenso wird in annähernd der gesamten Werbung für Investmentfonds die vergangene Rendite der beworbenen Fonds als bedeutendstes Qualitätskriterium herausgestellt. Studien haben bestätigt, dass von 1997 bis 2000 über 90 Prozent aller Werbeanzeigen in der amerikanischen Finanzpresse, in denen bestimmte Fonds namentlich genannt werden, solche Fonds betreffen, die für den in der Anzeige genannten Zeitraum eine überdurchschnittliche Rendite verzeichneten.

Diese Tatsachen stehen in einem für viele Anleger möglicherweise schwer zu akzeptierenden Gegensatz zu der folgenden Aussage der Finanzwissenschaft:

> Es gibt nur schwache Hinweise auf einen allenfalls minimalen Prognosewert der historischen Performance für die künftige Performance. Die Wahrscheinlichkeit, dass ein »Outperformer« der Vergangenheit auch in der Zukunft wieder zu den Spitzenfonds in seinem Segment zählen wird, ist praktisch nicht höher als für jeden anderen, zufällig ausgewählten Fonds, wenn man die 10–15 Prozent umfassende Gruppe der schlechtesten Fonds ausnimmt. Der mit der künftigen Netto-Performance am stärksten verknüpfte (korrelierte) Einzelfaktor ist nicht die historische Performance, sondern die Gesamtkostenquote des Fonds (das *Total Expense Ratio*, siehe Glossar).

Es ist zwar inzwischen allgemein bekannt, dass mehr als drei Viertel aller Fonds und wohl aller aktiv gemanagten Portfolios die langfristige Rendite ihres Vergleichsindex (Benchmark) netto nicht erreichen, doch das zweite »dunkle Geheimnis« der Fondsbranche ist zu der Mehrzahl der Anleger noch nicht durchgedrungen: Historische Performance ist für die Zukunft praktisch bedeutungslos und sollte keinesfalls zum primären Auswahlkriterium für Fondsanlagen gemacht werden.

Neben der erwähnten Tatsache, dass die große Mehrzahl aller Fonds an ihrem Benchmark-Index scheitert, wurde kaum ein anderer Sachverhalt im Zusammenhang mit Investmentfonds von der Wissenschaft so aufwändig, so präzise und mit so beständigen Ergebnissen untersucht.

Nicht zufällig findet sich im »Kleingedruckten« jedes Fondsprospektes der Hinweis: »Vergangene Renditen sind kein zuverlässiger Hinweis auf künftige Erträge.« Die Fondsgesellschaften sind sich darüber im Klaren, welchen beträchtlichen Haftungsrisiken sie ohne diese einschränkende Aussage unterliegen könnten. Doch wenn selbst die Fondsgesellschaften die Irrelevanz vergangener Renditen eingestehen müssen, dann stellt sich die Frage, warum die historische Rendite für die Fondsgesellschaften unverändert das Werbeargument Nummer eins ist.

Um Ihnen eine konkrete Vorstellung von dieser Irrelevanz zu vermitteln, wollen wir kurz einen kleinen Auszug aus einer entsprechenden Studie von Micropal (einer Tochtergesellschaft von McGraw-Hill / Standard & Poors) betrachten. Wie die Urheber der Studie vorgingen (die die Renditen amerikanischer Standardwertefonds untersuchte), wird aus der Tabelle 12 deutlich.

Tabelle 12: Renditeentwicklung US-amerikanischer Standardwertefonds

Fonds	Jährl. Rendite von 1990 bis 1994	Jährl. Rendite von 1995 bis 1998
Top 30 Fonds von 1990 bis 1994	18,9%	21,3%
Alle Fonds	9,4%	24,6%
S&P 500-Index	8,7%	32,2%

(Die Ergebnisse der Studie, die den Zeitraum von 1970 bis 1998 abdeckt, finden Sie in Bernstein, William: The Grand Infatuation, 1999.)

Aus der obigen Tabelle geht hervor, dass die besten 30 Fonds der Fünf-Jahres-Periode von 1990 bis 1994 im anschließenden Zeitraum merklich unter dem Durchschnitt aller vergleichbaren Fonds lagen. Bedenkt man, dass der weitaus größte Mittelzufluss in diese Fonds aufgrund der guten Vergangenheitsrenditen erst in der zweiten Periode, also von 1995 bis 1998 erfolgte, wird die Tragweite dieses Phänomens deutlich. Es trat in der Micropal-Studie übrigens auch für die anderen untersuchten Zeiträume zutage. Viele Hundert Studien, teilweise sogar von den Fondsgesellschaften selbst durchgeführt, haben ähnliche Ergebnisse erbracht. Die Investmentbank Morgan Stanley Dean Witter veröffentlichte 1998 eine Analyse der Renditen von 660 Aktienfonds über zwei aufeinander folgende Fünf-Jahres-Perioden (1988–1992 und 1993–1997). In der Studie heißt es: »Von den Fonds im oberen Renditequartil [die besten 25 Prozent der Fonds] der ersten Periode befanden sich in der zweiten Periode nur noch 28 Prozent in diesem Quartil und nur noch 51 Prozent in der oberen Hälfte. Das Besorgniserregende daran ist, dass diese Zahl nicht von einem möglichen Zufallsergebnis unterscheidbar ist – das wären 50 Prozent in der oberen Hälfte gewesen« (zitiert nach Bogle, 1999, S. 214).[23]

Eine Untersuchung des Autors ergab, dass von 21 Presseartikeln, die größere tabellarische Fondsvergleiche aus mehr als nur einer Asset-Klasse enthielten und im Zeitraum von Januar 2000 bis Juni 2001 in der deutschen

Finanzpresse erschienen, nur drei einen Hinweis darauf enthielten, dass historische Performance keinen Progonosewert besitzt und daher nutzlos für die Fondsauswahl ist.[24] Wie nicht anders zu erwarten waren in allen 21 Artikeln die Fonds in der Reihenfolge ihrer Bruttorendite aufgelistet. Vor diesem Hintergrund muss man an der Kompetenz mancher Finanzjournalisten zweifeln.

Der bekannte amerikanische Finanzökonom Burton Malkiel urteilt abschließend: »Ich garantiere Ihnen, dass weder heute noch in der Zukunft eine Methode existieren wird, (…) mit der Sie vorhersagen können, welcher aktive Investmentfonds künftig im Top-Quartil liegen wird. Ich garantiere Ihnen aber ebenso, dass sich in 20 Jahren ein auf einem breiten Marktindex basierender Indexfonds in diesem Top-Quartil aller heutigen, dann noch existierenden Fonds befinden wird.« (*Forbes*, 12. 2. 1996)

Die strukturelle Ursache für die mangelnde Performance-Konstanz sowohl von vorübergehend guten als auch schlechten Investmentfonds liegt letztlich – ebenso wie die Unmöglichkeit zuverlässiger Kursprognosen – in der hohen Effizienz der Finanzmärkte. Diese Effizienz wirkt sich auch dahingehend aus, dass Fondsbewertungen (Ratings) nicht nur keinen Mehrwert für die Fondsauswahl liefern, sondern im Gegenteil sogar eher schaden. Warum das so ist, sehen wir im folgenden Abschnitt.

5.7 Irrtum (7): Fondsbewertungen (Ratings) haben einen Nutzen

> »All die Mühe und Zeit, die viele dafür aufwenden,
> den richtigen Fonds zu finden, den richtigen Manager mit der
> goldenen Nase – all das hat in den allermeisten Fällen
> zu keinem Vorteil geführt.«
> *Peter Lynch*, einer der weltweit erfolgreichsten Fondsmanager

Bei der Auswahl von Fonds verlassen sich viele Anleger auf Fonds-Ratings (Fondsbewertungstabellen), wie sie zum Beispiel die Stiftung Warentest regelmäßig in ihrer Zeitschrift *Finanztest* veröffentlicht. Andere Organisationen, die solche Rankings veröffentlichen, sind die Gesellschaft für Fondsanalyse (GFA) und Standard & Poor's. Die Ratings dieser Organisationen werden wiederum von den Direktbanken und diversen Zeitschriften übernommen und abgedruckt.

Angesichts der über 4 000 in Deutschland zugelassenen Fonds liegt es auf der Hand, dass Fondsanleger nach einem Analyseinstrument dürsten, mit dem sie die sprichwörtliche Spreu vom Weizen schnell und objektiv trennen können, sei es anhand einer einzelnen Bewertungszahl oder anhand von Qualitätssternchen wie bei Standard & Poor's oder Morningstar. Die Annahme, dass Fonds-Ratings und Rankings diese Positivauswahl leisten, erweist sich jedoch als Illusion. Die Ratings versagen regelmäßig, wenn es darum geht, die in der *Zukunft* besten Fonds oder die überhaupt für einen bestimmten Anleger am besten geeigneten Fonds zu identifizieren. Im Folgenden zeigen wir die nicht behebbaren Konstruktionsmängel dieser Rating-Verfahren, sprich ihre mangelhafte Prognosequalität. Als Beispiel dient uns dabei das Fonds-Rating-Verfahren der an sich ehrwürdigen Stiftung Warentest (siehe etwa *Finanztest*-Sonderheft »Investmentfonds«, März 2001).

Das Verfahren der Stiftung produziert für jeden analysierten Investmentfonds eine so genannte »Bewertungszahl«. Diese setzt sich aus drei Komponenten zusammen: (a) der Fondsrendite in den vorausgegangenen fünf Jahren relativ zu einem »passenden« Vergleichsindex, (b) der Intensität der negativen Renditeschwankungen relativ zum Vergleichsindex und (c) der Intensität der positiven Renditeschwankung relativ zum Vergleichsindex. Die erste Komponente (Rendite) wird doppelt gewichtet.

Im letzten Abschnitt haben wir bereits gezeigt, dass vergangene Renditen bei einzelnen Wertpapieren und bei Investmentfonds ein vollkommen nutzloses Beurteilungskriterium sind, wenn es darum geht, sich für ein künftiges Investment zu entscheiden. Warum also ein unbrauchbares, nur scheinbar relevantes Kriterium allein 50 Prozent der »Fondsnote« bestimmen soll, dürfte die Stiftung Warentest selbst nicht erklären können, denn sie erkennt diese Irrelevanz kurioserweise sogar selbst an: »Gute Ergebnisse in der Vergangenheit bieten aufgrund der mangelnden Performance-Konstanz von Investmentfonds *keinerlei* Gewähr für die Zukunft (..). Langfristige Betrachtungszeiträume mildern dieses Problem nicht ab, sondern verstärken es.«[25]

Doch damit nicht genug. Das Ranking-Verfahren der Stiftung krankt noch an vielen anderen Stellen:

Das Kriterium mit der nachgewiesenermaßen *höchsten* Prognoseleistung für die langfristige Nettorendite eines Investmentfonds, nämlich seine Gesamtkostenbelastung, lässt das Rating-Verfahren ganz unberücksichtigt. (Eine Zusammenstellung der wichtigsten Kostenpositionen bei Investmentfonds findet sich in Abschnitt 5.1.)

Ein weiterer gravierender Fehler des Verfahrens besteht darin, dass es den

Diversifikationsbeitrag eines Fonds in einem Gesamtportfolio ignoriert. Dieser Diversifikationsbeitrag wird üblicherweise mit dem so genannten Korrelationskoeffizienten gemessen. Der statistische Korrelationskoeffizient zwischen zwei Vermögensanlagen (Assets) kann zwischen –1,0 und +1,0 liegen. Mischt man nun zwei Wertpapiere zusammen, die für sich genommen jeweils sehr hohe Risiken (Rendite- und Wertschwankungen) aufweisen, die aber perfekt negativ korreliert sind (das heißt einen Korrelationskoeffizienten von –1,0 haben) resultiert ein völlig schwankungsfreies Gesamtportfolio. Ergo: In einem Depot (Portfolio) kommt es nicht darauf an, wie stark die einzelnen Positionen schwanken (was die Stiftung Warentest in ihrem Verfahren misst), sondern wie intensiv das *Gesamtportfolio* schwankt, und Letzteres wird durch die einzelnen Überkreuz-Korrelationen bestimmt. Noch einmal anders ausgedrückt: Das Gesamtrisiko (die Schwankungsintensität) eines diversifizierten Portfolios ist stets geringer als die Summe oder der Durchschnitt seiner Einzelrisiken. Für den brillanten Nachweis dieser immens praktischen Gesetzmäßigkeit erhielt Harry Markowitz 1990 den Wirtschaftsnobelpreis. Ob der Stiftung Warentest das bekannt ist?

Neben diesen fundamentalen Mängeln des Rating-Verfahrens der Stiftung erscheinen einige weitere geradezu trivial. So ist zum Beispiel unerklärlich und fragwürdig, warum die Stiftung für die historische Performance ausschließlich den Zeitraum der vorhergehenden fünf Jahre heranzieht. Fonds, die noch keine fünf Jahre am Markt sind, werden deswegen überhaupt nicht berücksichtigt. Will die Stiftung damit sagen, dass man grundsätzlich keine Fonds kaufen soll, die weniger als fünf Jahre am Markt sind? Wohl kaum.

Als Vergleichsmaßstab (Benchmark) verwendet das Rating-Verfahren – je nach Fondskategorie – einen von 25 MSCI-Länder- oder Regionalindizes (Morgan Stanley Capital International). An sich handelt es sich dabei um renommierte, tadellose Aktienindizes. Das ändert jedoch nichts an der Tatsache, dass Gegenüberstellungen von Investmentfonds und bestimmten MSCI-Regional-Aktienindizes in vielen Fällen irreführend, ja geradezu unfair sind. Zahlreiche Fonds verfolgen bewusst einen speziellen Anlagestil, der von vornherein gar nicht auf diese Indizes hin ausgerichtet ist, das heißt, sie investieren auch außerhalb der jeweiligen MSCI-Index-Region, sie investieren in Small-Cap-Fonds (Nebenwertefonds) oder Value-Fonds. Auch hierüber verliert die Stiftung kein Wort. Dass die Stiftung sogar Branchenfonds (!) am MSCI-World-Index misst, dürfte bei Fachleuten nur noch Kopfschütteln hervorrufen.

Es ist bezeichnend, dass die Stiftung noch nie einen Beweis für den Nutzen dieses Rating-Verfahrens geliefert hat. Dieser Beweis wäre an sich einfach zu erbringen: Wenn das Verfahren funktionierte, müssten die untersuchten Fonds ihre relative Ranking-Position im Prognosezeitraum (also in den Jahren nach Feststellung der Bewertungszahl) mit hoher Regelmäßigkeit beibehalten. An dieser Prüfung dürfte das Verfahren jedoch klar scheitern.

Auf andere Fonds-Rating-Verfahren können wir hier aus Platzgründen nicht eingehen. Da sie aber ähnlich aufgebaut sind (und insbesondere historische Renditen stark, Diversifikationsbeiträge hingegen gar nicht berücksichtigen), dürften die hier genannten Argumente größtenteils auch dort gelten.

Fazit: Fonds-Ratings sind eine Mogelpackung. Auf der Basis scheinobjektiver, scheingenauer Zahlenspielchen geben sie vor, eine Hilfestellung zu bieten, die regelmäßig zur Auswahl der falschen Fonds führt. Besonders bedauerlich ist dies, weil sogar ansonsten seriöse Organisationen diese schädliche, aber offensichtlich gut verkäufliche Dienstleistung anbieten. Eine ähnlich enttäuschende Bilanz wie für Fonds-Ratings muss man für die Arbeit der Fondsmanager selbst ziehen. Das versucht der folgende Abschnitt zu belegen.

5.8 Irrtum (8): Fondsmanager erbringen einen Mehrwert

> »Auf den ersten Blick scheinen professionelle Portfolio-Manager
> für die Fondsanleger echten Mehrwert zu produzieren.
> Bei genauerer Untersuchung sieht es jedoch sehr danach aus,
> dass ein Befolgen ihrer Aktienempfehlungen kaum
> sinnvoller ist, als Dartpfeile auf den Kurszettel des Wall
> Street Journal zu werfen.«
> *Scott Wooley*, Wirtschaftsjournalist

Mit Beginn des Aktien- und Aktienfondsbooms ab 1995 haben immer mehr deutsche Fondsgesellschaften begonnen, eine in den USA schon lange praktizierte Marketing-Strategie einzusetzen. Diese Strategie besteht darin, einigen Fondsmanagern der jeweiligen Gesellschaft ein »Star«-Image zu verschaffen. Dieses Image soll dazu führen, dass Fondsanleger bei der Auswahl von Fonds weniger auf Kosten und Rendite achten und stattdessen schlicht den »Investmentexperten« und die »gute Marke« kaufen. Und bis zu einem gewissen Grad funktioniert es: So gut wie jeder Anleger kennt zum Beispiel einen Peter Lynch, ehemaliger Manager des berühmten Fidelity-Magellan-Fonds.[26] In Deutschland versuchte im Jahr 2000 insbesondere die DWS (Deutsche Bank) mit der Fondsmanagerin Elisabeth Weisenhorn, »Star-Kult« in ihrer Fondswerbung einzusetzen (bis die Dame im April 2000 kündigte). Aber mehr noch als die Fondsbranche selbst verbreitet die Finanzpresse das Star- und Guru-Image einiger Fondsmanager oder Wertpapieranalysten. Fast alle Finanzmagazine feiern in mehrseitigen, bunten Artikeln regelmäßig und für jede denkbare Fondskategorie ihre »Fondsmanager des Jahres«. Dabei sind Titulierungen wie »Superstar«, »Finanzgenie«, »Magier« und »der Manager, der Sie zum Millionär macht« nicht die Ausnahme, sondern die Regel.

Der Personenkult der Anlegermagazine steht jedoch in einem merkwürdigen Kontrast zum Niedergang praktisch aller wirklich großen Investmentgurus. Peter Lynch ist seit 1990 im Ruhestand, hat aber nachweislich mit den wenigen von ihm seither empfohlenen Aktien den Markt unterperformt. Die übrigen, noch aktiven US-Fonds-Stars zehren von vergangenem Ruhm, aber ihr jüngerer Track-Record, ihre Renditebilanz in den letzten Jahren, ist nicht mehr vorzeigbar. Dazu gehören John Neff (nach Lynch vermutlich der zweitbekannteste Fondsmanager der Welt) und eine ganze Reihe von in Deutschland zwar weniger prominenten, aber in den USA legendären Fondsmanagern und Analysten: Robert Sanborn, Eric Ryback, Gary Pilgrim, Bill Sams, Marty Whitman, Elaine Garzarelli, Emerging-Market-Zauberer Mark Moebius, die »Internet-Königin« Mary Meeker, Henry Blodget, der »Chart-Papst« Ralph Acampora, die »Börsenprophetin« Abby Cohen[27] und eine Reihe anderer. Auch »Hedge-Fonds-König« George Soros, der Mann, »der die Bank von England in die Knie zwang«, setzte im Jahr 2000 so viele Milliarden in den Sand, dass er sich verbittert aus dem Hedge-Fonds-Geschäft zurückzog. Schon 1998 waren die beiden berühmten Hedge-Fonds-Stars Robert Merton und Fisher Black mit ihrem LTCM-Fonds untergegangen. Sogar der von uns hoch geschätzte Warren Buffett musste in den Jahren 1998 und 1999 sowie in der ersten Jahreshälfte 2000 bittere Unterrenditen gegenüber den relevanten Indizes hinnehmen.[28] Aber auch die deutsche Liste der vom Markt geschlagenen, einstigen »Investmentgenies« und »Reichmacher« wird seit dem Einsetzen des Bärenmarktes im März 2000 immer länger: Wassili Papas (Union Investment), Elisabeth Weisenhorn (ehemals DWS), Volker Kuhnwaldt (Nordinvest) und Kurt Ochner (Julius Bär), um nur die bekanntesten zu nennen.

Selbst der berühmte Motley Fool landete mit seinen beiden legendären Strategien Rule-Breaker und Foolish Four/Dogs of the Dow im Rendite-Nirwana. Bei anderen »Gurus« wie André Kostolany, dem Saudi-Prinzen Al-Walid ben Talal und vielen Star-Analysten weiß mangels dokumentierter Datenlage – trotz viel Tamtams in den Medien – niemand, wie deren objektive Renditebilanz aussieht. Ihr Kultstatus basiert eher auf nicht belegten Behauptungen in der Finanzpresse, Anekdoten und in Internet-Chat-Rooms kursierenden Gerüchten.

Was ist angesichts der jüngsten »Renditepleiten« der bekanntesten Gurus nun wirklich dran an der Annahme, einige Experten hätten »das goldene Händchen« und es lohne sich, in die von ihnen gemanagten Fonds zu investieren? Antwort: Die werbewirksame Verbreitung der Aussage, es gäbe Fondsmanager mit dem »Midas-Touch«, mit der Nase, die Geld riechen kann, ist eine weitere Mogelpackung der Investmentindustrie.

Wie kommen wir auf diese gewagte und den gängigen Auffassungen widersprechende These? Dafür gibt es vier stichhaltige Gründe:

Grund (1) Die Finanzwissenschaft hat es tausendfach bewiesen: Historische Performance besitzt keinerlei beweisbaren Zusammenhang mit künftiger Performance – egal wer der Fondsmanager im jeweiligen Fall ist. Der »Abstieg« der oben aufgezählten Stars veranschaulicht dies. Die Wahrscheinlichkeit, dass ein bestimmter Fonds, der zum Beispiel in der Drei-Jahres-Periode von Anfang 1997 bis Ende 1999 an der Spitze seines Fondssegmentes lag, in der darauf folgenden Drei-Jahres-Periode von 2000 bis 2002 wieder an erster Stelle liegt, ist statistisch nicht höher als die für jeden anderen Fonds aus dem Gesamtsegment, wenn man die 10 – 15 Prozent umfassende Gruppe der schlechtesten Fonds ausnimmt. Diese Feststellung mag unplausibel klingen, aber sie trifft zu – und zwar ohne jede Einschränkung.

Grund (2) Die Tatsache, dass es in bestimmten Perioden einzelne Fondsmanager gibt, die den Markt deutlich schlagen, beweist noch nichts. Selbst jemand, der über sehr lange Perioden hinweg über dem Markt liegt, könnte einfach nur Glück gehabt haben. Das Glück besteht in diesem Fall darin, dass der Markt den speziellen Anlagestil des Fondsmanagers vorübergehend begünstigte (Beispiel: Internet-Aktien von 1998 bis 1999). Wenn sich der Markt dann dreht, verschwindet auch die Outperformance gegenüber dem Index wieder.

Überdies tun sich viele Anleger schwer, konkrete Investmenterfolge im Licht unumstößlicher Statistikphänomene zu betrachten. Wie wir bereits in

Abschnitt 4.5 gesehen haben, wird es immer Fondsmanager mit extremen Überrenditen geben, doch weiß niemand im Vorhinein, *wer* diese Fondsmanager sein werden. Außerdem werden die Überrenditen sehr wahrscheinlich nach einiger Zeit wieder verschwinden. Wir erinnern uns: Bei einem ununterbrochenen jährlichen Renditevorsprung gegenüber dem DAX von 2 Prozentpunkten dauert es rund 70 Jahre, um statistisch zu bestätigen, dass dieser Vorsprung sicher auf Können zurückgeht. Es ist jedoch kein Fondsmanager bekannt, der das auch nur für zehn Jahre geschafft hätte.

Grund (3) Die Renditebilanz vieler Star-Manager wird über die Jahre hinaus rechnerisch durch frühere Einmalerfolge geschönt und so auf latent manipulative, aber formell korrekte Weise als Erfolg deklariert.

Grund (4) Bei vielen prominenten Fondsmanagern, die – wegen ihrer Bekanntheit – von ihren Fondsgesellschaften mit dem Management mehrerer Fonds gleichzeitig betraut werden, relativiert sich die »tolle« Erfolgsbilanz, wenn nicht nur der beste Fonds betrachtet wird, sondern den Durchschnitt *aller* Fonds des betreffenden Managers. In der Presse und der Werbung wird jedoch immer nur der eine Spitzenfonds erwähnt.

Man könnte nun noch fragen, warum »Guru-Investing« (wie man salopp die Strategie, in Fonds mit einem bekannten Fondsmanager zu investieren, bezeichnen könnte) so populär ist. Das hat wohl mit der schon mehrfach erwähnten, in der Psyche des Menschen fest verankerten Annahme zu tun, derzufolge es auf dem Gebiet der Geldanlage so zugehen müsse wie auf den übrigen Gebieten des Lebens auch: Harte Arbeit, viel Fachwissen, Intelligenz und/oder Talent führen zum Erfolg. Was Kapitalanlagen betrifft, leider ein Trugschluss. Die genannten Tugenden und Stärken mögen zwar auf jedem anderen menschlichen Betätigungsgebiet helfen, nicht jedoch bei Finanzinvestments, wo eine passive Philosophie des »Nichtstuns« (kaufen und halten) mit Indexanlagen den aktiven Stock-Picking-Ansatz der Gurus schlägt. Dies Faktum können aber viele Anleger emotional nicht akzeptieren, ganz gleich wie oft es wissenschaftlich bewiesen wird. Vielleicht aus diesem Grund bezeichnete unlängst John Rekenthaler, Geschäftsleitungsmitglied von Morningstar Inc., der wichtigsten Fondsanalysegesellschaft der Welt, das Fonds-Vertriebsargument »Star-Manager« als einen »Marketingbetrug an bedauernswerten Verlierern« (*Fortune Magazine*, 11. 10. 1999). Von Chris Wiles, Gründer und Chef-Fondsmanager der amerikanischen Fondsgesellschaft Rockhaven, stammt wiederum folgende unfreiwillig komische

Bemerkung, die er 1999 bei einem Fachkongress äußerte: »Investmentfonds zu managen war einmal eine sehr angesehene Profession. Warum denken mehr und mehr Leute, dass wir alle Idioten sind?«

5.9 Irrtum (9): Die Existenz von »Investmentgenies« beweist: Outperformance ist möglich

> »Ein gewisser Respekt vor den Fakten zwingt mich zu der
> Hypothese, dass die meisten Portfolio-Manager ihr Geschäft
> aufgeben sollten ... vielleicht klempnern sollten oder
> Altgriechisch unterrichten ... Es ist jedoch klar, dass dieser Rat
> nicht befolgt werden wird.«
> *Paul Samuelson*, Wirtschaftsnobelpreisträger

Unter der Überschrift »Der Superinvestor bricht alle Rekorde« berichtete das *Handelsblatt* am 8. Januar 2001 über den amerikanischen Fondsmanager Bill Miller, der mit seinem Aktienfonds Legg Mason Value Trust im Jahr 2000 den US-Aktienindex S&P 500 zum zehnten Mal in Folge geschlagen hatte. Mit dieser »einmaligen« Erfolgsserie – so schreibt der *Handelsblatt*-Redakteur überschwänglich – habe Miller die Investment-Legende Peter Lynch »abgehängt«. Sogar diesem sei dieses Kunststück nur sieben Jahre hintereinander gelungen.[29]

Vermutlich entfachte die Lektüre des Artikels bei vielen *Handelsblatt*-Lesern erneut die Hoffnung auf eine gesicherte Index-Outperformance, selbst wenn diesen Lesern vermutlich bekannt ist, dass es nur einer verschwindend kleinen Zahl von Fondsmanagern gelingt, langfristig einen Vergleichsindex zu übertreffen. Motto: Es mag zwar sehr schwer sein, den Index langfristig zu schlagen, aber offenbar wird in einigen seltenen Sternstunden der Menschheit doch ein Anlagegenie geboren, das dieses schafft. In dessen Fonds gilt es zu investieren.

Mit einer einfachen Statistik wollen wir nachfolgend zeigen, auf welch dünnem Eis diese Hoffnung ruht und dass der zitierte Artikel die vielleicht wichtigste Information zur Einschätzung der zweifellos außergewöhnlichen Leistung William Millers ausgelassen hat. Bei genauerer Betrachtung deutet nämlich vieles darauf hin, dass Bill einfach nur Glück gehabt hat und seine Erfolgsbilanz auf nichts anderem als den ehernen Gesetzen der Wahrscheinlichkeitsrechnung beruht. Bill ist also vielleicht gar kein »Superinvestor«, sondern einfach nur ein Glückspilz, dessen Existenz die Statistikwissenschaft leicht erklären kann. Nicht Können, sondern die Wahrscheinlichkeitsmathematik könnten Bills Fonds also an die Spitze katapultiert haben.

Wie können wir so etwas behaupten? Ganz einfach – den eigentlich banalen Regeln der Wahrscheinlichkeitsrechnung zufolge *muss* es solche Bill Millers geben, sogar mehr, als wir tatsächlich beobachten. Diese Bill Millers lassen sich – dafür sorgt die Effizienz der Wertpapiermärkte – jedoch nicht im Voraus identifizieren, und deswegen ist ihre unzweifelhafte Existenz bedeutungslos. Anhand eines kleinen statistischen Gedankenexperimentes wollen wir diese Aussage belegen.

Es existieren weltweit etwa 40 000 Publikumsfonds. »Nicht-öffentliche« Fonds, die für einen feststehenden Personen- oder Firmenkreis aufgelegt werden, sind in dieser Zahl nicht enthalten. Wir legen drei unterschiedliche statistische Wahrscheinlichkeiten für eine Outperformance zugrunde (für die Wahrscheinlichkeit also, dass ein einzelner Fonds seinen Vergleichsindex in einem gegebenen Jahr schlägt):

▸ Eine Wahrscheinlichkeit von 50 Prozent nehmen wir für eine Outperformance *vor* Kosten an. Diese Zahl ergibt sich daraus, dass rein artithmetisch (ohne Berücksichtigung von Kosten) zwangsläufig eine Hälfte der investierten Geldeinheiten und damit 50 Prozent der Fonds und institutionellen Anleger[30] *über* der durchschnittlichen Rendite der betreffenden Asset-Klasse (Fondskategorie) liegen muss und die andere Hälfte darunter.

▸ Eine zweite Wahrscheinlichkeit von 20 Prozent nehmen wir an für eine Outperformance *nach* Kosten, Risiko, Survivorship-Bias, Wahl der korrekten Benchmark und anderer Kriterien. Dies ist in etwa die echte Outperformance-Wahrscheinlichkeit, welche durch die meisten anspruchsvollen und methodisch korrekten wissenschaftlichen Untersuchungen ermittelt wurde.

▸ Eine dritte Wahrscheinlichkeit von 60 Prozent nehmen wir an für eine Outperformance ohne Berücksichtigung von Kosten und Risiko und mehreren anderen wichtigen Kriterien, die eigentlich in einen methodisch korrekten Renditevergleich zwischen einem Fonds und seinem Index einfließen müssten. Wie erwähnt ist es an sich mathematisch unmöglich, dass mehr als 50 Prozent der Geldeinheiten und damit letztlich der Fonds ihre korrekt gewählte Vergleichs-Indizes schlagen, dennoch lässt sich diese Ausgangswahrscheinlichkeit von 50 Prozent leicht rechnerisch erhöhen, indem man einige methodische Tricks anwendet. Zu diesen in der Fonds-branche verbreiteten Tricks gehören unter anderem: formal korrekte, aber letztlich unpassende Renditeberechnungsmethoden, selektive Auswahl von Betrachtungszeiträumen, die Nichtkorrektur um den so genannten Survivorship-Bias, die Auswahl unangemessener Vergleichsindizes und natürlich das Ignorieren von Kosten und Risiko. Man kann davon ausgehen, dass die meisten veröffentlichten Renditevergleiche eine oder mehrere dieser methodischen Unzulänglichkeiten beinhalten.

Auf der Grundlage dieser drei angenommenen Outperformance-Wahrscheinlichkeiten zeigt Tabelle 13, wie viele von den weltweit existierenden rund 40 000 Publikumsfonds über einen bestimmten Zeitraum hinweg *kontinuierlich* den Vergleichsindex schlagen müssten. Mit anderen Worten: Die Tabelle gibt die Teilmenge der Fonds unter allen 40 000 Fonds an, die statistisch betrachtet nach drei Jahren, vier Jahren und so weiter immer wieder outperformt haben beziehungsweise in jedem Jahr der Betrachtungsperiode mit ihrer Rendite über der Marktrendite gelegen haben müssten. Es leuchtet intuitiv ein, dass diese Anzahl bei längerer Betrachtungsperiode sinken muss.

Tabelle 13: Anzahl der theoretisch zu erwartenden kontinuierlichen Outperformer-Fonds in Abhängigkeit von verschiedenen Outperformance-Wahrscheinlichkeiten*

Anzahl der abgelaufenen Jahre	Outperformance-Wahrscheinlichkeit für ein einzelnes Jahr		
	60%	50%	20%
3	8 640	5 000	320
4	5 184	2 500	64
5	3 110	1 250	13
6	1 866	625	3
7	1 120	313	0,5
8	672	156	0,1024
9	403	78	0,0205
10	242	39	0,0041

* Dargestellt ist die Anzahl der Fonds in einer Gesamtgruppe von 40 000 Fonds, die *kontinuierlich* (in jedem einzelnen Jahr) über dem Vergleichsindex liegen müssten.

Die jeweils genannte Anzahl der Outperformer-Fonds wird für eine bestimmte Zahl von Jahren folgendermaßen errechnet (hier exemplarisch ermittelt für drei Jahre und für eine Outperformance-Wahrscheinlichkeit von 50 Prozent): 40 000 Fonds × $0,5^3$ = 5 000 Fonds. Das heißt, nach drei Jahren müssten statistisch noch 5 000 Fonds existieren, die den Vergleichsindex in jedem Jahr (ununterbrochen) geschlagen haben – unabhängig davon, wie groß diese jährliche Outperformance war. Für ein einzelnes Jahr ist die Outperformer-Gruppe natürlich größer, nämlich 40 000 × Outperformance-Wahrscheinlichkeit.

Welche Schlussfolgerungen lassen sich aus dieser Tabelle ableiten?

▸ Wenn man von einer 60-prozentigen Outperformance-Wahrscheinlichkeit ausgeht, wie vermutlich die große Mehrzahl der herkömmlichen, unseriösen Vergleiche, ist es kaum verwunderlich, dass eine erstaunliche Zahl von Fondsmanagern den Markt (Index) schlagen. Auf der Basis dieser Betrachtung müssten nach zehn Jahren weltweit rund 240 solcher Fondsmanager existieren, was allerdings nicht der Fall ist. Die tatsächliche Zahl solcher Star-Fondsmanager ist weit geringer. Davon abgesehen, muss man sich stets vergegenwärtigen, dass diese Art von Vergleichen letztlich Etikettenschwindel ist. Sie ignoriert die für den Anleger wichtigen Kriterien wie Kosten, Risiko, Wahl der korrekten Benchmark, korrekte Renditeberechnungsmethode, Survivorship-Bias und anderes mehr.

▸ Nimmt man die realistische Outperformance-Wahrscheinlichkeit von 20 Prozent an, dürfte es (aufgerundet) nur noch *einen* Fonds aus der Gesamtzahl der 40 000 geben, der den Vergleichsindex sieben Jahre hintereinander schlagen kann (das war die vielgerühmte Leistung von Peter Lynch).

▸ Viele in der Presse erscheinende Vergleiche sind methodisch sogar noch unzureichender (man könnte auch sagen: manipulativer) als der Vergleich, der eine 60-prozentige Outperformance-Wahrscheinlichkeit für ein Einzeljahr produziert. Warum? Sehr viele Vergleiche in Fondsprospekten, Werbeanzeigen und Presseartikeln stellen nicht kontinuierliche oder auch nur wiederholte Outperformance dar, sondern lediglich die Outperformance für ein einzelnes willkürlich gewähltes Zeitintervall, das ausnahmsweise besonders günstig war (siehe Abschnitt 5.2).

Fallstudie: Die Geburt eines Investment-Gurus

Im Oktober 1999 veröffentlichte die Zeitschrift *Finanzen* ihr halbjährlich erscheinendes, 68-seitiges »Fonds Special« mit Fonds-Ranking. Der Titel des Aufmacherartikels lautete: »Diese Frau hat den Schlüssel zu Ihrer Million«. Gemeint war Elisabeth Weisenhorn, damals Managerin des Fonds Investa der Deutsche-Bank-Tochter DWS. Der laut diesem Artikel »erfolgreichste Investmentfonds Deutschlands« ging als Sieger aus einem 30-Jahres-Langfrist-Vergleich der *Finanzen*-Redaktion hervor. Wer 30 Jahre lang monatlich 278 Mark in den Investa-Fonds eingezahlt hätte, so heißt es in dem Artikel, würde heute (1999) eine Million Mark besitzen. Wir sind beeindruckt! Und unser Staunen wächst noch beim Weiterblättern. Die (wie es heißt) »Powerfrau« Elisabeth Weisenhorn wird großformatig und im Nadelstreifenkostüm vor einem mächtigen Geldtresor abgebildet, mit einem goldenen Schlüssel in der Hand. »Sich selbst schont sie nicht«, erfährt man nun, was ja ein »Markenzeichen erfolgreicher Fondsmanager« sei. Man darf annehmen, dass Frau Weisenhorn beim Leser größten Respekt für ihre offensichtlich bemerkenswerte Leistung erntet, verbunden mit dem nagenden Bedauern: »Hätt ich doch nur vor 30 Jahren angefangen, 278 Mark in diesen Fonds zu investieren!«

Doch schauen wir uns die Zahlen etwas genauer an: Dieses Langfristinvestment, das laut *Finanzen* offenbar das Beste ist, was die deutsche Fondsindustrie zu bieten hat, erbrachte eine jährliche Nettorendite von 11,3 Prozent (nach Berücksichtigung von Gebühren), was der Artikel aus gutem Grund allerdings gar nicht angibt, denn der DAX rentierte im gleichen Zeitraum mit jährlich 11,7 Prozent. Nun lag Frau Weisenhorn damit gewiss noch in der Spitzengruppe ihrer Fondsmanager-Kollegen. Aber was, so fragt man sich, ist an dieser Leistung so »überragend«, als dass man sie derart herausstellen müsste? Hinzu kommt, dass der Fonds eine höhere Volatilität als der DAX aufwies und somit risikoadjustiert noch weiter hinter einen DAX-Indexfonds zurückgefallen wäre. Nirgendwo in dem Fonds-Sonderheft der Zeitschrift *Finanzen* finden sich allerdings Informationen über die Volatilität der einzelnen Fonds. Fazit: Selbst in dem selektiv und willkürlich von *Finanzen* gewählten Untersuchungsintervall von 30 Jahren schafft es der angeblich erfolgreichste Investmentfonds Deutschlands nach Kosten nicht einmal, den Marktdurchschnitt zu schlagen, und das ohne Berücksichtigung des Ausgabeaufschlages von 5 Prozent. Nicht besser sieht die Bilanz des Fonds für die Mehrzahl der anderen, nicht im Artikel genannten Intervalle aus. Eine solche Performance kann nur derjenige als »überragend« einstufen, der das Dauerversagen der Mehrzahl aller Fonds hinnimmt und sich mit einer simplifizierten Analysemethode begnügt.

Der Schlussakkord dieser Geschichte: Aufgrund ihres »großen« Erfolges machte sich Frau Weisenhorn im Jahr 2000 mit einer eigenen Fondsmanagement-Gesellschaft selbstständig. Die von ihr gemanagten drei Investmentfonds »Weisenhorn Europa«, »Weisenhorn Amerika« und »DWS Neuer Markt Deutschland« traten aber umgehend eine rasante Performance-Reise in Richtung Süden an. Im Juni 2001, etwa 21 Monate nach Auflage, lagen alle drei Fonds dramatisch unter ihrem jeweiligen Benchmark-Index (sogar ohne Berücksichtigung der Verwaltungsgebühren und Ausgabeaufschläge).

In seinem exzellenten Buch *Innumeracy* beschreibt der amerikanische Mathematiker John Allen Paulos ein Pyramidenspiel, mit dem auch Sie, lieber Leser, leicht zum Aktien-Guru werden und nebenbei noch rund 100 000 Euro verdienen können. Das geht so: Sie schicken unaufgefordert ihren neuen »Guru-Investment-Newsletter« mit einem elegant aussehenden Briefkopf an 32 000 Empfänger, deren Adressen Sie einer Telefonbuch-CD-Rom entnommen haben. In dem Newsletter schwadronieren Sie von einem »neuartigen neuronalen Netzwerk«, das von Physikern und Informatikern der Universität Stanford entwickelt wurde und mit dem die Genauigkeit von Börsenkursprognosen um einen »Quantensprung« gestiegen sei. Ihr Unternehmen habe für die ersten 24 Monate eine Exklusiv-Lizenz zu der Software für den deutschen Markt erwerben können. In 16 000 Briefen schreiben Sie, der DAX werde in den nächsten sieben Tagen steigen, in den anderen 16 000 Briefen, er werde fallen. Es liegt auf der Hand, dass die eine Hälfte der Empfänger die richtige Vorhersage erhält. Diese 16 000 Empfänger erhalten eine Woche später einen zweiten Brief, 8 000 davon mit einem prognostizierten DAX-Anstieg für die darauf folgende Woche, 8 000 mit einem prognostizierten Fall. Dieses Spiel wiederholen Sie einige Male. Nach jeder Runde erhalten nur diejenigen einen weiteren Brief, bei denen alle vorherigen Prognosen korrekt waren. Nach sechs Runden sind zwangsläufig noch genau 500 solche Personen übrig. Diesen 500 Personen bieten Sie dann an, dieses wertvolle »Research« bis zum Ende der 24-monatigen Lizenzlaufzeit weiterhinzuzusenden – gegen eine Gebühr von 690 Euro. Nehmen wir an, die Hälfte der Angeschriebenen, nämlich 250 Personen, gehen auf das Angebot ein und überweisen den Betrag. Das spült Ihnen gut 172 000 Euro in die Kasse. Dagegen stehen Ihre Porto- und Frankierkosten von etwa 70 000 Euro. Es verbleiben Ihnen über 100 000 Euro Gewinn. Diese Vorgehensweise ist absolut legal. Dass die restlichen rund 25 zweiwöchigen Investment-Newsletter nur noch eine Trefferquote von 50 Prozent aufweisen (statt scheinbar 100 Prozent wie zuvor), ist für die Abonnenten bedauerlich, aber nicht zu ändern.

Fazit: Menschen neigen dazu, Muster und ursächliche Zusammenhänge zu sehen, wo keine sind und stattdessen der Zufall waltet. Die Tatsache, dass einzelne Fonds den Index (oft genug auf der Basis methodisch fragwürdiger Vergleiche) über viele Jahre hinweg kontinuierlich übertreffen, sagt für sich genommen nichts über die Ursachen dieser an sich erfreulichen Leistung aus. Nur eine Erforschung der Ursachen erlaubt aber eine zuverlässige Aussage darüber, ob sich diese Outperformance auch in *Zukunft* wiederholt. Und genau das ist die wesentliche Frage für einen Anleger in der realen Welt. Auf die Gesamtgruppe aller rund 40 000 Fondsmanager bezogen: Wenn *Können* die Ursache für Outperformance wäre, müsste es weit mehr Peter Lynchs, Warren Buffetts oder Bill Millers geben. Die Zahl der existierenden »Anlagegenies« unterschreitet aber in der Realität sogar noch die Größenordnung, die statistisch zu erwarten wäre. Jedenfalls ist die Annahme, dass der Zufall (Glück) hinter dem schönen Erfolg von Bill Miller steht, keinesfalls von der Hand zu weisen.[31] Eine Erkenntnis, aus der sich allerdings keine euphorischen Schlagzeilen generieren lassen. Aus diesem Grund begegnen wir solchen Fakten in den Finanzmedien nur sehr selten.

5.10 Irrtum (10): Experten können den besten Einstiegszeitpunkt finden

> »Vom Wahrsagen lässt sich's wohl leben in der Welt,
> aber nicht vom Wahrheitsagen.«
> *Christoph Lichtenberg*, Physiker und Mathematiker, 1742–1799

Fast alle Anleger, der Autor eingeschlossen, unterliegen stets dem Eindruck, dass der jeweils aktuelle Zeitpunkt zum Einstieg nicht optimal sei. Sind die Aktienkurse schon über einen längeren Zeitraum gestiegen, befürchten wir, in einen überteuerten Markt einzusteigen, der kurz vor der Trendwende nach unten steht; sind die Aktienkurse dagegen schon lange gefallen, haben wir Angst, dass es noch weiter nach unten gehen könnte. Viele Anleger fragen sich daher, ob Experten eine Hilfestellung bei der Wahl des geeigneten Einstiegszeitpunktes leisten können.

Zu diesem Thema wird besonders viel Unfug in Anlegerzeitschriften, Ratgeberbüchern, Rundfunk und im Internet verbreitet, denn zumeist wird nur eine unvollständige und damit gefährlich falsche Antwort gegeben. Zusammenfassend könnte man die Frage nach der Bedeutung des Markteintrittszeitpunktes wie folgt beantworten: Der Zeitpunkt des Markteintritts ist einerseits bedeutsam und andererseits bedeutungslos. Diese scheinbar paradoxe Antwort erklärt sich folgendermaßen:

▸ Der konkrete Zeitpunkt des Markteintrittes – korrekter: der exakte Kalenderzeitraum, über den ein Investment besteht – hat einen erheblichen Einfluss auf die durchschnittliche Jahresrendite eines Investments. Dieser Einfluss nimmt mit der Länge des Anlagezeitraums ab, verschwindet aber bei realistischen Anlagezeiträumen von unter 25 Jahren niemals vollständig. In diesem Sinne ist der Markeintritts- und -austrittszeitpunkt bedeutsam.

▸ Zugleich aber sind diese Zeitpunkte wiederum unwichtig, denn es gibt letztlich keine erfolgversprechende Methode, den günstigsten Markteintrittszeitpunkt im Voraus zu bestimmen. Um dies zu können, müsste die aktive Anlagestrategie Market-Timing funktionieren. Diese weist aber unter allen aktiven Anlagestrategien die schlechteste (nämlich eine katastrophale) Erfolgsbilanz auf. Das haben Dutzende wissenschaftlicher Studien bewiesen. Wenn es mithin unmöglich ist, den richtigen Zeitpunkt zuverlässig abzupassen (man also auf sein Glück vertrauen muss), dann ist der Zeitpunkt des Markteintritts in diesem Sinne letztlich unbedeutend.

Der erste Punkt lässt sich durch eine Betrachtung historischer Renditen illustrieren. Wir verwenden hierfür den MSCI-Deutschland-Index und den MSCI-World-Index. Tabelle 14 zeigt, dass die jährlichen Renditen dieser beiden Märkte in den vergangenen 30 Jahren außerordentlich stark schwankten. Betrachtet man längere Intervalle, so nimmt die Schwankung bei beiden Indizes ab, ist aber immer noch signifikant. Übrigens werden solche Tabellen oft dazu missbraucht, die Vorteilhaftigkeit von Market-Timing zu »beweisen«, denn könnte man die »guten« und »schlechten« Perioden voraussagen, dann wäre Market-Timing natürlich nicht nur sinnvoll, sondern geradzu unerlässlich. Aber leider sind eben solche Prognosen notorisch unzuverlässig, obwohl man davon in der Presse und von Banken oder Fondsgesellschaften selten etwas hört.

Tabelle 14: Schwankungsbreite der Ein-Jahres- und der 10-Jahres-Renditen des MSCI-Deutschland- und MSCI-World-Index zwischen 1970 und 1999

	MSCI Deutschland (1 Jahr)	MSCI Deutschland (10 Jahre)	MSCI World (1 Jahr)	MSCI World (10 Jahre)
Höchster Wert	+84,4 %	+16,1 % p. a.	+42,8 % p. a.	+19,3 % p. a.
Niedrigster Wert	−38,4 %	+2,2 % p. a.	−24,5 % p. a.	+6,3 % p. a.

Dem zweiten Punkt ist ein wenig relativierend hinzuzufügen, dass man bei größeren Investments in regionale Märkte, die im sehr langfristigen historischen Vergleich hoch bewertet sind (zum Beispiel gemessen am Kurs-Gewinn-Verhältnis eines Index), in der Tat vorsichtig sein sollte. Hier eine Faustregel: Wenn die Bewertung den langjährigen historischen Durchschnitt um über zwei Drittel übersteigt, kann es angebracht sein, einen solchen Markt relativ zu seiner »Standardgewichtung« in einem diversifizieren Portfolio vorübergehend unterzugewichten.[32]

Wem die hier präsentierte Antwort auf die Frage nach dem richtigen Einstiegszeitpunkt zu »defätistisch« oder mit seinem Bauchgefühl nicht vereinbar erscheint, dem mag die folgende, an der Anlegerpsychologie orientierte Strategie eventuell weiterhelfen:

Wir nehmen an, ein Anleger steht vor der Entscheidung, einen größeren Betrag zu investieren. Es könnte nun sein, dass die Aktienmärkte zu diesem Zeitpunkt schon über einen langen Zeitraum hinweg gefallen sind, es könnte auch sein, dass sie schon über längere Zeit gestiegen sind. Im ersteren Fall mag der Anleger befürchten, in einen im Sturzflug befindlichen Markt, im zweiten Fall in einen überteuerten Markt kurz *vor* dem Sturzflug zu investieren. Konkret fragt sich der Anleger nun, ob er alles auf einmal investieren oder sein Investment in Teilbeträgen nach und nach tätigen soll. Einfach nur zu warten und sein Geld in einem sicheren Geldmarktfonds zu parken wäre im Durchschnitt die falsche Strategie, denn die Aktienmärkte weisen langfristig eine positive reale Rendite auf und steigen im Durchschnitt an sechs von zehn Tagen. Außerdem verpassen solche Anleger sehr häufig die wenigen Tage im Jahr, an denen die Kurse ruckartig nach oben gehen. Zur Auflösung dieses scheinbaren Dilemmas empfiehlt sich ein »Investmentfahrplan mit Selbstverpflichtung«. Dieser Fahrplan könnte wie eine der folgenden Alternativen aussehen:

▶ Investieren Sie ein Drittel des Gesamtanlagebetrages sofort und in jedem der beiden folgenden Monate (oder Quartale) ein weiteres Drittel.

▶ Investieren Sie ein Viertel heute und in jedem der drei folgenden Quartale ein weiteres Viertel.

▶ Investieren Sie ein Sechstel des Anlagebetrages sofort und in jedem der folgenden fünf Monate ein weiteres Sechstel.

Leichte Abwandlungen dieser alternativen Investmentfahrpläne – je nach persönlicher Präferenz – sind möglich, allerdings sollte der Fahrplan sich über maximal ein Jahr erstrecken. In jedem Fall müssen Sie den Fahrplan sehr konsequent umsetzen, gleich in welche Richtung sich die Märkte kurzfristig bewegen (dieser letztere Aspekt ist ausgeprochen wichtig). Mit einem solchen Fahrplan können Sie gefühlsmäßig eigentlich nur »gewinnen«: Steigt der Markt nach dem Anfangsinvestment, werden Sie sich einerseits über den Wertzuwachs Ihres Portfolios, andererseits über Ihre Klugheit, das Investment nicht aufzuschieben, freuen. Fällt der Markt, habe Sie nun die Gelegenheit, zu günstigeren Preisen zu kaufen, und Sie werden sich in der Entscheidung bestätigt fühlen, nicht alles auf einmal investiert zu haben.

Fazit: Der beste Einstiegszeitpunkt ist im Grunde genommen immer »jetzt«. Aufgrund des Zinseszinseffektes wächst ein Wertpapierdepot, gemessen in Geldeinheiten, im Zeitablauf immer schneller. Diese »Magie« des Zinseszinseffektes kann man sich zunutze machen, indem man möglichst früh anfängt zu investieren.

5.11 Irrtum (11): Die Auswahl der einzelnen Aktien entscheidet über den Anlageerfolg

»Sie belügen sich selbst, wenn Sie glauben, Sie könnten
öfter als in 51 oder 52 Prozent aller Fälle schlauer sein als derjenige,
von dem Sie kaufen oder an den Sie verkaufen.«

Theodore Aronson, Leiter der Asset-Management-Gesellschaft
Aronson & Partner, Philadelphia

In Abschnitt 4.10 haben wir festgestellt, dass die Auswahl einzelner, konkreter Wertpapiere nur einen vernachlässigbaren Einfluss auf die Rendite eines Portfolios hat. Die meisten Anleger sträuben sich gegen diese Einsicht, geben sie sich doch oft unendlich viel Mühe, aus ganz bestimmten Gründen ganz bestimmte Wertpapiere zu ganz bestimmten Zeitpunkten zu kaufen. Auch die Finanzmedien, die Banken und Fondsgesellschaften bestärken die Anleger in dem Glauben, dass es genau darauf ankomme. Praktisch alle Anlegermagazine enthalten seitenlange Abhandlungen und ausführliche Tabellen mit Unternehmensdaten und -analysen, begleitet von scheinbar fachmännischen Begründungen, warum eine einzelne Aktie nun ein »Strong Buy« sei, einfach nur »gehalten« oder gar verkauft werden müsse (letztere Empfehlung ist allerdings sehr selten). Presseartikel wie »Jetzt kaufen: Zehn Aktien mit 100 % Gewinnchance in 6–12 Monaten« (*Der Aktionär*) oder Bücher à la »The 100 Best Stocks You Can Buy« (John Slater) suggerieren dem Anlegerpublikum, man müsse nur die »richtigen«, von Experten identifizierten Aktien besitzen, dann würde sich die entsprechende Überrendite schon einstellen.

Tatsache ist: Weder die Auswahl der einzelnen Aktien noch Market-Timing (das kurzfristige Timing der Käufe und Verkäufe von Aktien oder Asset-Klassen) haben einen auch nur annähernd so großen Einfluss auf Risiko und Rendite wie die Asset-Klassen, die langfristig in einem Portfolio enthalten sind (siehe Abbildung 2).

Abbildung 2: Einfluss der Asset-Allokation auf Rendite und Risiko

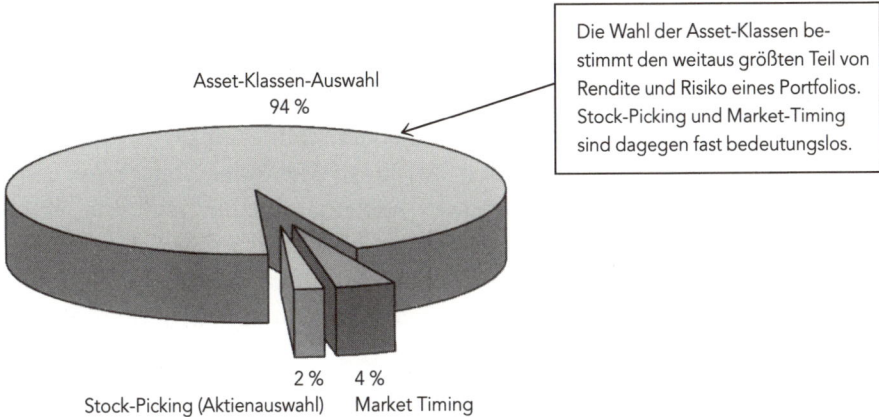

Asset-Klassen-Auswahl
94 %

Die Wahl der Asset-Klassen bestimmt den weitaus größten Teil von Rendite und Risiko eines Portfolios. Stock-Picking und Market-Timing sind dagegen fast bedeutungslos.

2 %   4 %
Stock-Picking (Aktienauswahl)   Market Timing

Quelle: Brinson, Hood, Beebower (1986) sowie Brinson, Singer, Beebower (1990)

Das hängt mit mehreren Gründen zusammen, die wir im Einzelnen bereits erläutert haben:

▸ Die Märkte sind effizient: Aktienkurse sind faire Kurse, das heißt die best-möglichste Schätzung des inneren Wertes einer Aktie, also Kurse, die alle wertrelevanten Informationen stets bereits enthalten. Stock-Picks sind in 50 Prozent aller Fälle richtig, und in 50 Prozent aller Fälle falsch, also im Durchschnitt vor Kosten wirkungslos, nach Kosten sogar renditesenkend. Für den seltenen Fall, dass Marktanomalien und -ineffizienzen bestehen, sind sie entweder so klein, dass ihr Ausnutzen mehr Kosten als Nutzen verursacht, oder aber sie werden in kurzer Zeit vom Markt »wegarbitriert«, sprich von der Anlegergemeinschaft durch kontinuierliche Ausbeutung beseitigt.

▸ Risiko und Rendite sind untrennbar miteinander verbunden. Wer eine höhere Rendite anstrebt, *muss* auch ein höheres Risiko eingehen. Die wichtigsten Risiko- und damit Renditebestimmungsfaktoren sind: (a) der Marktfaktor, also das zusätzliche Risiko von Aktien gegenüber risiko-freien Anlagen (oft Equity-Premium genannt); (b) der Größenfaktor, also das zusätzliche Risiko von Nebenwerten gegenüber Standardwerten; (c) der Value-Faktor, also das zusätzliche Risiko von Value-Aktien gegen-über Growth-Aktien beziehungsweise dem Gesamtmarkt und (d) der Emerging-Market-Faktor, das zusätzliche »politische« Risiko (siehe Glos-sar) von Schwellenländeraktien gegenüber Industrieländeraktien. Nur wer sich diesen Risiken aussetzt, kann tatsächlich mit langfristig höheren Ren-diten rechnen. Diese vier Hauptrisikofaktoren wirken sich jedoch auf der Ebene der Asset-Klassen und eben nicht auf der Ebene einzelner Aktien aus.

▸ Vorübergehende, unerwartete Outperformance einzelner Aktien ist nicht »stabil«, das heißt, aufgrund einer Vielzahl von Faktoren, die sich als Folge von Unternehmenswettbewerb ergeben, erleben über- und unter-durchschnittliche Aktienrenditen auf lange Sicht eine *Regression zum Mittelwert*, der freie Cashflow dieser Aktien und damit auch ihre Aktio-närsrendite nähert sich wieder dem Asset-Klassen-typischen Wert an. Fer-ner wird der Aktienkurs die Erwartung eines überdurchschnittlich hohen freien Cash-flows bereits widerspiegeln. Bezogen auf allein diese Erwar-tung kann somit der Kurs nicht mehr steigen.

Man kann lange über die zahlreichen Gründe nachgrübeln, warum nach wie vor über 95 Prozent aller Privatanleger irgendeine der zahllosen Varianten von Stock-Picking oder Market-Timing betreiben, obwohl längst bewiesen ist, dass keine der beiden Strategien zuverlässig funktioniert und andere Faktoren für Rendite und Risiko eines Portfolios hauptverantwortlich sind. Schön knapp und treffend hat diese Gründe bereits in den 30er Jahren Alfred Cowles, der Begründer der statistischen Wertpapiermarktforschung in den USA, zusammengefasst: »Aktive Investoren wollen einfach glauben, dass irgendjemand [Aktienkurse] vorhersagen kann. Eine Welt, in der keiner dazu fähig ist, kann für sie wirklich fürchterlich beängstigend sein.«

Statt selbst fast aussichtsloses Stock-Picking oder Market-Timing zu praktizieren, könnte man nun überlegen – jedenfalls, wenn man zu der eher wohlhabenden Anlegerschicht gehört –, sein Vermögen einer noblen Privatbank oder der Private-Banking-Abteilung einer der großen Geschäftsbanken anzuvertrauen. Ob sich das lohnt, wollen wir im nächsten Abschnitt näher beleuchten.

5.12 Irrtum (12): »Private Banking« ist die Luxusklasse der Anlageberatung

>»Bei einer echten Privatbank fühlen Sie sich so, als gäbe es
>neben Ihnen keine anderen Kunden.«
>Werbeslogan der Schweizer Privatbank Pictet, Juni 2001

Viele Kleinanleger blicken ein wenig neidvoll auf die von den Banken immer stärker gehätschelte Private-Banking-Kundengruppe, also das »edelste« Privatkundensegment. Um in dieser Luxusklasse betreut zu werden, muss man – je nach Bank – zwischen 250 000 und 2,5 Millionen Euro liquides Vermögen sein Eigen nennen. An dieser Hürde scheitern etwa 90 Prozent aller Wertpapieranleger.

Man darf vermuten, dass die Private-Banking-Kunden davon ausgehen, auf der höchsten Qualitätsstufe betreut zu werden. Ob das der Fall ist, hängt allerdings davon ab, wie man »höchste Qualität« definiert. Folgt man der Definition der betreffenden Banken, kann man sagen, dass dieses Qualitätsversprechen jedenfalls zum Teil eingelöst wird. Die folgenden Leistungen gehören üblicherweise zu einem Private-Banking-Betreuungsmandat (die Formulierungen sind überwiegend »Originalton« Bankenwerbung):

▶ Persönliche und laufende Betreuung auch außerhalb der Geschäftszeiten durch einen erfahrenen »Senior Banker«; hoher »Bequemlichkeitsfaktor« für den Klienten;

▶ Durchführung einer umfassenden Vermögensanalyse zu Beginn der Betreuung;

▶ Entwicklung einer individuellen Asset-Allokation und Anlagestrategie unter Berücksichtigung von Lebenszyklus und persönlicher Risikoneigung mit dem Ziel einer dauerhaft überdurchschnittlichen Performance;

▶ Laufendes und differenziertes Reporting über die Performance des Wertpapierportfolios;

▶ Einladung zu »VIP-Events« (Tennis- und Golfturniere, Vorträge von Prominenten etc.).

Schon auf den ersten Blick wird deutlich, dass hier viel Aufwand betrieben wird. Diesen Aufwand muss jemand bezahlen – der Kunde. Die durchschnittliche Marge, die ein Private-Banking-Mandat bei einem Wertpapiervermögen von beispielsweise 500 000 Euro für die Bank erwirtschaftet, liegt in der Größenordnung von 2 Prozent p. a. des jahresdurchschnittlich betreuten Vermögens (exklusive Wertpapierhandelskosten und möglicher Verwaltungsvergütungen für Fondsgesellschaften). In guten Börsenjahren sind es mehr, denn dann partizipiert die Bank zu 10 bis 20 Prozent an der Depotrendite, sofern diese einen bestimmten Marktindex übersteigt (im umgekehrten Fall gleicht die Bank eine Unterrendite allerdings nicht aus). Diese »leistungsorientierte« Vergütung der Bank kostet den Kunden im langfristigen Durchschnitt ungefähr ein weiteres Prozent p. a. Hinzu kommt noch etwa ein Viertel Prozent für sonstige Kosten, zum Beispiel die Depotbankgebühr von Investmentfonds – macht zusammen 3,25 Prozent Gesamtkosten p. a. Also muss die Privatbank den Marktdurchschnitt dauerhaft mindestens um diese 3,25 Prozentpunkte übertreffen, um ihr postuliertes Ziel zu erreichen, sprich die gewählte Benchmark (den Vergleichsmarktindex) nach Kosten zu schlagen. Dabei darf sie im Grunde genommen kein wesentlich höheres Risiko (Volatilität) als die Benchmark eingehen. Ist all das möglich?

Antwort: Extrem selten, und welcher Bank es in welchen Zeiträumen gelingt, ist nicht zuverlässig vorherzusagen. Die Anzahl der Anleger – ob Profi oder Amateur –, die bei Berücksichtigung des Risikos einen korrekt gewählten Marktindex *kontinuierlich* oder wenigstens über einen Zeitraum von über zehn Jahren um mehr als 3 Prozentpunkte übertreffen, ist winzig. Sie dürfte bei deutlich unter 2 Prozent liegen.

Wie sieht im Vergleich zum Private-Banking die Kostensituation für einen einfachen Buy-and-Hold-orientierten Indexfonds-Anleger aus? (Das ist die sehr einfache Anlagestrategie, die wir empfehlen und in Kapitel 7 erläutern.) Dieser Anleger bringt es über einen Zeitraum von zehn Jahren relativ mühelos auf eine Kostenbelastung von nur 0,75 Prozent p. a. Hinzu kommt noch der so genannte *Tracking-Error* der Indexfonds (siehe Glossar) von etwa 0,25 Prozent jährlich. Alles in allem bedeutet das eine Gesamtkostenbelastung von 1 Prozent p. a. im langfristigen Durchschnitt. Der Do-it-Yourself-Indexanleger wird somit langfristig jährlich um rund 1 Prozent unter dem Markt liegen.

Vergleichen wir nun die beiden Investoren über eine Periode von 15 Jahren (Tabelle 15). Wie entwickelt sich in dieser Zeit ein Investmentbetrag von 50000 Euro für den Private-Banking-Klienten und für den Do-it-Yourself-Indexer? Wir unterstellen sehr optimistisch, dass die Privatbank es schafft, kontinuierlich und brutto 1,5 Prozent über dem Markt zu liegen. Die Marktrendite betrage über diesen 15-Jahres-Zeitraum im Durchschnitt 11 Prozent jährlich.

Tabelle 15: Private Banking versus Do-it-Yourself-Indexing

Private-Banking-Klient		Do-it-Yourself-Indexer	
Anlagebetrag:	50000 Euro	Anlagebetrag:	50000 Euro
Bruttorendite:	12,5 % p. a.	Bruttorendite:	11,0 % p. a.
./. Gesamte Kosten:	3,25 % p. a.	./. Tracking-Error:	0,25 % p. a.
		./. Weitere Kosten:	0,75 % p. a.
= Nettorendite:	9,25 % p. a.	= Nettorendite:	10,0 % p. a.
Ertrag nach 15 Jahren:	188000 Euro	Ertrag nach 15 Jahren:	209000 Euro

Der Vergleich zeigt, dass kein Kleinanleger, der es richtig macht, sich vor den »nackten« Ergebnissen der Exklusivklientel verstecken muss. Der Rückstand des Privatkunden wäre noch viel größer, wenn wir ihm keinen Bruttorenditevorsprung von 1,5 Prozent zugestanden hätten – eigentlich eine unrealistisch großzügige Annahme. Zwar schickt dem Do-it-Yourself-Indexer niemand dreimonatliche Portfolio-Reports im Vierfarbdruck nach Hause und er erhält auch keine halbjährlichen Gratiseinladungen zur »Nokia

Night of the Proms«, aber was letztlich zählt ist – wie der Volksmund so schön bildhaft sagt – »das, was hinten rauskommt«. In dieser Hinsicht schneidet der Kleinanleger mindestens genauso gut wie der Privatkunde ab, wahrscheinlich besser. Hauptursache für dieses Ergebnis: Die Kosten des Private-Banking sind so hoch (sprich die Marge für die Bank so beträchtlich), dass auf die Dauer für den Kunden nur eine marktunterdurchschnittliche Nettorendite zu erwarten ist.

Ein ähnliches Missverständnis wie dasjenige über den vermeintlichen Wert der Private-Banking-Betreuung kursiert über die Markennamen von Fondsgesellschaften und ihrer Fonds. Wie wir alle wissen, gibt es große Fondsgesellschaften, die viel Geld in die Bekanntmachung ihres Markennamens investieren, und kleine, unbekannte, die das nicht tun. Spielt es eine Rolle, ob Sie die Produkte der einen oder der anderen Kategorie erwerben?

5.13 Irrtum (13): Investmentfonds sind Markenprodukte

>»Sie wundern sich, warum Fondsmanager
>den S&P 500 nicht schlagen können? Weil sie Schafe sind,
>und Schafe werden geschlachtet.«
>
>*Gordon Gekko*, gespielt von Michael Douglas,
>im Film »Wallstreet«

Wie jedes Wirtschaftsunternehmen müssen auch Fondsgesellschaften und andere Asset-Manager (Vermögensverwalter) über den Einsatz von Werbung als Absatzförderungsinstrument nachdenken. Dabei befinden sie sich jedoch in einer schwierigen Situation, man könnte beinahe sagen: in einem Dilemma.

In den vorangegangenen Abschnitten haben wir gesehen, dass Investmentfonds und Vermögensverwaltungen, ob standardisiert oder individualisiert (Private-Banking), an ihrem primären Existenzzweck regelmäßig scheitern: nach Kosten und Risiko für den Anleger eine Überrendite gegenüber einem angemessenen Vergleichsindex zu erwirtschaften. Darüber ist sich auch die Asset-Management-Branche bewusst. Renditezahlen werden daher in der Werbung eher selten in den Vordergrund gestellt. Selbst in den wenigen Fällen, in denen Asset-Manager während eines nennenswert langen Zeitraums über dem Vergleichsindex lagen, müssen sie mit der Vermarktung dieser Leistung vorsichtig sein. Die Erfahrung hat einfach zu oft gezeigt, dass die für teures Geld beworbenen Fonds oft wenige Monate später in die »Kellerkategorie« abstürzten. Die Finanzpresse gräbt dann solche Anzeigen wieder aus und nutzt die willkommene Gelegenheit, um Hohn und Spott über die Fondsgesellschaft auszugießen. Die Alternative, statt vergangene Rendite den Fondsmanager in der Werbung herauszustellen, ist deswegen gefährlich, weil dessen Marktwert dann steigt und er den erhöhten Wert schon morgen bei der Konkurrenz einlösen könnte.

Was liegt in einer solchen Situation näher, als die »Marke« oder das »Markenimage« der Fondsgesellschaft statt der objektiven Produktleistungen in den Vordergrund der Werbung zu stellen. Wie Betriebswirte schon im Grundstudium lernen, hat Marken- und Imagewerbung das Ziel, »Vertrauen« in das Produkt zu kreieren. Dieses Vertrauen soll bewirken, dass der Käufer auf detaillierte Produktvergleiche verzichtet und Kosten als Kaufkriterium in den Hintergrund treten.

Wie wir aber inzwischen wissen, sind Investmentfonds das Gegenteil von Markenprodukten, nämlich Stapelgüter (neudeutsch »Commodities«). Bezogen auf ihre *zukünftig* zu erwartenden Renditen (vor Kosten) und innerhalb ihrer Asset-Klasse sind alle Fonds beliebig austauschbar, gleichgültig, ob sie Fidelity Magellan oder Zacharias-Zwergerl-Fonds heißen. Von Gesetzes wegen sind ohnehin alle in Deutschland zugelassenen Fondsgesellschaften, ob klein oder groß, gleich sicher.

Fazit: Innerhalb einer gegebenen Asset-Klasse sollten daher – wie bei allen Stapelgütern – Kosten das wichtigste Kaufkriterium sein.

Nachdem wir nun die häufigsten Irrtümer und Mythen über Wertpapieranlagen untersucht haben, wollen wir jetzt im dritten unserer vier Schritte auf dem Weg zur richtigen Anlagephilosophie Ihr gegenwärtiges Anlageverhalten – unabhängig davon, wie bewusst Sie sich dieses Verhaltens sind oder wie eng es definiert ist – einer Analyse unterziehen.

6
Überprüfen Sie Ihre derzeitige Anlagestrategie

Nun haben Sie schon die Hälfte des Weges hinter sich: Sie haben die ersten beiden von vier Schritten getan, mit denen Sie dieses Buch zu einer tragfähigen, langfristigen Anlagestrategie führen möchte. Zu Ihrer Orientierung hier noch einmal die vier Schritte im Überblick:

☐ Schritt 1: Die Ausgangsbasis: Wie die Wertpapiermärkte tatsächlich funktionieren

☐ Schritt 2: Die Welt der Illusion: Dreizehn grundlegende Irrtümer über Wertpapieranlagen

☒ Schritt 3: Die Nabelschau: Eine kritische Überprüfung Ihrer derzeitigen Anlagestrategie und Ihres Anlagewissens

☐ Schritt 4: Der Königsweg: Wie Sie mit einer einfachen und überlegenen Anlagestrategie das Verliererspiel gewinnen können

6.1 Es gibt keine aktive Anlagestrategie, die funktioniert

»Es müsste jedem intelligenten Anleger unmittelbar einleuchten, dass – sofern jemand die Fähigkeit besäße, die kurzfristige Entwicklung von Aktienkursen korrekt vorherzusagen – er so schnell zum Milliardär würde, dass er es niemals nötig hätte, Anlageempfehlungen in Zeitschriften, Analyseberichten oder Büchern zu veröffentlichen.«

David Babson, amerikanischer Portfoliomanager

Börsenanlagestrategien gibt es wie den sprichwörtlichen Sand am Meer. Man sollte daher annehmen, dass wenigstens einige wenige dieser aktiven Strategien tatsächlich funktionieren. Die Fachpresse und die zahllosen Investment-Ratgeber gehen ja ganz offensichtlich von dieser Annahme aus und präsentieren laufend neue, »unschlagbare« Investmentstrategien, »Power-Aktientipps« oder »spektakulär performende« Musterportfolios. Weltweit werden täglich Tausende von Anlageempfehlungen, Kursziele und Musterportfolios verbreitet.

Ein hoch profitables Geschäft – für die Erfinder und Vermarkter aktiver Anlagestrategien. Doch das Problem mit diesen Strategien besteht darin, dass keine gesicherten Belege für ihr Funktionieren existieren. Diese Einschätzung mag zunächst überzogen klingen, dennoch ist sie recht leicht zu belegen. Wir werden das in drei Schritten tun:

▸ Zu Beginn gehen wir kurz auf die Frage ein, was unter einer funktionierenden Anlagestrategie zu verstehen ist. Diese Definition ist Voraussetzung jeder seriösen Behandlung unserer eigentlichen Fragestellung.

▸ Im zweiten Schritt werfen wir einen Blick auf die Qualität der Medienberichterstattung hinsichtlich der so genannten »Outperformer-Strategien«. Es wird deutlich, dass die überwältigende Mehrzahl dieser Berichte sich bei näherer Betrachtung als die sprichwörtliche heiße Luft entpuppt, als ethisch fragwürdiger Umgang mit Fakten und oft sogar als Lügengebäude, vorwiegend durch Unterschlagung wesentlicher Informationen.

▸ Schließlich analysieren wir in knapper Form die populärsten aktiven Anlagestrategien. Dabei wird gezeigt, dass diese Strategien allesamt einen oder gar mehrere nicht heilbare Konstruktionsmängel aufweisen, das heißt, sie bauen auf erstaunlich unrealistischen, oft geradezu abenteuerlichen Annahmen auf. Weil diese Annahmen so wirklichkeitsfremd sind, können die darauf basierenden Strategien nur zufällig, aber nicht systematisch (dauerhaft) funktionieren.

Zunächst zum ersten Punkt: Was genau ist eine »funktionierende« Anlagestrategie? Dieses Attribut kennzeichnet eine Strategie, die über einen hinreichend langen Zeitraum und belegt durch eine größere Anzahl wiederholbarer, nach dem Stand der Finanzwissenschaft durchgeführter Tests zu einer risikogewichteten Nettorendite führt, die *über* dem durchschnittlichen Wert der betreffenden Asset-Klasse (des Marktsegmentes, in das investiert wurde) liegt. Man spricht in diesem Fall vom Erzielen einer *Überrendite* (*excess return*). Eine risikogewichtete Nettorendite liegt vor, wenn (1) von der Bruttorendite des Investments alle Kosten, die das Investment verursacht hat, abgezogen wurden und (2) die dann resultierende Nettorendite zum Risiko des Investments in Form von Wertschwankungen (= Volatilität) ins Verhältnis gesetzt wurde (siehe hierzu den Exkurs »Risiko richtig verstehen« am Ende des Buches). Ein objektiver Vergleich der Rendite zweier Investments ist nur möglich, wenn tatsächlich die risikogewichtete Nettorendite beider Anlagen verglichen wird. Ein funktionierende Anlagestrategie ist somit nicht einfach eine Anlagestrategie, die eine Rendite abwirft – genauso wenig, wie ein guter Weitspringer einer ist, der »weit springen kann«, sondern einer, der in seiner Wettkampfklasse dauerhaft und nennenswert über der durchschnittlichen Leistung liegt.

Wie ist es nun – zweiter Punkt – um die Qualität der Medienberichterstattung über aktive Anlagestrategien bestellt? Natürlich finden sich für jede der weiter unten diskutierten Strategien entsprechende Berichte, die zum Teil mehrjährige, »spektakuläre« Erfolge belegen wollen. Bevor Sie diesen Berichten Glauben schenken, sollten Sie sie allerdings einer genauen Prüfung unterziehen, anhand der folgenden Fragen:

▸ Sind alle Kosten, die die Anwendung der Strategie verursacht und die der Anleger zu tragen hat, berücksichtigt?

▸ Erfolgte die Performance-Messung, das heißt das Benchmarking mit einem geeigneten Index, auf risikoadjustierter Basis? Anders ausgedrückt: Welches Risiko wurde bei der Anwendung der Strategie eingegangen?

▸ Gibt es anstelle rein hypothetischer Anlageerfolge durch Anwendung der Strategie auf historische Daten (sog. Backtesting) auch dokumentierte, mehrjährige Anlageerfolge in der Praxis, bei denen *echtes* Geld verdient wurde? Wie lange und wie regelmäßig konnte der betreffende Erfolg wiederholt werden?

▸ Welche wissenschaftlichen (kausalen, sachlogischen) Begründungen existieren für die Strategie, das heißt, warum sollte die Strategie überhaupt funktionieren? Handelt es sich möglicherweise um rein statistische Beobachtungen historischer Marktanomalien in begrenzten Datenstichproben (Data-Mining)?

▸ Präsentiert die jeweilige Quelle nicht einfach nur ihr zurzeit am besten performendes Anlageprodukt (oder ihre Anlagestrategie) aus einer Gruppe von vielleicht 50 Angeboten – während die anderen 49 Produkte (über die wir nichts erfahren) nur den Marktdurchschnitt erreichen oder darunter bleiben? Schließlich wird, wer 50 verschiedene Strategien gleichzeitig praktiziert, naturgemäß mit einer davon zeitweilig einen Vergleichsindex schlagen. Die entscheidende Frage lautet: Konnte ein Anleger das zuverlässig im Vorhinein wissen und wird diese Outperformance langfristig anhalten?

Nach Beantwortung dieser wenigen Fragen müssen die Advokaten der vorgeblichen Outperformer-Strategien zumeist recht kleinlaut in die zweite Reihe zurücktreten. Acht von zehn Medienberichten oder auch Erzählungen von Freunden und Kollegen würden an diesem Fragenkatalog vermutlich scheitern, also letztlich einen »Erfolg« darstellen, der auf ungetesteten, rein theoretischen Mutmaßungen, Data-Mining, ausgewählten, isolierten Momentaufnahmen, Glückstreffern und Ähnlichem basiert, die seriöser, finanzwissenschaftlicher Überprüfung nicht standhalten würden.

Schauen wir uns jetzt – dritter Punkt – die bekanntesten aktiven Anlagestrategien und ihre Konstruktionsmängel an. Das Wichtigste vorweg: Neben der Tatsache, dass für die Wirksamkeit dieser Strategien in keinem einzigen Fall wissenschaftlich unstrittige Beweise vorliegen,[33] ist den meisten von ihnen noch ein weiteres Merkmal gemein: Sie sind für normale Privatanleger schon deswegen ungeeignet, weil sie einen Analyse- und Arbeitsaufwand erfordern, den niemand in seiner Freizeit leisten kann, selbst wenn er Betriebswirtschaft studiert haben sollte.

Um auf sämtliche jemals formulierten aktiven Anlagestrategien einzugehen, müsste man vermutlich eine zwanzigbändige Anthologie verfassen, denn selbst so Haarsträubendes wie die »Sonnenfleckentheorie«, »Stock-Picking mithilfe der Astrologie« oder »Aktienanalyse mithilfe Gottes« wird bis zum heutigen Tag ernsthaft in den Medien verbreitet und findet beim Publikum Gehör. Im Folgenden beschreiben wir daher nur kurz das Panoptikum der aktiven Anlagestrategien, für deren Funktionieren keine allgemein akzeptierten Beweise vorliegen und die dennoch von 95 Prozent aller Privatanleger und 80 Prozent aller Profianleger mehr oder weniger bewusst angewendet werden.[34]

Stock-Picking auf der Basis fundamentaler Aktienanalyse   Die »Mutter aller aktiven Anlagestrategien«. Ihr wichtigstes Kriterium, anhand dessen der Stock-Picker entscheidet, ob eine Aktie unterbewertet ist, ist stets eine betriebs- oder finanzwirtschaftliche Kennzahl, manchmal auch eine Kombination aus mehrere Kennzahlen. Die bekanntesten dieser Kennzahlen sind: Kurs-Gewinn-Verhältnis (*price earnings ratio*), Kurs-Buchwert-Verhältnis (*price book ratio*), Kurs-Umsatz-Verhältnis (*price sales ratio*), Dividenden-rendite (*dividend return*), Eigenkapitalrendite (*return on equity*) sowie jähr-liche Gewinnänderung pro Aktie (*earnings growth per share*). Es gibt viele Gründe, warum Stock-Picking nicht funktioniert, genauer: nicht funktionie-ren *kann*. Einige dieser Gründe haben wir in den Abschnitten 4.4 und 5.5 kennen gelernt. Neben den dort genannten Argumenten (die in erster Linie die Informationseffizienz der Wertpapiermärkte betreffen) lässt sich anfüh-ren, dass Stock-Picking mittels fundamentaler Aktienanalyse deshalb nicht funktioniert, weil die dafür notwendigen Voraussetzungen in der Wirklich-keit nicht gegeben sind. Welche Voraussetzungen sind gemeint?

Stock-Picking heißt wörtlich »einzelne Aktien auswählen«. Ziel ist dabei, individuelle Aktien (oder andere Wertpapiere) zu finden, die vom Markt »unterbewertet« sind. Diese Unterbewertung muss der Markt jedoch – nachdem der Stock-Picker das Papier gekauft hat – erkennen und somit den Börsenkurs auf den »wahren« Wert hinaufkorrigieren. Danach verkauft der Stock-Picker das Papier, um mit dem Erlös wiederum ein anderes, unterbe-wertetes Papier zu erwerben. Die Theorie setzt also mehrerlei zwingend voraus: (1) Unser Stock-Picker ist zunächst der Einzige oder einer von weni-gen, die die Unterbewertung des Wertpapiers erkennen – daher kann er rechtzeitig kaufen; (2) nach dem Kauf erkennt der restliche Markt die Unter-bewertung, kauft auch und treibt damit den Preis auf seinen so genannten *fairen* (also »richtigen«) Level; (3) jetzt erkennt der Stock-Picker wieder als Erster oder als einer der Ersten, dass der Preis diesen fairen Level erreicht hat, mit weiterer Aufwertung nicht mehr zu rechnen ist und das Papier somit verkauft werden muss. Wer das heutige Börsengeschehen aus eigener An-schauung kennt, muss sich wundern, wie es möglich ist, dass irgendjemand eine Anlagestrategie auf derart unrealistischen Annahmen aufbaut. Der von Eugene Fama stammende Vergleich von Stock-Pickern mit Astrologen erscheint tatsächlich nicht übertrieben.

Stock-Picking mittels technischer Analyse / Momentum-Investing Gemeint ist der Versuch, Aktienkurse auf der Basis von Veränderungen der Kurse und Handelsvolumina der kürzeren Vergangenheit vorherzusagen. Dazu werden vor allem Diagramme (Charts) der Kursverläufe verwendet, aus denen grafi-sche Muster herausgelesen werden, denen man bestimmte Bedeutungen zuschreibt. Technische Analysten verzichten vollständig auf eine Betrachtung der Finanzdaten oder Marktperspektiven der betreffenden Unternehmen. Diese Anlagestrategie wird von Akademikern im Allgemeinen nur müde belächelt. Das Attribut »Theorie« verdient sie nicht, da sie – abgesehen von einem nicht näher erläuterten »Herdenverhalten der Anleger« (dem der technische Anleger natürlich selbst nicht unterliegt) und »Momentum-Effekten« weitgehend auf sachlogische, kausale Erklärungsmuster für ihr vorgebliches Funktionieren verzichtet. Warum die genannten Phänomene manchmal vorliegen und manchmal nicht, können technische Analysten »treffsicher« immer nur für die Vergangenheit erklären, und dies verpackt in viel pseudologischem Kauderwelsch. Tatsache ist, dass diese Effekte zeitweilig vorhanden sind, zu anderen Zeiten auch nicht, Zeitpunkte und Ausmaße sich allerdings nicht zuverlässig vorhersagen lassen. Selbst der weltweit bekannteste technische Analyst, Ralph Acampora von Prudential Securities, Verfechter der Auffassung, dass »... jede technische Methode funktioniert« (*Börse Online* 41/1999), lag mit seinen Prognosen oft ordentlich schief.

Market-Timing und Tactical Asset-Allocation Unter Market-Timing, gelegentlich auch hochtrabend als Tactical Asset-Allocation bezeichnet, versteht man die kurzfristige Veränderung der Gewichtungen einzelner Asset-Klassen in einem Portfolio mit dem Ziel, von zyklischen Marktveränderungen zu profitieren. Diese Marktveränderungen werden oft mit makroökonomischen oder branchenbezogenen Kriterien und Kennzahlen gemessen. Obwohl scheinbar plausibel, wurden dennoch für keine andere Anlagestrategie ähnlich blamable Ergebnisse nachgewiesen. Die Ergebnisse für Market-Timing sind tatsächlich so katastrophal schlecht, dass der ehrwürdige britische *Economist* kürzlich lakonisch feststellte: »Mit Market-Timing beschäftigt sich kein ernst zu nehmender Fondsmanager« (12.12.1998). Trotz der miserablen Erfolgsbilanz erscheint Market-Timing vielen Anlegern als interessante Anlagestrategie. Diese Anleger haben möglicherweise bereits in einem verlustreifen Prozess eingesehen, dass Stock-Picking nicht zuverlässig funktioniert. Nun folgern sie, es sei zwar nicht möglich, einzelne Wertpapiertitel mit Outperformance-Potenzial im Voraus systematisch zu identifizieren, bezogen auf breite Marktsegmente, sprich Branchen oder Länder, müsse dies jedoch möglich sein. Es sei doch offensichtlich, dass es »Zukunftsbranchen« und alte, im Niedergang befindliche Branchen gebe, dass bestimmte Länder langfristig ein stärkeres Wachstums- und damit Börsenpotenzial als andere aufwiesen und dass diese Attribute – anders als möglicherweise bei einem einzelnen Unternehmen – sich nicht von heute auf morgen ändern würden. Diese Überlegungen mögen zum Teil zutreffen, sie sind für Anlageentscheidungen dennoch nutzlos, denn die positiven und negativen Aussichten einer Branche oder eines Landes sind längst in das jeweilige Kursniveau (repräsentiert von einem entsprechenden Marktindex) eingepreist. »Gute« Branchen mit Aussicht auf einen hohen Cashflow sind genau deswegen teure Investments (etwa gemessen am Kurs-Gewinn-Verhältnis), »schlechte« Branchen mit ungünstigen Cashflow-Perspektiven sind gerade aus diesem Grund billige Investments, sodass die Renditen beider Alternativen wegen der unterschiedlichen Ertragserwartungen jedenfalls nicht differieren können.

Daneben gibt es noch eine Reihe anderer Argumente für die fehlenden systematischen Erfolge mit Market-Timing, darunter die impulsartige Entwicklung der Märkte. Beispiel: In den 13 Jahren von Juni 1982 bis Juni 1995 (rund 3250 Börsentage) zeigte der amerikanische S&P 500-Index eine jährliche Durchschnittsrendite von 14,2 Prozent. Lässt man jedoch nur die besten zehn Tage unberücksichtigt (also kaum 0,31 Prozent dieses Zeitraums), sackt die Rendite bereits auf auf 9,9 Prozent ab, Ein erstaunlicher Rückgang um 30 Prozent, das heißt, an nur 0,3 Prozent aller Börsentage wurden 30 Prozent der Gesamtrendite erwirtschaftet! Da Market-Timer aber ständig aus den Aktienmärkten ein- und aussteigen und oft nicht voll investiert sind, verpassen sie einige oder sogar die meisten dieser entscheidenden Tage.

Unter den Hunderten von Untersuchungen zu Market-Timing wollen wir hier nur eine einzige herausheben: Der amerikanische Finanzwissenschaftler Mark Hulbert analysierte die Performance 32 amerikanischer Market-Timing-Investment-Newsletters über den Zehn-Jahres-Zeitraum 1988 bis 1997. Ergebnis: Kein einziges der 32 Portfolios schlug den S&P 500-Index (*Business Week*, 9.3.1998). Die wirklichen Experten sind sich jedenfalls einig: »Market-Timing: Die Wahrheit? Niemand schafft es. Finanzökonomen haben dieses Thema zu Tode untersucht, und die Antwort ist stets die gleiche: Es gibt keinerlei wissenschaftliche Evidenz, dass irgendjemand – unter Berücksichtigung von Transaktionskosten – ausreichend zuverlässig und profitabel Market-Timing praktizieren kann« (Richard Evans, Autor von *The Index Fund Solution*).

Weitere bekannte Strategien   Auf folgende Strategien können wir aus Platzgründen nicht weiter eingehen: antizyklisches Investieren, Investieren mithilfe neuronaler Netzwerke auf der Basis von in historischen Daten gefundener Marktanomalien (wie bei der technischen Analyse fehlt hier auch eine kausale, sachlogische Begründung für die getroffenen Anlageentscheidungen), die Dividendenrenditestrategie, die Dogs-of-the-Dow-Strategie, so genannte Insider-orientierte Strategien (Käufe und Verkäufe aufgrund von Aktiengeschäften der leitenden Firmenangestellten), Behavioral-Finance-basierte Ansätze und vieles mehr. Day-Trading ist im Allgemeinen eine Form von Market-Timing, vermischt mit Elementen der technischen Analyse, insbesondere des Momentum-Investing. Neben diesen mit viel fachsprachlichem Beiwerk daherkommenden aktiven Anlagestrategien existieren noch Scheinstrategien wie das Investieren in die Sieger von Fonds-Rankings (*league table investing, track record investing*), »Guru-Investing« (das Investieren in Fonds, deren Manager ein bestimmtes Renommee besitzt) oder Fonds-Picking durch professionelle Portfolio-Manager (etwa in Form von Dachfonds). Das Investieren in die Sieger von Fonds-Rankings versagt deswegen, weil, wie wir bereits aus Abschnitt 5.6 wissen, historische Rendite bei Berücksichtigung der Transaktionskosten keinerlei ausbeutbare Prognosekraft für die zukünftige Rendite eines Investments besitzt. Guru-Investing funktioniert ebenfalls nicht, aus denselben Gründen, die auch einen Erfolg der konkreten Anlagestrategie des »Gurus« verhindern (siehe Abschnitt 5.9).

Schließlich ist noch die »naive Growth-Aktien-Strategie« zu nennen. Mit dieser Bezeichnung könnte man eine bei vielen Privatanlegern sehr beliebte Variante des traditionellen Stock-Pickings versehen: Sie folgen einfach den Aktientipps eines mehr oder weniger vom Zufall bestimmten, zusammengewürfelten Kreises so genannter Experten. Zu dieser illustren Gruppe zählen die Autoren von Investmentartikeln in Tageszeitungen und Anlegerzeitschriften, die Träger von Werbebotschaften im Zusammenhang mit Börsengängen (Manfred Krug, Thomas Gottschalk), der Kundenbetreuer bei der Hausbank, Arbeitskollegen, Freunde, Teilnehmer in Internet-Chatrooms und viele andere mehr. Den Empfehlungen eines solchen Sammelsuriums von »Fachleuten« zu folgen ist vergleichbar mit dem Verhalten eines Todkranken, der – nachdem er von drei Ärzten drei verschiedene Therapievorschläge erhalten hat – alle drei Therapien gleichzeitig anwendet.

Doch die schlechteste aller möglichen Strategien ist vermutlich die unter Kleinanlegern am meisten verbreitete, nämlich ein unsystematisches Potpourri aus mehreren der zuvor genannten Einzelstrategien.

Die einzige aktive Strategie, für die man oberflächlich betrachtet von Erfolgsbelegen sprechen kann, ist Value-Investing, also das Investieren in »billige« Value-Aktien – Aktien krisengeschüttelter Unternehmen mit angeblich schwacher Nachfrage oder Aktien aus Branchen, die als überlebt und unattraktiv gelten und denen man folglich kein Wachstumspotenzial mehr attestiert. Bei genauerer Betrachtung verflüchtigt sich jedoch auch dieser Scheinerfolg, denn die Überrendite vieler Value-Anleger geht letztlich auf das gegenüber dem Gesamtmarkt höhere Risiko der Value-Aktien zurück. Zudem verschwindet die Überrendite der meisten Value-Anleger ebenfalls, wenn man sie – statt an einem allgemeinen Marktindex – an einem Value-Index misst und dabei Kosten und Risiko berücksichtigt. Den Hintergrund des durchaus interessanten Value-Investing-Ansatzes haben wir in Abschnitt 5.5 kennen gelernt. Wie bereits erwähnt, wird man für all diese aktiven Anlagestrategien langfristige, methodisch sauber ermittelte Erfolgsbelege, die den eingangs genannten vier Kriterien standhalten, vergeblich suchen.

Warum – so muss man sich angesichts dieser katastrophalen Leistungsbilanz der aktiven Anlagestrategien fragen – werden sie dann weiterhin in einem buchstäblichen Trommelfeuer der Medien weltweit und tagtäglich neu propagiert? Antwort: Nicht deswegen, weil diese Strategien funktionieren, sondern weil diejenigen, die sie propagieren, von der Anwendung der Strategien durch Anleger profitieren. Aktive Strategien motivieren den Anleger zu mehr oder weniger intensivem laufendem Trading mit Einzelaktien beziehungsweise zum Switchen zwischen einzelnen Investmentfonds. Dadurch entstehen für Banken und Fondsgesellschaften beträchtliche Provisionen, die zu deren bevorzugten, weil risikolosen Haupteinnahmequellen gehören. Diese Feststellung ist gelegentlich sogar in der seriösen Wirtschaftspresse zu lesen: »Das Problem ist so alt wie der Wertpapierhandel: Broker und Banker haben einen starken Anreiz, Kunden zum Traden zu bewegen, selbst wenn es im Interesse des Kunden wäre, nichts zu tun« (*Business Week*, 14. 8. 1997).

Ungeachtet all dessen ist unbestreitbar, dass es eine Anlagestrategie geben könnte oder irgendwann in der Zukunft geben wird, mit der man konsistent Überrenditen erzielen kann. In der Tat wurden in der Vergangenheit immer wieder einfache oder komplexere Strategien bekannt, die genau das leisteten (wenngleich die empirischen Belege für diese Erfolge oft genug recht dünn waren). Sobald diese Strategien aber bekannt wurden, verpuffte ihre Wirksamkeit. Verständlich, denn solche Strategien müssen notwendigerweise auf Marktanomalien beruhen. Wenn nun jemand sozusagen mit dem Finger auf diese Anomalien deutet, indem er sie laufend mit Gewinn ausbeutet, wird die ganze Anlegergemeinschaft darauf aufmerksam, und alle versuchen sich an diesen Erfolg anzuhängen. Damit treibt die Masse der Anleger den Preis für diese Investmentchance nach oben, und die Strategie verliert ihre Wirkung. Dieses blitzschnelle »Wegarbitrieren«, man könnte auch sagen: Selbstzerstören von Gelegenheiten zur Erzielung von Überrenditen ist ein Hauptmerkmal effizienter Märkte, zu denen die Wertpapiermärkte zweifellos gehören.

Und die Moral von der Geschicht'?

▸ Jeder Entdecker einer Erfolgsstrategie muss diese strengstens geheim halten, denn mit ihr wäre leicht ein märchenhaftes Vermögen zu verdienen – aber eben nur, solange sie im Markt nicht bekannt ist. Wenn es also solche Strategien gibt, werden wir dies notwendigerweise nie erfahren. Sollten sie jedoch bekannt werden, werden die Strategien umgehend nicht mehr funktionieren. Das ist Fluch und Segen eines effizienten Marktes. Aktive Anlagestrategien, wenn sie denn jemals funktionierten, haben durch öffentliche Bekanntmachung ihre »Zauberkraft« längst verloren und eignen sich deshalb nur noch zur Resteverwertung in der Finanzratgeberliteratur, den Medien oder im Internet.

▸ Die einzige Anlagestrategie, die zuverlässig funktioniert und dabei noch erstaunlich simpel ist, heißt passives, Low-Cost-, Buy-and-Hold-Investieren mithilfe von Indexanlagen. Auf diese einfache Anlagestrategie gehen wir in Kapitel 7 näher ein.

Die hier präsentierten, durchaus nicht neuen Erkenntnisse überzeugten schließlich sogar Benjamin Graham, Begründer der Fundamentalanalyse und zugleich Autor des meistverkauften Investmentratgeberbuches der Welt. In einem Interview kurz vor seinem Tode im Jahre 1976 sagte Graham: »Ich bin nicht länger ein Befürworter komplexer Techniken der Wertpapieranalyse zur Identifikation von Gewinnchancen. Dieses war vielleicht vor 40 Jahren noch eine lohnende Aktivität, als mein Buch [über Fundamentalanalyse] erstmalig publiziert wurde. Doch die Umstände haben sich verändert … Heute bezweifle ich, ob die dadurch mögliche Mehrrendite ihre Kosten noch rechtfertigt … Ich stehe jetzt auf der Seite der Efficient-Market-Schule.«

6.2 Den Markt schlagen zu wollen ist keinen Versuch wert

»Während der vergangenen 25 Jahre haben Ökonomen
Hunderte von Studien zur Frage der Kapitalmarkteffizienz
veröffentlicht; zu den Effekten von Mergern, Produkt-
einführungen, F&E-Ankündigungen, Vorstandswechseln, zu
praktisch allem, was Investmentexperten über einzelne
Aktien jemals äußerten. Das einheitliche Ergebnis dieser Studien
lautet: Anleger können den Markt nicht schlagen.
Beim Versuch dazu machen sie nicht sich, sondern ihren
Stockbroker reich.«

The Economist, das wohl renommierteste Finanzmagazin weltweit

Im vorhergehenden Abschnitt haben wir gezeigt, dass für keine einzige aktive Anlagestrategie unstrittige Funktionsbeweise vorliegen. Manch ein Anleger mag nun einwenden: Wenn es denn tatsächlich keine sichere aktive Anlagestrategie gibt, warum sollte man dann nicht – den persönlichen Neigungen folgend – irgendeine aus der Vielzahl der vorschlagenen Strategien auswählen, und es mit dieser probieren? Im schlechtesten Fall werde die Strategie eben nicht funktionieren, aber einen Versuch sei es doch immerhin wert. Leider handelt es sich hier um eine verhängnisvolle Fehleinschätzung.

Der Versuch, den Markt schlagen zu wollen, ist nicht kostenlos – genauso wie die Teilnahme an einer Lotterie nicht kostenlos ist. Auch dort gilt: Je weiter sie ihre theoretische Gewinnchance nach oben schrauben wollen, desto mehr Lose müssen Sie kaufen und desto höher ist ihr möglicher (und auch wahrscheinlicher) Verlust. Risiko und Rendite sind positiv korreliert. Das ist das eherne Gesetz des Kapitalmarktes, ja eigentlich des Lebens schlechthin. Keine einzige Gewinnchance an der Börse ist gratis und risikolos zu haben. Jede aktive Anlagestrategie, also jeder Versuch, den Markt schlagen zu wollen, verursacht bewiesenermaßen (a) höhere Risiken (Wertschwankungen, Verlustgefahren) bezogen auf ein gegebenes, statistisch zu erwartendes Renditeniveau sowie (b) höhere Kosten, als dies bei einer Entscheidung für ein optimal diversifiziertes Low-Cost-, Buy-and-Hold-Portfolio der Fall wäre.

Höhere Risiken entstehen deshalb, weil jede aktive Strategie in gewissem Umfang auf Konzentration (statt Diversifikation) setzt und setzen muss. Den Markt, also den Marktdurchschnitt, kann nur schlagen, wer nicht in den gesamten Markt, sondern nur in einzelne Wertpapiere oder Teilbereiche des Marktes investiert, also bewusst auf mögliche Diversifikation verzichtet. Ferner enthalten alle aktiven Strategien ein »Trading-Element«, das heißt, sie zielen darauf ab, bei Vorliegen bestimmter Bedingungen billig einzukaufen, dann teurer zu verkaufen[35], um dieses Prozedere anschließend zu wiederholen. Traden kostet jedoch Geld. Je nach Trading-Intensität liegen die dadurch verursachten Kosten für aktive Privatanleger zwischen 2 und 10 Prozent des Portfoliowertes im Jahr, der Durchschnitt etwa bei 3 Prozent – gleich ob sie in Einzelwerten oder Fonds anlegen. Welche dramatischen Auswirkungen diese nur scheinbar geringen Nebenkosten des Investierens auf die langfristige Rendite haben, zumal verglichen mit der möglichen Kostenbelastung von nur etwa 0,5 Prozent p. a., haben wir in Abschnitt 5.1 bereits gezeigt.

Dass die hohen Verlustrisiken bei dem Versuch, den Markt schlagen zu wollen, nicht rein theoretischer Natur sind, zeigen die insgesamt enttäuschenden Nettorenditen von Aktienanlegern und Investmentfonds. Interessant ist in diesem Zusammenhang, dass die größten und professionellsten Anleger der Welt, Banken, Versicherungen und staatliche Pensionskassen, in kein anderes Anlagevehikel mehr investieren als in supersichere, staatliche Kurzfristanleihen, die langfristig eine eher bescheidene Bruttorendite von knapp 5 Prozent erbringen. Diese Genügsamkeit ist kein Zufall und dürfte kaum mit mangelndem Know-how oder Bequemlichkeit zusammenhängen. Erfreulicherweise ist es – wie wir in Kapitel 7 näher erläutern werden – dennoch möglich, bei vertretbarem Risiko eine langfristige Nettorendite von gut 11 Prozent zu erzielen, vorausgesetzt, man akzeptiert die einfachen Gesetze des Verliererspiels und handelt danach.

6.3 Mit aktivem Trading lässt sich eine Buy-and-Hold-Strategie nicht übertreffen

> »Wissen Sie, was langfristig orientiertes Investieren
> bei gleichzeitiger Beachtung der täglichen Marktnachrichten
> bedeutet? Das ist wie ein Mann, der einen hohen Berg
> hinaufgeht, dabei ein Jo-Jo in der Hand hält und nur auf das
> hüpfende Jo-Jo blickt, statt auf den Berg.«
>
> *Alan Abelson*, Portfoliomanager

Das Eingangszitat bringt es bildhaft auf den Punkt: Eine einfache Buy-and-Hold-Strategie (kaufen und halten) ist einer Strategie des intensiven Tradens (kaufen und verkaufen) in der überwältigenden Mehrzahl aller Fälle überlegen. Das gilt sowohl für Anlagen in einzelne Wertpapiere als auch für Fondsinvestments. Im Folgenden stellen wir dazu die Ergebnisse einiger Studien des bereits zitierten Finanzwissenschaftlers Terrance Odean und anderer Wissenschaftler vor, die den renditesenkenden Nettoeffekt intensiven Tradens und die daraus folgende Überlegenheit eines simplen Buy-and-Hold-Ansatzes belegen. Alle Studien sind im Literaturverzeichnis aufgeführt. Seriöse Untersuchungen, welche Überrenditen durch intensives Traden nach Berücksichtigung von Kosten und Risiko für Privatanleger nachweisen konnten, existieren nicht.

▸ Odean zeigte in einer Analyse von 60 000 Depots privater Anleger über den Zeitraum von 1991 bis 1996, dass deren jährliche Nettorendite um 1,8 Prozentpunkte unter dem Marktindex lag (ohne Berücksichtigung des zudem höheren Risikos). Das Quintil (die 20-Prozent-Gruppe) der intensivsten Trader unter diesen 60 000 Anlegern schnitt sogar um 5,8 Prozentpunkte schlechter als der Index ab.

▸ Eine andere Studie von Odean demonstrierte, dass die von Privatanlegern gekauften Aktien gegenüber den gleichzeitig oder nahezu gleichzeitig verkauften Aktien um durchschnittlich brutto 0,6 Prozentpunkte schwächer rentierten. Hierbei wurden Transaktionskosten von bis zu 1 Prozent pro Kauf oder Verkauf und das amerikanische Äquivalent der deutschen Spekulationssteuer sogar ignoriert.

▸ Die amerikanischen Ökonomen Lakonishok, Shleifer und Vishny wiesen nach, dass der durchschnittliche einzelne Wertpapier-Trade amerikanischer Pensionsfonds im Jahre 1988 über die folgenden drei Jahre die Fondsnettorendite um einmalig 0,78 Prozent reduzierte. Amerikanische Pensionsfonds sind die weltweit größten Aktieninvestoren.

▸ Eine Analyse rund 80 000 institutioneller Trades von Anlagegesellschaften durch die amerikanische Beratungsfirma Plexus-Group ergab, dass der durchschnittliche Aktienkauf die kurzfristige Rendite eines Fonds um 0,67 Prozent erhöhte, der durchschnittliche Verkauf sie jedoch um 1,08 Prozent reduzierte.

▸ In den 16 Jahren von 1982 bis 1997 erzielten amerikanische Blue-Chip-Aktienfonds eine Rendite von knapp über 15 Prozent p. a. Gleichzeitig erreichten die privaten Fondsanleger eine Rendite von nur knapp 10 Prozent p. a. Warum? Antwort: Durch häufigen Fondswechsel und die damit verbundenen Kosten büßten die Anleger durchschnittlich ein volles Drittel der mittleren Fondsnettorendite ein. Dieses Drittel verblieb bei den Banken, Brokern und Fondsgesellschaften.

Die Erklärung für diese enttäuschende Bilanz kennen wir bereits: Die Wertpapiermärkte sind schlicht zu effizient, als dass irgendjemand – Profi oder Amateur – laufend überdurchschnittlich profitable Kauf- oder Verkaufsgelegenheiten ausfindig machen könnte, die sich auch dann noch rechnen, wenn man die damit verbundenen Kosten und das erhöhte Risiko berücksichtigt. Kein Wunder deshalb, dass der erfolgreichste lebende Finanzinvestor, Warren Buffett, ein radikaler Buy-and-Hold-Investor ist. Die durchschnittliche Halteperiode der in seinem geschlossenen Fonds »Berkshire-Hathaway« gehaltenen Aktien betrug laut einer Pressemeldung von 1997 über 17 Jahre.

Übrigens bildet auch Day-Trading – die extremste Form des aktiven Portfoliomanagements, bei der Wertpapiere durchschnittlich weniger als einen Tag gehalten werden – keine Ausnahme zu unserer Regel. Inzwischen haben mehrere Studien nachgewiesen, dass der durchschnittliche Day-Trader den Markt nicht zu schlagen vermag und die Outperformer von Halbjahr zu Halbjahr wechseln. Es ist darüber hinaus bezeichnend, dass Day-Trading im Verlauf des letzten großen Kurssturzes der Weltbörsen von März 2000 bis Mitte August 2001 weitgehend von der Bildfläche verschwand.

Day-Trader und andere aktive Anleger brüsten sich oft mit hohen kurzfristigen Renditen, etwa: »Im ersten Jahr ist es mir gelungen, 40 Prozent Gewinn zu erzielen!« Ein Anleger sollte aber in erster Linie seine realisierte Rendite über den Gesamtzeitraum seines Investments beurteilen. Die verbreitete Fixierung auf Teilperioden ist zumeist unsinnig und irreführend. Ein Anleger, der im ersten Jahr 1000 Euro investiert, dabei 40 Prozent Rendite erzielt und im zweiten Jahr davon wieder 20 Prozent verliert, hat am Ende nur 120 Euro dazugewonnen – das sind 12 Prozent über zwei Jahre oder 5,83 Prozent pro Jahr (geometrischer Durchschnitt). Investieren ist ein Marathonlauf. Es zählt nicht, wer von Kilometer 15,0 bis Kilometer 15,5 der Schnellste war, sondern in welcher Reihenfolge der Zieleinlauf stattfindet. Sofern überhaupt Messungen vor dem Zieleinlauf erfolgen, sind sie nur wichtig, wenn schon mindestens 25 Kilometer gelaufen wurden, um in diesem Bild zu verbleiben.

6.4 Mit »Zukunftsbranchen« kann man den Markt nicht outperformen

> »Die Telekom ist unterbewertet.«
> Börsenexperte *Gerhard Schröder* im Juli 1999.
> Börsenkurs der Telekom zu diesem Zeitpunkt: 41 Euro,
> Kurs im März 2000: 103 Euro, Kurs im Juli 2001:
> 25 Euro. Rendite: –22 % p. a.

Eine oft zu vernehmende Investmenttheorie lautet folgendermaßen: Es ist offensichtlich, dass High-Tech-, Telekommunikations- und Biotechnologieunternehmen in der Zukunft schneller expandieren und höhere Gewinnzuwachsraten als die restliche Wirtschaft verzeichnen werden. Daher sollten Anleger diese Sektoren in ihrem Portfolio übergewichten.

Leider ist diese Argumentation, die zur Übergewichtung schnell wachsender Sektoren rät, schlicht falsch. Wenn überhaupt, dann wäre gemessen an der Marktkapitalisierung des Technologie-Sektors eine Untergewichtung sinnvoll – denn die »Zukunftsbranchen« rentieren langfristig eher schlechter als der restliche Aktienmarkt.

Marktkapitalisierung

Auch »Börsenwert« oder »Börsenkapitalisierung« genannt; entspricht dem Aktienkurs multipliziert mit der Anzahl der ausgegebenen Aktien. Die Marktkapitalisierung ist also der aktuelle Marktwert des Gesamtunternehmens, das heißt der Marktwert seines Eigenkapitals. Man kann die Marktkapitalisierung auch für ganze Märkte berechnen. Die naturgemäß schwankende Marktkapitalisierung des Weltaktienmarktes liegt in der Größenordnung von 35 Billionen (35000 Milliarden) Dollar.

Warum? Die Antwort auf diese Frage haben wir bereits in Abschnitt 5.5 kennen gelernt: Die Erwartung eines höheren Umsatz- und Gewinnwachstums ist in den Preisen der Growth-Aktien bereits enthalten. Das lässt sich an ihrem überdurchschnittlich hohen Preis-Buchwert- oder Kurs-Gewinn-Verhältnis ablesen. Für den möglicherweise höheren Cashflow in der Zukunft muss der Aktienkäufer also entsprechend mehr bezahlen. Auf diese Weise kann keine Outperformance entstehen. Nur wenn der Markt dieses höhere Wachstumspotenzial nicht erkennen würde, wäre eine Outperformance möglich. Die Unplausibilität dieser Annahme ist mit Händen zu greifen.

Hinzu kommt ein weiteres Argument: Im Kapitalismus bringt innovative Technologie ihren Erfindern vermutlich nicht wesentlich mehr Nutzen als allen anderen Unternehmen. Die Vorteile neuer Technologien sickern einfach zu schnell durch die ganze Volkswirtschaft – dafür sorgt auf geniale Weise der Wettbewerb. Der Finanzwissenschaftler Larry Swedroe führt dafür folgendes Beispiel an: Einer der wichtigsten Gründe für das phänomenale Wachstum des amerikanischen Wal-Mart-Konzerns – inzwischen der größte Einzelhändler der Welt – war die Einführung eines innovativen computergesteuerten Lagerhaltungssystems. In den vergangenen 25 Jahren hat die »langweilige« Einzelhandelsaktie Wal-Mart den legendären High-Tech-Wert und weltgrößten Chip-Hersteller Intel deutlich outperformt. Nach den Überzeugungen der begeisterten Technologiewerte-Investoren hätte das nicht passieren dürfen. (Swedroe, 2001, S. 179)

Tatsache ist: Sowohl bei Neben- als auch bei Standardwerten rentieren Value-Aktien, also Werte aus Branchen mit geringem oder sogar negativem Wachstum, auf lange Sicht durchschnittlich besser als Growth-Aktien aus den schnell wachsenden Lieblingsbranchen von Fondsmanagern, Finanzmedien und Privatanlegern. Das ist weder Zufall noch Marktanomalie, sondern Konsequenz des höheren Risikos von Value-Aktien.

Der Renditevorteil von Value-Werten lässt sich anhand der Entwicklung der beiden größten amerikanischen Börsen illustrieren, der New York Stock Exchange (NYSE) und der Technologiebörse Nasdaq (Tabelle 16). Die 1972 etablierte Nasdaq besteht zu etwa 77 Prozent aus Technologie- und Telekommunikationswerten, die weit ältere NYSE nur zu 24 Prozent (eine Aktie kann nicht an beiden Börsen gleichzeitig notiert sein).

Tabelle 16: Renditevorsprung der NYSE-Aktien vor den Nasdaq-Aktien im Zeitablauf

Zeitraum	Durchschnittl. Renditevorsprung der NYSE-Aktien in Prozentpunkten
01/1972 – 12/2000 (29 Jahre)	+1,8 % p. a.
01/1982 – 12/2000 (19 Jahre)	+2,2 % p. a.
01/1992 – 12/2000 (9 Jahre)	−0,3 % p. a.
01/1998 – 12/2000 (3 Jahre)	+2,1 % p. a.

Quelle: John C. Bogle, A Tale of Two Markets, 2001

Hätte ein in NYSE-Werte, also überwiegend in »alte« Branchen investierter Anleger bei Etablierung der Nasdaq im Jahre 1972 sein Depot vollständig in dynamisch wachsende Nasdaq-Werte getauscht, wie es einige Apologeten der Technologiewerte empfahlen, hätte er damit rund 40 Prozent (!) seines bis Ende 2000 an der NYSE erzielbaren Wertzuwachses verschenkt. Recht drastisch hat das der berühmte amerikanische Finanzwissenschaftler und Bestsellerautor Jeremy Siegel ausgedrückt: »Large-Cap-Technologieaktien sind eine Idiotenwette.«

In »Zukunftsbranchen« finden besonders viele Neuemissionen statt. Viele Anleger nehmen an, dass man mit einer Beteiligung an solchen Börsengängen besonders gutes Geld verdienen kann. Ob diese Annahme zutrifft, untersuchen wir im folgenden Abschnitt.

6.5 Mit Neuemissionen (IPOs) ist kein Geld zu verdienen

> »Ein weiterer Mythos, den man dringend aufklären muss,
> besteht darin, dass IPOs besonders gute Investments seien.«
> *Larry Swedroe*

Ohne auf die Details von Neuemissionen (*initial public offerings*, IPOs) im Einzelnen einzugehen, kann man uneingeschränkt feststellen: IPOs sind für Privatanleger insgesamt ein miserables Geschäft. Diese Aussage gilt ohne Wenn und Aber. Hier nur ein kleine Auswahl aus den vielen Forschungsstudien, die zu diesem Thema in den USA angestellt wurden (diese Ergebnisse sind uneingeschränkt auf den westeuropäischen Markt übertragbar):

▸ Die 1006 größten amerikanischen IPOs von 1988 bis 1993 performten durchschnittlich um 30 Prozent schlechter als der amerikanische Nebenwerteindex Russell-3000. 46 Prozent dieser IPOs wiesen gar eine negative Dreijahresrendite auf (Swedroe, 2001, S. 343).

▸ Eine Studie, die den Zeitraum von 1988 bis 1995 abdeckt, zeigt, dass die »heißen« IPOs (jene IPOs, die am Tag des Börsengangs um mindestens 60 Prozent nach oben schossen) gleichzeitig die *schlechtesten* Performer über den gesamten Siebenjahreszeitraum waren (*Journal of Finance*, Juni 1999).

▶ Annähernd 74 Prozent aller amerikanischen IPOs zwischen Mitte 1995 und Ende 1999 notierten im Februar 2000 unter ihrem Emissionspreis (*The Economist*, 26.2.2000).

▶ Die 146 amerikanischen IPOs im ersten Quartal 2000 erlebten am ersten Handelstag einen durchschnittlichen Kursanstieg von 98 Prozent. Bereits am 6. April 2000 notierten 130 dieser IPOs wieder unter ihrem Eröffnungskurs, 44 von ihnen sogar unter ihrem Emissionskurs (Swedroe, 2001, S. 344).

Die einzigen Investoren, die an IPOs zu verdienen scheinen, sind die großen institutionellen Anleger, denen die umfangreichsten Aktienpakete zugeteilt werden – die also zum Angebotskurs kaufen können, nicht zu dem meist höheren Eröffnungskurs. Dagegen sind für Privatanleger in der Regel nur kleine Kontingente der gesamten Platzierung reserviert. Diese Anleger müssen die IPO-Aktien dann zum höheren Eröffnungskurs über die Börse erwerben.

Mitte 2001 begannen übrigens mehrere Börsenaufsichtsbehörden, die Geschäftspraktiken einiger großer Investmentbanken bei der Begleitung von IPOs zu überprüfen, weil bei diesen Banken ganz offensichtlich Interessenkonflikte bestehen, die regelmäßig zu einem zu niedrigen Emissionspreis führen. Wenn dann zugleich die größten Aktienpakete an befreundete Banken gehen, bleibt naturgemäß der größte Teil der ohnehin überschätzten IPO-Kursgewinne bei diesen institutionellen Anlegern hängen.[35] Eine der größten Investmenbanken, CSFB Credit Suisse First Boston, entließ im Juli 2001 ihren Vorstandsvorsitzenden wegen solcher (legaler) Praktiken. Im Februar 2002 leitete die Generalstaatsanwaltschaft des Staates New York eine zum Zeitpunkt des Redaktionsschlusses dieses Buches noch andauernde Untersuchung gegen den weltweit größten Aktien-Broker Merrill Lynch ein. Die Bank hatte in den Jahren zuvor regelmäßig öffentliche Kaufempfehlungen für IPO-Werte des eigenen Hauses abgegeben, obwohl Merrill-Analysten intern dokumentiert hatten, dass es sich dabei um »Schrott« und »Underperformer« handelte. Diese Bedenken wurden jedoch ignoriert, weil Merrill an den betreffenden Börsengängen mehrere hundert Millionen Dollar verdiente. Möglicherweise werden hier neue Vorschriften erlassen werden.

Letztlich bedarf es aber keiner neuen Regeln der Aufsichtsbehörden, die – wie so oft – mehr schaden als nutzen würden. Benötigt werden stattdessen aufgeklärte, rational handelnde Privatanleger, die sich – wenn überhaupt –

an einem IPO nur in dem Maße beteiligen, wie sie Aktien zum Ausgabekurs erhalten, nicht aber zum höheren Eröffnungskurs. Doch leider lassen sich viele allzu gierige Anleger schwerlich von Argumenten, sondern nur durch bittere Verluste überzeugen. Manchmal weiß es der Volksmund am besten: Wer nicht hören will, muss fühlen.

6.6 Langfristig sind mehr als 12 Prozent Bruttorendite bei vertretbarem Risiko nicht erreichbar

> »Auch wenn 50 Millionen Leute eine Dummheit wiederholen,
> ist es noch immer eine Dummheit.«
> *Anatole France, 1844–1924, Literaturnobelpreisträger*

Beschäftigen wir uns nun mit einer etwas grundsätzlicheren Frage: Wie viel Rendite kann man realistischerweise von einem Aktien- oder Aktienfondsdepot erwarten? In dieser Hinsicht hat Investmentpornografie besonders viele verhängnisvolle Missverständnisse verursacht.

Die langfristige durchschnittliche Bruttorendite eines reinen, breit diversifizierten Aktienportfolios liegt bei 11 bis 12 Prozent p. a.; sofern risikosenkende Geldmarktanlagen oder Staatsanleihen beigemischt sind, entsprechend niedriger. Nach den in diesem Jahrhundert fast einmaligen Traumrenditen der Jahre 1996 bis 1999 glauben immer noch viele Anleger, Gewinne von 25 Prozent pro Jahr und mehr seien für Aktienanlagen normal. Auch das Platzen der »Internet-Blase« ab März 2000 hat diesen Irrglauben noch nicht völlig ausgeräumt. Eine präzisere Angabe als brutto 12 Prozent p. a. kommt gefährlicher Scheingenauigkeit gleich, weil diese Zahl je nach Zeitraum, Region und untersuchtem Marktausschnitt erstaunlich stark schwankt. Darüber hinaus geht es ja um die Zukunft, nicht die Vergangenheit, und beides ist ohnehin nicht identisch. Mit anderen Worten, man könnte mit gutem Recht auch eine etwas höhere oder niedrigere Richtgröße als 12 Prozent p. a. nennen. Ein gewisses Gefühl für diese beträchtliche Bandbreite vermittelt Tabelle 17, die sich auf die Renditen von Standardwerten (Blue-Chips) bezieht.

Von den in der Tabelle angegebenen Bruttorenditen müssen Anleger noch eine Kostenbelastung von mindestens 1 Prozent abziehen, um auf eine tatsächlich realisierbare Nettorendite zu kommen. Die Mehrzahl der Privatan-

Tabelle 17: Langfristige jährliche Bruttorenditen der wichtigsten Aktienmärkte, 1970–2000 (in lokaler Währung)

MSCI World Index (Industrieländer + Hongkong, Singapur)	Nordamerika (S&P 500)	Japan (MSCI Japan)	Deutschland (MSCI Dt.)	Hongkong (MSCI HK)	Schwellenländer global (MSCI Emerg. Mkts. All)
11,4 %	12,8 %	5,5 %	9,1 %	16,2 %	11,8 % (seit 1988)

leger freilich realisiert aufgrund häufigen, letztlich nutzlosen Tradens eine Kostenbelastung von 2 bis 3 Prozent und damit eine entsprechend niedrigere Nettorendite.

Diese langfristigen Durchschnittsrenditen lassen sich nur durch das Eingehen zusätzlicher Risiken erhöhen, in erster Linie durch bewussten Verzicht auf risikosenkende Diversifikation. Es können beispielsweise folgende »Hebel« eingesetzt werden:

▸ Schwerpunktmäßiges Investieren in riskantere Aktienmarktsegmente wie zum Beispiel Kleinunternehmen, Start-up-Unternehmen (Neuer Markt), Value-Unternehmen, Unternehmen aus Schwellenländern oder aus stark konjunkturabhängigen Branchen,

▸ Beimischen hoher Anteile an besonders risikoreichen Investments wie Optionen, Hedge-Fonds-Anteile, Venture-Kapitalanlagen, Hochzinsanleihen von Krisenunternehmen oder Schwellenländern mit geringer Bonität und hoher Inflation, wie etwa Russland,

▸ so genanntes *Leveraging*, das heißt die teilweise Finanzierung eines Aktienportfolios über Kredit,[37]

▸ Leerverkäufe (siehe Glossar), neudeutsch *Short-Selling*, kann sowohl zur Risikosenkung eingesetzt werden (sogenanntes *Hedging*, bei dem aber auch die erwartete Rendite zurückgeht) als auch zur Rendite- und Risikoerhöhung (dann wirkt es ähnlich wie Leveraging).

Man kann es nicht genug unterstreichen: Jeder dieser Ansätze zur Erhöhung der erwarteten Rendite verstärkt die Schwankungsintensität eines Portfolios und damit auch das Verlustrisiko. Auf gut Neudeutsch: »There is no free lunch.« Das eherne Gesetz der Ökonomie lässt sich nicht umgehen. Wer mehr Ertrag als ein normaler Aktienanleger anstrebt, muss dafür in Form eines höheren Risikos bezahlen. Wann immer daher irgendwo höhere Renditen als 10–14 Prozent p. a. offeriert werden, verbirgt sich dahinter entweder ein (in der Regel nicht offen gelegtes) zusätzliches Risiko, Betrug oder schlicht heiße Luft. Andere Erklärungen für derartige Angebote gibt es nicht.[38] Wer Wertpapieranlagen anbietet und behauptet, mit diesen lasse sich bei geringem bis mittlerem Risiko dauerhaft mehr Rendite als diese Bandbreite erzielen, ist ein Scharlatan.

Ein bekannter deutscher Finanzbuchautor animiert seine Leserschaft dazu, mit Fonds ihr Vermögen innerhalb von vier Jahren zu verdoppeln. Ein wenig Nachrechnen lässt uns jedoch zu folgender Einsicht gelangen: Um ein Investment in den versprochenen 48 Monaten zu verdoppeln, muss man vier Jahre lang netto (nach allen Kosten und Steuern) im Durchschnitt 18 Prozent verdienen; das entspricht selbst bei der niedrigsten möglichen Kosten- und Steuerbelastung einer Bruttorendite von mindestens 19–20 Prozent p. a. In Deutschland, Japan und den USA wäre dies in den letzten 30 Jahren jeweils nur dreimal beziehungsweise viermal möglich gewesen (zumeist in sich überschneidenden Zeiträumen). Man erwischt ein derartiges Zeitfenster also mit der nicht allzu hohen Wahrscheinlichkeit von etwa 10 Prozent. Gehört man aber zu dieser statistisch eher kleinen Gruppe der Glückspilze, stellt sich sogleich die Frage, wie man auch künftig 18 Prozent netto im Jahr verdienen kann, um sein Vermögen weiterhin alle vier Jahre zu verdoppeln. In dem besagten Buch findet sich darauf kein Hinweis. Überrascht?

6.7 Einzelanlagen in Aktien sind für Privatanleger ungeeignet

>»Ab und zu kaufe ich auch einzelne Aktien, allerdings
>strikt zum Spaß.«
>*Merton H. Miller*, Wirtschaftsnobelpreisträger

Dieser Abschnitt ist einer weiteren grundlegenden Erkenntnis gewidmet: Investments in Einzelwerte (Aktien, Renten) eignen sich für die wenigsten Privatanleger. Im Grunde gibt es nur ein einziges Argument, das für Einzelinvestments spricht, nämlich dass sie manchen Anlegern mehr Spaß machen. Für viele Menschen sind Geldanlagen nicht nur ein notwendiges Übel im Rahmen der langfristigen Vermögensbildung und Altersvorsorge, sondern ein spannendes Hobby. Da geht es um Geld, um prominente Stars (bekannte Fondsmanager und Börsengurus), um Geheimtipps und Gerüchte, um ökonomische Trends, schnelle Gewinne und Verluste und um Risiko. Mancher braucht diesen Adrenalinstoß, den Investmentfonds und ganz besonders eine passive Anlagestrategie mit Indexanlagen nicht bieten können. Gerade passives Investieren – schon der Name sagt es – ist im Vergleich zu aktivem Anlegen in Einzelwerten dröge und taugt auch nicht für »heiße Storys« in der Firmencafeteria oder bei Cocktailpartys. Doch von diesem durchaus amüsanten Unterhaltungswert-Argument abgesehen, spricht alle ökonomische Vernunft gegen Einzelanlagen durch Privatanleger und alle rationalen Argumente für Anlagen in Investmentfonds (beziehungsweise in Indexfonds, Indexaktien oder Indexzertifikate):

Rendite Kein deutscher Anleger (genau genommen überhaupt niemand) ist auch nur annähernd in der Lage, die etwa 25 000 Einzelaktientitel in den gut 50 nationalen Aktienmärkten der Welt zu überblicken. Die Beschränkung auf deutsche oder europäische Aktien ist somit eine selbst auferlegte, aber dennoch willkürliche und vor allem renditesenkende Beschränkung des Investment-Universums. (Stellen Sie sich vor, Sie würden in Neuseeland leben: Würden Sie dann auch nur in deutsche oder neuseeländische Einzeltitel investieren?) So erreichte der deutsche Aktienmarkt zum Beispiel in den drei Jahrzehnten von 1970 bis 1999 nur ein einziges Mal die höchste Jahresrendite aller 21 entwickelten Aktienmärkte der Welt. Der MSCI-World-Index verzeichnete in diesen 30 Jahren eine durchschnittliche (geometrische) Jahresrendite von 12,9 Prozent, der DAX erreichte dagegen nur 10,7 Prozent. Diesen Renditevorteil internationaler Anlagen, insbesondere auch in den Emerging-Markets, gilt es zu nutzen, was aber für Privatanleger de facto nur mit Fonds möglich ist.

Risiko Auch hier besitzt globale Diversifikation, die letztlich nur mit Investmentfonds (und am leichtesten mit Indexanlagen) zu realisieren ist, einen spürbaren Vorteil gegenüber Einzelanlagen in deutschen oder europäischen Aktien. So wies der DAX von 1970 bis 1999 eine Standardabweichung der Jahresrenditen von 25,3 Prozent auf (die Standardabweichung ist das gängigste Maß für Risiko; je höher sie ist, desto risikoreicher die Anlage). Demgegenüber betrug die Standardabweichung des MSCI-World-Index nur 15,8 Prozent. Das Risiko dieses Index lag somit um über 40 Prozent unter demjenigen des DAX. Dies bedeutet: Mit Investmentfonds kann gegenüber einem rein deutschen oder europäischen Portfolio aus Einzeltiteln die Rendite erhöht und gleichzeitig das Risiko gesenkt werden. Auslandsmärkte weisen also zusammengenommen – entgegen der landläufigen

Meinung – vielfach sogar ein geringeres Risiko als der deutsche Aktienmarkt auf.

Kosten   Viele Anleger beklagen sich zu Recht über die hohen Kosten von
Fondsanlagen in Deutschland. Bei Einzelanlagen scheinen die Anleger aber
viel weniger empfindlich zu sein. Dabei sind – über einen längeren Zeitraum
betrachtet – Fondsanlagen für die große Mehrzahl der Anleger selbst im
Falle überdurchschnittlich teurer Fonds günstiger als Einzelanlagen. Wer es
geschickt angeht, kann in Deutschland selbst bei relativ kleinen Depotvolu-
mina von 5 000 Euro mit kostengünstigen Indexanlagen seine Gesamtkos-
tenbelastungsquote auf jährlich etwa 0,5 Prozent des Anlagevolumens drücken. Mit Einzelanlagen schnellt die Gesamtkostenquote jedoch selbst im
günstigsten Fall auf 1,5 Prozent p. a. hoch. Die Mehrzahl der Einzelwertanleger bringt es auf 3 Prozent und mehr. Unterstellt man eine durchschnittliche
Bruttorendite von 12 Prozent p. a., gibt ein Aktienanleger mit dieser typischen Quote ein Viertel seines Jahresgewinns an die Finanzbranche ab. Welche dramatischen Auswirkungen eine derartige Kostenbelastung wegen des
Zinseszinseffektes langfristig hat, haben wir in Abschnitt 5.1 illustriert.

Professionelle Asset-Allokation ist nur mit Fonds möglich   In Abschnitt 4.10
haben wir gezeigt, dass über 90 Prozent der Rendite eines durchschnittlichen
Portfolios auf seine spezifische Verteilung auf bestimmte Asset-Klassen
zurückgeht und eben gerade nicht – wie viele Anleger glauben – auf die spezifischen Einzelwertpapiere innerhalb der Asset-Klassen. Für einen Privatanleger ist jedoch eine einigermaßen professionelle Asset-Allokation mit vertretbarem Aufwand und ohne Doktortitel in Statistiktheorie nur mithilfe
von Fonds zu verwirklichen.

Geringe Mindestanlagesummen   Bei vielen Fonds sind Einmalanlagen bereits ab Beträgen von 1 000 Euro möglich; in der Form von Fondssparplänen
sogar schon ab 100 Euro und weniger pro Monat. Bei Einzelanlagen liegen
diese Mindestgrenzen – je nach Bank – zum Teil beträchtlich höher.

Bequemlichkeit   Anlagen in Investmentfonds und Indexzertifikate machen
natürlich weitaus weniger Arbeit bei Kauf, Depotverwaltung, Verkauf und
Steuererklärung. Auch das ist ein oft großer Vorteil gegenüber Einzelwertanlagen (der allerdings für die eingangs genannten Anleger, die aus Leidenschaft in Einzeltitel investieren, naturgemäß nicht von Belang ist).

So genannte Volksaktien Dass übrigens Politiker, allen voran Bundeskanzler Schröder, bestimmte Aktien wie die der Deutschen Telekom AG oder Volkswagen bei der breiten Bevölkerung unter der Bezeichnung »Volksaktien« anpreisen, kann man nur als verantwortungslos bezeichnen. Einzelne Aktien sind ganz gewiss keine sinnvolle Vermögensanlage für Millionen Bürger, die von Wertpapieren wenig oder nichts verstehen. Schon die Bezeichnung an sich grenzt an Bauernfängerei. Aber was kann man von »Finanzexperten« erwarten, die das fehlkonstruierte deutsche Rentensystem mit seiner wackeligen Minimalrendite als sicher und »alles in allem gar nicht so schlecht« einstufen?

Nettorendite In einem früheren Abschnitt haben wir dargelegt, das auf die Dauer eine jährliche Nettorendite von mehr als 11 bis 12 Prozent bei vertretbarem Risiko kaum zu übertreffen ist. Manch einem mag das nicht genügen. Was liegt da näher, als sich einem Investmentvehikel zuzuwenden, von dem viele sagen, dass es die höchsten dauerhaften Renditen weltweit liefere: den legendären Hedge-Fonds.

6.8 Hedge-Fonds liefern schlappe Renditen

> »Es liegt in der Natur der nun einmal schlagwortgetriebenen
> Medien, dass oberflächliche Meinungen gründlichen
> Untersuchungen vorgezogen werden.«
> *Robert J. Shiller*, einer der weltweit bekanntesten Finanzökonomen

In jüngster Zeit sind Hedge-Fonds, die viele Anleger gedanklich mit spektakulären Renditen und berühmten Investment-Gurus wie George Soros verbinden, wieder in Mode gekommen. Wir erinnern uns: Im August 1998, als Russland aufgrund von Haushaltsproblemen und Devisenmangel am Rande der Zahlungsunfähigkeit stand, musste der damals weltweit größte Hedge-Fonds Long Term Capital Management faktisch Konkurs anmelden. Wenig später gaben auch die beiden berühmtesten Hedge-Fonds-Manager George Soros und Julian Robertson ihre Fonds auf.

Was sind überhaupt Hedge-Fonds, von denen weltweit mehr als 5 000 existieren? Es handelt sich dabei um Investmentfonds, die mehrere der folgenden Merkmale aufweisen: (a) Sie richten sich nur an sehr vermögende Anleger, die häufig Mindestanlagebeträge von 250 000 Euro oder mehr aufbringen müssen; (b) sie unterliegen nicht den nationalen Aufsichtsbehörden, da die Fonds in unregulierten Jurisdiktionen (»offshore«) angesiedelt sind; (c) da unreguliert, können Hedge-Fonds in praktisch jede Art von Asset, nicht nur in Aktien, investieren, Leerverkäufe tätigen und Wertpapierkäufe in hohem Maße auch kreditfinanzieren (Leveraging); (d) statt wie normale Publikumsinvestmentfonds eine breite Diversifikation anzustreben, verfolgen Hedge-Fonds eine Strategie der Konzentration; (e) die Gebühren von Hedge-Fonds liegen spürbar über dem Niveau eines normalen Fonds, insbesondere erhält das Fondsmanagement eine Erfolgsbeteiligung von zumeist 20 Prozent der Rendite, die eine bestimmte Benchmark-Rendite übersteigt.

Die Renaissance der Hedge-Fonds seit Mitte 2000 hat dazu geführt, dass in Deutschland inzwischen sogar offiziell zugelassene »Hedge-Dachfonds« angeboten werden (siehe Abschnitt 6.13), also normale Investment-Dachfonds, die ihrerseits in echte Hedge-Fonds investieren. Damit sind Hedge-Fonds erstmalig auch für normale Privatanleger mit kleinen Anlagebeträgen zugänglich.

Sind Hedge-Fonds nun tatsächlich ein attraktives Anlagemedium? Die Antwort lautet: nein. Werfen wir einen kurzen Blick auf die ernüchternde Datenlage, die in Medienberichten über Hedge-Fonds so gut wie nie Erwähnung findet:

▸ In einer Studie zu der Rendite von 189 in den USA angebotenen Hedge-Fonds lag diese nach Kosten über den Siebenjahreszeitraum von 1989 bis 1995 im Durchschnitt unter dem S&P 500-Index und wies dabei eine weitaus höhere Volatilität auf (Brown / Goetzmann / Ibbotson).

▸ Eine Untersuchung der Rendite von 2600 Hedge-Fonds (darunter 1500 US-amerikanische) für die Periode von Januar 1993 bis Oktober 1998 ergab, dass diese durchschnittlich nach Kosten 13,4 Prozent p. a. betrug. Der S&P 500-Index erreichte im selben Zeitraum 19,9 Prozent p. a. (*Forbes*, 11. 1. 1999).

▸ Der englische Ökonomieprofessor Harry Kat kommt in einer viel beachteten Untersuchung (siehe Literaturverzeichnis) zu Hedge-Fonds-Renditen zwischen 1990 und 2000 zu zwei ernüchternden Ergebnissen: (a) Hedge-Fonds liefern keine überlegenen Renditen und (b) die veröffentlichten Renditedaten für Hedge-Fonds sind aus methodischen Gründen systematisch überzeichnet.

Larry Swedroe berichtet noch von mehreren anderen Studien mit übereinstimmenden Hauptergebnissen: (a) Bei Berücksichtigung von Kosten und Risiko liegen Hedge-Fonds beständig unter banalen Indexfonds; (b) Hedgefonds korrelieren relativ niedrig mit Aktienfonds und mögen daher einen Diversifikationsvorteil innerhalb eines Anlegerportfolios liefern. (Swedroe, 2001, S. 109 f.)

Die angeblichen Traumrenditen von Hedge-Fonds sind somit ein Mythos. Dieser basiert darauf, dass (1) in der Presse immer nur von den in der Vergangenheit besten Hedge-Fonds berichtet wird, während die vielen schwachen Fonds unerwähnt bleiben, (2) in der Regel Bruttorenditen angegeben werden, die aber nicht aussagekräftig sind, da Hedge-Fonds besonders hohe Kosten aufweisen, und (3) der in dieser Fondskategorie besonders starke »Survivorship-Bias« unberücksichtigt bleibt: Da die meisten Hedge-Fonds wegen mangelhafter Performance nach wenigen Jahren wieder geschlossen werden, weisen einige Jahre später aufgestellte Statistiken eine überhöhte durchschnittliche Rendite aus, denn die inzwischen geschlossenen Fonds (also die schlechtesten) werden in den allermeisten Fällen nicht mehr berücksichtigt. So wird die durchschnittliche Bruttorendite der Hedge-Fonds-Gattung um gut ein Viertel statistisch inflationiert.

Hedge-Dachfonds als Investmentvehikel des »kleinen Mannes« sind besonders negativ zu werten, da Dachfonds die ohnehin hohen Gebühren von Hedge-Fonds noch weiter nach oben treiben (es müssen schließlich zwei Managementebenen bezahlt werden). Außerdem widerspricht es der Grundidee von Hedge-Fonds, in mehr als einen oder zwei Fonds gleichzeitig zu investieren, da die daraus resultierende Diversifikation die Chance auf eine Überrendite buchstäblich einebnet.

Fazit: Es trifft zu, dass einige Hedge-Fonds über mehrere Jahre ausgezeichnete, zum Teil »umwerfende« Nettorenditen abwerfen. Sind das mehr, als man nach den Regeln der Wahrscheinlichkeitsrechnung erwarten darf? Nein. Bestehen die Überrenditen über einen Zeitraum von sechs oder sieben Jahren fort? Nein. Sind die zukünftig besten Hedge-Fonds im Voraus zuverlässig identifizierbar? Nein. Der »Rennwagen« Hedge-Fonds entpuppt sich bei näherem Hinsehen als untermotorisierter Gernegroß, wie einst der Opel Manta.

Eine andere risikoreiche Asset-Klasse eignet sich dagegen durchaus als Investment, und zwar für jeden Anleger: Schwellenländer-Aktienfonds. Warum, illustriert der folgende Abschnitt.

6.9 Auch risikoscheue Anleger sollten in Schwellenländer investieren

»Das größte Risiko besteht darin, keines einzugehen.«
George F. Kennan, Historiker und legendärer US-Botschafter in Moskau

Die Einschätzung, dass Schwellenländer-Investments, zum Beispiel in Form von Investmentfondsanlagen, für risikoscheue und konservative Anleger nicht geeignet seien, ist in der Investmentbranche geradezu ein Dogma. Diese scheinbar vernünftige und sicherheitsorientierte Empfehlung unterlegen die so erfahrenen Praktiker gerne mit »harten Zahlen«, wie etwa mit Beispielen hoher Renditeschwankungen und Volatilitäten für einzelne Emerging-Markets-Aktien, -Anleihen oder -Investmentfonds. Ein vorsichtiger Anleger muss zwangsläufig zu dem Schluss kommen, dass Schwellenländeranlagen nur etwas für Zocker seien.

So sehr diese Auffassung auf den ersten Blick auch einleuchten mag, so grundfalsch ist sie. Umgekehrt wird ein Schuh daraus: Wer sein Portfoliorisiko (also das Gesamtrisiko seines Depots – und nur auf dieses kommt es an)[39] bei einer gegebenen Renditeerwartung weitestmöglich reduzieren will, wer also *konservativ* investieren möchte, muss geradezu in Emerging-Market-Anlagen investieren. Warum?

Wie wir in Abschnitt 4.9 gesehen haben, ist das Gesamtrisiko eines Portfolios kleiner als der gewichtete Durchschnitt oder die Summe seiner Einzelrisiken. Da nun aber die Renditen der Aktienmärkte von Schwellenländern mit denjenigen von Industrieländer-Aktienmärkten deutlich niedriger korrelieren als diejenigen der Industrieländermärkte untereinander, macht es für jeden Anleger (auch für die risikoscheuen unter ihnen) Sinn, Schwellenländeranlagen in einer Größenordnung von 10 bis 20 Prozent des risikobehafteten Teiles des Portfolios zu tätigen. Ergebnis: *Das Gesamtrisiko des risikobehafteten Teiles nimmt ab und nicht zu.*

Die für eine sinnvolle Asset-Allokation so wichtige Unterscheidung zwischen risikobehafteten und risikofreien Investments (Asset-Klassen) werden wir in Kapitel 7 noch ausführlich erörtern. Hier genügt zunächst die Feststellung, dass ein Portfolio in einen »risikobehafteten« und einen »risikofreien« Teil aufgegliedert werden kann. Tabelle 18 zeigt ein Beispiel für ein relativ stark strukturiertes Portfolio. Dies ist ganz sicher kein Modellportfolio, das wir empfehlen würden. Die Gewichtungen sind ferner willkürlich gewählt.

Tabelle 18: Gesamtportfolio eines privaten Anlegers (Beispiel)

Risiko-kategorie	Portfoliokomponenten		Anteil am risikobehafteten Portfolioteil	Anteil am Gesamt-portfolio
Risikobe-hafteter Portfolioteil	Einzelne Aktien	30 000 EUR	21%	15%
	Aktienfonds	20 000 EUR	14%	10%
	Währungsoptionen	10 000 EUR	7%	5%
	Rohstofffondsanteile	5 000 EUR	4%	3%
	Immobilie* (Eigentumswohnung)	55 000 EUR	39%	27%
	Unternehmensschuldverschreib. (festverzinsl. WP)	20 000 EUR	14%	10%
Summe risikobehaf-teter Teil		140 000 EUR	100%	70%
Risikofreier Portfolioteil	Geldmarktfonds**	60 000 EUR	–	30%
	Summe Gesamtportfolio	**200 000 EUR**	–	**100%**

* Sofern die Immobilie teilweise kreditfinanziert ist, müsste man für diese Bewertung den aktuellen Kreditsaldo vom aktuellen Verkehrswert (Marktwert) abziehen.

** Andere risikofreie Anlagen könnnten sein: Festgeld, Staatsschuldverschreibungen bis 12 Monate Laufzeit der BRD (in Euro) oder Kapitallebensversicherungen zum aktuellen Rückkaufswert. Streng genommen sind all diese Anlagen nicht vollständig risikofrei, sondern nur sehr risikoarm. Es ist jedoch kaum möglich, noch risikoärmere Anlagen zu finden. Selbst Bargeld (Cash) enthält ein Inflationsrisiko, das für die genannten verzinslichen Anlagen sogar etwas geringer ist.

Würde nun ein risikoscheuer Anleger, nennen wir ihn Anton Ängstlich, von den 50 000 Euro, die er derzeit in Aktien aus Industrieländern investiert hat, 15 000 Euro abziehen und in einen preisgünstigen, weltweit investierenden Emerging-Market-Fonds investieren, würde sich mit sehr großer Wahrscheinlichkeit (allerdings nicht mit Gewissheit) das folgende Ergebnis einstellen:

▶ Die langfristige Rendite seines Portfolios würde leicht steigen, weil Schwellenländer-Aktienmärkte auf lange Sicht aufgrund ihres höheren Schwankungspotenzials höher rentieren als diejenigen der Industrieländer.[40]

▶ Das Gesamtrisiko seines Portfolios in Form von Rendite- und Wertschwankungen würde sinken, da die Renditen von Emerging-Market-Anlagen mit dem restlichen Portfolio eine vergleichsweise niedrige Korrelation aufweisen (zumeist unter 0,5). Somit würde die erwartete Häufigkeit negativer Gesamtjahresrenditen in Antons Portfolio – zum Beispiel über einen Zeitraum von zehn Jahren hinweg – abnehmen.

Kann man mehr erwarten? Nein. Fazit: Auch risikoscheue Anleger sollten 10 bis 20 Prozent des risikobehafteten Teiles ihres Portfolios in die Aktienmärkte der Schwellenländer investieren. Dies geschieht am einfachsten durch den Erwerb von Anteilen eines weltweit anlegenden, breit diversifizierten Emerging-Market-Fonds mit möglichst niedrigen Gebühren. Von Anlagen in einzelnen Schwellenländeraktien, -anleihen oder in nur einer der drei wesentlichen Schwellenländerregionen (Ost-/Südostasien, Südamerika, Ost-/Südosteuropa) ist dagegen abzuraten. Mehr zur Optimierung der Anlagestrategie und der Depotstruktur lesen Sie in Kapitel 7.

6.10 Diversifikation über Länder hinweg ist besser als über Branchen

> »Ein global diversifizieres Portfolio weist tendenziell
> weniger Schwankungen auf und profitiert von starken
> Marktaufschwüngen, wo immer diese stattfinden.«
>
> *Jeff Troutner*, Finanzwissenschaftler und Vorstand
> von TAM Asset Management

Diversifikation ist die cleverste Technik, um Investmentrisiken zu senken. Warum das so ist, haben wir in Abschnitt 4.9 gezeigt. Diversifikation senkt das Risiko umso stärker, je geringer die Korrelation zwischen den einzelnen Komponenten eines Portfolios ist. Erfreulicherweise erkennen immer mehr Anleger den Nutzen einer breiten, systematischen Diversifikation über nationale Asset-Klassen hinweg (wenngleich deutsche Anlegerdepots im Durchschnitt noch immer erschreckend unterdiversifiziert sind).

Leider wird in letzter Zeit mancher Anleger von der Presse durch eine aus dem Kontext gerissene Halbwahrheit verunsichert. Unter der Schlagzeile »Der Nutzen internationaler Diversifikaton sinkt« heißt es da, im Zuge der Globalisierung gingen die Vorteile einer länderbasierten Diversifikation immer stärker verloren, weil die Korrelationen zwischen den Renditen der nationalen Aktienmärkte in den zurückliegenden Jahren zugenommen hätten. Daher seien Anleger nun besser beraten, über Branchen statt über Länder oder Regionen hinweg zu diversifzieren. Die Korrelationen zwischen den rund ein Dutzend Hauptbranchen seien nicht im gleichen Maße wie diejenigen zwischen den Ländern gestiegen.

Selbst so renommierte Blätter wie der britische *Economist* verbreiten diesen Unfug (24.3.2001, S. 106), nicht ohne ihn mit Zahlenmaterial zu unterlegen. So sei die Korrelation zwischen dem amerikanischen Aktienmarkt und den westeuropäischen Märkten von 0,4 zur Mitte der 90er Jahre auf 0,8 im Jahr 2000 angestiegen (eine Korrelation von 1,0 bedeutet vollständige Parallelbewegung), die Korrelation zwischen den EU-Ländern sei seit der Bildung der Europäischen Währungsunion sogar noch höher.

Tatsache ist: Ein Privatanleger, der auf diese Meldungen hin von geografischer Diversifikation auf Branchendiversifikation umsteigt, wird sich einen Bärendienst erweisen. Er wird mit einiger Wahrscheinlichkeit keine Risikoreduktion erzielen, sich dafür aber beträchtliche Umstiegskosten und viel Arbeitsaufwand einhandeln. Seine Nettorendite dürfte wegen dieser zusätzlichen Kosten sinken. Warum ist das so? Um diese Frage zu beantworten, genügt ein kurzer Blick auf die Fakten.

Die Korrelationen zwischen den Blue-Chip-Segmenten der größten nationalen sowie regionalen Aktienmärkte weltweit sind zwar in der Tat in den letzten Jahren gestiegen, aber:

▸ Sie sind noch immer niedriger als die Korrelationen zwischen den wesentlichen Branchen[41];

▸ Sie sind immer noch niedrig genug, um eine nennenswerte Risikoreduktion durch Diversikation zu ermöglichen (eine stärkere Reduktion als durch Diversifikation über Branchen hinweg);

▸ Korrelationen haben schon immer geschwankt, das heißt, sie sind in manchen Jahren höher, in anderen niedriger. Es gibt keinen Grund anzunehmen, dass die derzeit hohen Korrelationen nicht wieder sinken. Auch in den späten 70er Jahren waren die Korrelationen zwischen den industrialisierten Ländern fast so hoch wie heute, doch sanken sie später wieder. Die vorgeblich so stark gestiegene weltwirtschaftliche Integration ist sicher kein zwingendes Argument, da diese Integration (gemessen am Anteil des grenzüberschreitenden Welthandels am globalen Bruttoinlandsprodukt) bereits vor 100 Jahren *höher* war als heute – dennoch lag die Korrelation der Aktienmarktrenditen damals niedriger. Letztlich gilt: Korrelationen nehmen schlicht in Phasen hoher Volatilität und in Marktabschwungsphasen zu, um anschließend wieder zu sinken. Dies verdeutlicht die in Tabelle 19 dargestellte Korrelation zwischen den Renditen der Blue-Chip-Märkte der USA und Großbritanniens. Ein klarer Trend ist während des untersuchten 56-Jahres-Zeitraumes jedenfalls nicht zu erkennen.

Tabelle 19: Korrelation zwischen den Aktienmärkten der USA und Großbritannien im Zeitablauf

Periode	1919–1937	1938–1956	1957–1975	1976–1994
Korrelation	0,66	0,26	0,74	0,18

Quelle: William Bernstein, The Intelligent Asset Allocator, 2001, S. 73.

▸ Internationale Korrelationen zwischen den Marktsegmenten der Nebenwerte (Small-Caps) sind niedriger als diejenigen zwischen den Marktsegmenten der Blue-Chips. Von den Medien erfahren wir aber stets nur die Blue-Chip-Korrelationen (ohne dass diese wichtige Einschränkung offen gelegt wird). Anleger können von den erwähnten niedrigen Small-Cap-Korrelationen profitieren, indem sie in Nebenwerte investieren. Wer sich mit internationalen Korrelationen beschäftigt und dabei ausschließlich das Marktsegment der Standardwerte (Large-Caps) betrachtet, arbeitet oberflächlich und kann nicht zu allgemein gültigen Erkenntnissen gelangen.

▸ Zwar hat die Korrelation zwischen den Industrieländermärkten zugenommen, diejenige zwischen den Industrieländern und den Schwellenländern (Emerging-Markets) ist jedoch in den vergangenen fünf Jahren gegenüber dem vorhergehenden Jahrfünft *gefallen*. Auch diese wichtige und leicht umsetzbare Information wird von den Medien regelmäßig unterschlagen.

▸ Für einen Anleger, der optimal diversifiziert, sprich sämtliche wesentlichen Weltregionen[42] oder alle rund ein Dutzend Hauptbranchen im Portfolio führt, führen beide Ansätze – geografische und branchenbezogene Diversifikation – ohnehin zum gleichen Ergebnis: Beide Asset-Klassen-Segmentierungen repräsentieren schließlich denselben Kuchen – nur unterschiedlich aufgeschnitten.

▸ Eine systematische, umfassende und internationale Diversikation ist für Privatanleger in der Praxis nur mit Indexfonds oder Indexzertifikaten möglich. Für fast alle wichtigen Länder und Regionen sind zwar kostengünstige Investmentfonds und -zertifikate verfügbar, jedoch längst nicht für alle Branchen. Jemand, der die etwa zwölf Hauptbranchen sauber und ohne Überlappungen mit internationalen Investmentfonds abdecken wollte, hätte weniger Auswahl und müsste vermutlich Fonds mit höheren Kosten wählen.

Fazit: Diversifikation sollte so umfassend wie möglich sein, also den gesamten Weltaktienmarkt abdecken. In der Praxis geht das am einfachsten mit Länder- oder Regionen-Indexfonds; mit den weit weniger zahlreichen Branchenfonds ist dieses Ziel zwar auch erreichbar, aber zu derzeit noch höheren Kosten und mit vermutlich höherem Zeitaufwand. Die Nettorendite des Anliegers beim Branchenansatz wird wegen dieser höheren Kosten in langfristiger Betrachtung niedriger liegen.

6.11 Sind Sie ein »Indexer«, ohne es zu wissen?

> »Das Hauptproblem des Anlegers – und sogar sein größter
> Feind – ist wahrscheinlich er selbst.«
> *Benjamin Graham, 1894–1976, Autor des meistverkauften
> Investmentratgebers der Welt*

Im Bestreben, die Marktrendite zu übertreffen, verwenden die meisten aktiven Anleger große Mühe darauf, stets in die »besten« Fonds und die »besten« Aktien investiert zu sein. Viele dieser Anleger sind – ohne es zu wissen – Indexfonds-Anleger, allerdings zu den hohen Kosten aktiven Portfoliomanagements. Wie kommt es dazu?

In den vorhergehenden Kapiteln haben wir dargestellt, wie selten es aktiven Anlegern und aktiv gemanagten Fonds gelingt, über lange Perioden hinweg ihren Vergleichsindex nach Kosten zu schlagen. Wir haben ferner festgestellt, dass der einzige Zweck aktiven Investierens darin besteht, einen vergleichbaren Indexfonds zu outperformen. Nun wird jedoch das Mittelvolumen eines Investmentfonds durch nichts stärker beeinflusst als durch eine Unterperformance des Fonds relativ zu seinem Vergleichsindex. Fällt der Fonds hinter den Index zurück, setzt erstaunlich schnell ein starker Mittelabfluss aus dem Fonds ein. Proportional dazu sinkt auch der aus der Verwaltungsgebühr erwirtschaftete Ertrag der Fondsgesellschaft. Anschlie-

ßende Outperformance-Perioden relativ zum Index gleichen diesen Mittelabfluss selten wieder vollständig aus.

Was liegt näher, als die Fondsanlagestrategie daran auszurichten, mög-
lichst selten unter dem Index zu liegen? Dieses Ziel aber erreicht man am
besten, indem man die Asset-Allokation des Fonds eng am Benchmark-
Index ausrichtet. Fonds, die so handeln, werden inoffiziell als »Closet Index
Funds« bezeichnet (frei übersetzt: Indexfonds »durch die Hintertür«). Ihre
Performance schwankt relativ geringfügig um die Marktrendite herum.

»Na, und?«, könnte man fragen. Wenn Indexfonds ohnehin die beste
Lösung sind – wo ist dann das Problem? Es liegt in den hohen Kosten dieser
»heimlichen« Indexfonds. Der Anleger zahlt teures Geld für einen aktiv
gemanagten Fonds, erhält aber einen Indexfonds, den er auch zu einem Drittel der Kosten (und damit mit einer besseren Nettoperformance) hätte bekommen können. Welche immensen Auswirkungen auf die Wertsteigerung
diese Nettorenditedifferenz von rund 1,5 Prozentpunkten langfristig zeitigt,
haben wir schon an früherer Stelle gezeigt. Auf gut deutsch: Diese Closet-
Indexfonds – und es gibt sie in nicht geringer Zahl – sind Etikettenschwindel.

So ist beispielsweise ein deutscher Standardwertefonds, der mehr als
20 einzelne Positionen enthält, oft nichts anderes als ein DAX-Indexfonds
durch die Hintertür. Die Bruttorendite und das Renditeprofil dieses Quasi-
Indexfonds werden langfristig nur wenig von dem eines echten DAX-Indexfonds abweichen.[43]

Ein ähnlicher Effekt ergibt sich bei einer zu breiten Diversifikation eines
aktiven Porfolios von Fonds- oder Einzelwertanlagen. Da aktives Anlegen
definitionsgemäß auf eine Outperformance des Marktes abzielt, verwandelt
sich eine aktive Strategie in dem Maße, wie der Anleger sein Portfolio immer
weiter diversifiziert, peu à peu in eine passive Strategie. Je breiter ein Portfolio diversifiziert ist, desto seltener wird es die Marktrendite über- oder unter-
treffen. Für einen aktiven Anleger ist ein hohes Maß an risikoreduzierender
Diversifikation also widersinnig. Darüber sind sich viele aktive Anleger
nicht im Klaren.

Der Nobelpreisträger Merton Miller beschrieb in einem Interview mit
dem Finanzjournalisten Peter Tanous 1996 diesen Sachverhalt auf anschau-
liche Weise: »Lassen Sie mich eine kleine Geschichte erzählen, die Ihre Leserschaft wahrscheinlich irritieren wird. In den 50er Jahren traf ich den
Vorstandsvorsitzenden eines Pension Fund [amerik. Sozialkasse], der mir
erklärte, er beschäftige fünf verschiedene Fondsmanager. Am Ende jedes
Jahres sähe er sich die Renditen des abgelaufenen Jahres an, feuere den

schlechtesten Manager und ersetze ihn durch einen neuen – eine bis heute gängige Vorgehensweise. Nun, dass ist praktisch dasselbe, wie in einen Indexfonds zu investieren – allerdings auf die teuerste mögliche Weise. Wenn Sie fünf verschiedene Manager haben, werden Sie ziemlich wahrscheinlich beim Marktdurchschnitt landen.«[44]

6.12 Rentenfonds sind nutzlose Anlageprodukte

»Der Sinn von Rentenfonds ist mir schleierhaft.«
Peter Lynch, einer der erfolgreichsten Aktienfondsmanager der Welt

Wir haben uns bislang fast ausschließlich mit Aktien- und Aktienfondsanlagen beschäftigt. Gut 25 Prozent des Fondsvermögens der Deutschen waren 2000 jedoch in Rentenfonds investiert, 1997 waren es sogar noch knapp 50 Prozent. So gut wie jeder Bankberater, alle Anlegerzeitschriften und fast alle Finanzratgeberbücher empfehlen Rentenfonds als sichere Beimischung für ein Aktiendepot oder, für risikoscheue Anleger, sogar als alleinige Anlageform. Diesen Standpunkt halten wir für falsch, und zwar aus drei Gründen:

▸ Erstens haben viele statistische Untersuchungen gezeigt, dass Rentenfonds gegenüber gleichwertigen Einzelanlagen in festverzinsliche Wertpapiere mit hoher Regelmäßigkeit eine um durchschnittlich rund 1,5 Prozentpunkte niedrigere Nettorendite aufweisen. Bei einer langfristigen Durchschnittsrendite deutscher Rentenfonds (mit Papieren kurzer und mittlerer Laufzeit) von rund 5 Prozent p. a. bedeutet das einen Verzicht auf rund 27 Prozent der Bruttorendite, dem keinerlei Nutzen entgegensteht. Aufgrund des Ausgabeaufschlages von typischerweise 3 Prozent liegt dieser Wert für Anlageperioden von unter fünf Jahren sogar noch höher. Auf die geringfügig höheren Renditen von Rentenfonds, deren Anlageschwerpunkt ausschließlich auf festverzinslichen Wertpapiere mit langen Laufzeiten liegt, können wir ebenfalls verzichten, denn diese Renditen sind sehr langfristig immer noch niedriger als Aktienrenditen.

▸ Zweitens bleibt die Tatsache, dass Rentenfonds das Bonitätsrisiko (siehe Glossar) der Anleihenemittenten aufgrund der Streuung auf viele Einzeltitel senken, letztlich ohne Bedeutung, denn mit einzeln gehaltenen westeuropäischen Staatsanleihen wird ein ebenso niedriges Risiko erzielt. Anders formuliert: Ein Risiko, das schon gegen null läuft, kann man nicht weiter senken.[45] Auch das Kursrisiko dieser Fonds ist gegenüber kurzlaufenden, einzelnen Bundeswertpapieren nicht nennenswert geringer (vor allem dann nicht, wenn letztere bis zur Fälligkeit gehalten werden).[46]

▶ Drittens – und dieser wichtige Gesichtspunkt wird sehr oft übersehen – ist die Korrelation von Rentenfonds mit mittel- und langfristiger Laufzeitenstruktur zu Aktienrenditen im Allgemeinen höher als die Korrelation zwischen Geldmarktanlagen. Diese liefern also einen besseren Diversifikationseffekt für ein Aktiendepot als Rentenfonds oder langfristige einzeln gehaltene Rentenpapiere.

Warum weisen Rentenfonds eine schwächere Performance als einzelne Anleihen auf? Antwort: Aktives Portfoliomanagement funktioniert bei Rentenfonds noch schlechter als bei Aktienfonds. Konkreter ausgedrückt: In langfristigen Vergleichen (> 2 Jahre) gelingt es nach Berücksichtigung aller Kosten nur einer verschwindend geringen Zahl von Rentenfonds, ihren Vergleichsindex zu schlagen. Das liegt insbesondere daran, dass der Markt für festverzinsliche Wertpapiere noch effizienter ist als der Aktienmarkt, unterbewertete Titel zu finden also noch seltener gelingt. Da aber auch Rentenfonds relativ hohe Kosten aufweisen, ist ihre langfristige Nettorendite schlechter als die entsprechende Rendite einzeln gehaltener Bundeswertpapiere. Bei deutschen Rentenfonds beläuft sich der Ausgabeaufschlag durchschnittlich auf 3 Prozent, die Verwaltungsgebühren betragen durchschnittlich 0,7 Prozent p. a. Dazu kommen noch nicht extern ausgewiesene, aber mit der Rendite verrechnete Wertpapierhandels- und Fondsbetriebskosten.

Als risikofreie (genauer: risikoarme) Anlage, insbesondere zur Beimischung in ein Aktiendepot mit dem Ziel, den Gesamtrisikograd zu steuern, taugen Geldmarktanlagen besser als Rentenfonds, da sie ein geringeres Kursänderungsrisiko aufweisen. Geldmarktanlagen sind kurzfristige Geldanlagen in Euro (nicht in Fremdwährung), bei denen die Ausfall- und Kursänderungsgefahr sehr gering oder annähernd null ist. In diese Kategorie fallen beispielsweise Festgelder, Guthaben auf verzinslichen Tagesgeldkonten, Geldmarktfonds oder Rentenfonds, wenn diese vorwiegend in staatliche Rententitel mit kurzer Restlaufzeit anlegen. Im Gesamtportfolio hat dieser risikofreie Anteil die Aufgabe, den Risikograd und den Liquiditätsgrad des Gesamtportfolios zu steuern.

Nicht nur Rentenfonds sind ein Produkt mit wenig echtem Mehrwert. Der folgende Abschnitt präsentiert Kurzportraits zu 19 anderen Produkten, von denen man als rationaler Anleger besser die Finger lassen sollte.

6.13 Neunzehn Investmentprodukte, die Anlegern wenig, der Finanzbranche aber viel nutzen

> »Wir können es nicht oft genug wiederholen: Identifizieren Sie
> die ›herrschende Meinung‹ zu Wertpapier- und
> Vermögensanlagen so gut wie nur möglich, um sie dann
> konsequent zu ignorieren.«
>
> *William Bernstein*

Es dürfte kaum überraschen, dass nicht alle gängigen Vermögensanlageprodukte gleichermaßen uneingeschränkt zu empfehlen sind. Nachfolgend nehmen wir kurz Stellung zu 19 mehr oder weniger populären Investmentprodukten, die – jedenfalls für die Mehrzahl der Anleger – mehr Nachteile als Vorteile aufweisen dürften. Es versteht sich, dass in bestimmten persönlichen Konstellationen, auf die wir hier nicht eingehen, auch einige dieser Produkte Sinn machen können.

(1) Kapitallebensversicherung Vielen Experten zufolge sind Kapital-LVs ein ziemlich schlechtes Investmentprodukt, das in der Vergangenheit deutlich niedriger rentierte als weniger riskante langfristige deutsche Staatsanleihen. »Kapitallebensversicherungen«, so Michael Adams, Juraprofessor an der Universität Hamburg, »erweisen sich als Vermögensvernichtungsvertrag .... [Sie] machen nur für pathologisch ängstliche Naturen Sinn.« (*Wirtschaftswoche*, 2.7.1998). Eine preisgünstige Risikolebensversicherung in Verbindung mit einer festverzinslichen Anleihe oder einem Rentenfonds ergibt den gleichen Versicherungsschutz mit einer höheren Rendite und viel mehr Flexibilität (keine Kapitalbindung im Unterschied zur Kapital-LV). Wenn Sie schon eine Kapital-LV besitzen, sollten Sie sie dennoch nicht unbedingt vorzeitig auflösen, es sei denn, Sie hätten erst relativ kurze Zeit eingezahlt. Bei vorzeitiger Auflösung behält die Versicherungsgesellschaft in der Regel einen großen Teil Ihrer Rendite ein. Die Versicherungssumme und damit die Beitragshöhe zu kürzen dürfte schon eher eine sinnvolle Alternative sein, um sich wenigstens zum Teil von diesem renditeschwachen, illiquiden Investment zu lösen. (Neuerdings soll der Verkauf relativ »junger« Kapitallebensversicherungsverträge an dritte Finanzdienstleister zu Preisen, die über dem Rückkaufswert liegen, möglich sein.) In Ihrer Gesamtvermögensplanung können Sie Kapital-LVs berücksichtigen, indem Sie sie mit festverzinslichen Wertpapieren gleichsetzen: entweder in Höhe des augenblicklichen Rückkaufswerts (bei Betrachtung des Bestandsvermögens) oder der monatlichen Beitragszahlung (bei Betrachtung Ihrer monatlichen Sparrate).

(2) Fondsgebundene Lebensversicherung Die Verbindung einer Risikolebensversicherung mit einer Anlage in Investmentfonds. Der in der entrichteten Versicherungsprämie enthaltene Sparanteil – das ist der Teil, der nicht zur Deckung des Todesfallrisikos und der Kosten benötigt wird – wird in Anteilen eines oder mehrerer Aktieninvestmentfonds angelegt, statt – wie bei einer normalen Kapital-LV – in festverzinsliche Wertpapiere. Die Anlage des Sparanteils ist also der einzige, allerdings entscheidende Unterschied zur Kapitallebensversicherung. Die Kombination aus einer einfachen Risikolebensversicherung und einem unabhängig davon erworbenen Investmentfonds ist aufgrund der geringeren Gesamtkostenbelastung, besseren Liquidierbarkeit (Veräußerbarkeit, Flexibilität) und höheren Transparenz eindeutig überlegen.

(3) Bausparvertrag Ebenfalls nicht unbedingt ein »Power-Investment«. Bausparverträge eignen sich wohl nur für solche Personen, die mit sehr hoher Wahrscheinlichkeit in den nächsten zehn bis 15 Jahren eine Immobilie finanzieren wollen. Und selbst dann ist der Nutzen eines Bausparvertrages nicht gewiss, denn wenn die Zinsen zum Zeitpunkt der Immobilienfinanzierung merklich unter dem historischen Durchschnitt liegen, wäre ein Aktienfondsinvestment mit einem anschließenden normalen Immobiliendarlehen wahrscheinlich die bessere Alternative gewesen. Nicht ganz zufällig ist der Bausparvertrag ein Finanzprodukt, das außer in Deutschland nur in wenigen anderen Ländern existiert. Wäre dieses Produkt so vorteilhaft, wie seine Advokaten behaupten, hätte es sich gewiss schon in fast allen Industrieländern durchgesetzt. Bei der Bewertung des Bausparvertragsguthabens als risikofreie Anlage gehen Sie analog zu unserer Empfehlung für Kapital-LVs vor.

(4) Kombination aus Hypothekendarlehen und Investmentfondssparplan Ein Immobilienfinanzierungsdarlehen, bei dem zwar Zinszahlungen geleistet werden, aber keine laufende Tilgung stattfindet. Stattdessen werden einer fiktiven Tilgungsrate entsprechende Beträge in einen Aktieninvestmentfonds eingezahlt, in der Hoffnung, dass dieser eine langfristige Rendite erwirtschaftet, die über dem Zinssatz des Darlehens liegt. Man spekuliert somit darauf, dass nach zehn bis zwanzig Jahren bei Auflösung des Fondsdepots eine ingesamt höhere Tilgung erreicht wird als bei konventioneller ratierlicher Tilgung. Von diesem riskanten Produkt ist dringend abzuraten.

Es funktioniert nur, wenn die Rendite aus der Fondsanlage langfristig die Kreditzinsen des Darlehens übersteigt. Die Historie zeigt, dass das auch für Zeiträume von 15 und mehr Jahren nicht immer der Fall ist. Im Ergebnis kommt das Produkt »Leveraging« gleich (siehe Abschnitt 6.6). Die Finanzbranche vermarktet es jedoch aktiv, weil es doppelte Margen (aus dem Kredit und dem Erwerb des Investmentfonds) verspricht. Noch größerer Unsinn ist die ebenfalls angebotene Kombination eines Hypothekendarlehens mit einer Kapitallebensversicherung. Die effektiven Kosten (Effektivzins) einer solchen Konstruktion sind in der weit überwiegenden Zahl der Fälle höher als die eines einfachen Immobiliendarlehens. Hinzu kommt, dass der Kunde über zehn oder 20 Jahre einen gleich bleibenden Schuldenberg mit sich herumschleppen muss und seine generelle Kreditwürdigkeit deshalb leidet.

(5) Kombination aus Sofortdarlehen und Bausparvertrag Eine in einigen Merkmalen ähnliche Konstruktion wie die Kombination aus Hypothekenvorausdarlehen und Investmentfondssparplan. Der Kreditnehmer (Häuslebauer) nimmt zur Finanzierung einer Immobilie ein sofort ausgezahltes Darlehen bei einer Bausparkasse auf, für das er allerdings nur Zinsen, jedoch keine Tilgungsrate entrichtet. Stattdessen zahlt er einen der fiktiven Tilgung entsprechenden Betrag in einen Bausparvertrag ein, der typischerweise nach zehn Jahren auszahlungsreif ist. Mit dem ausgezahlten gesparten Ansparbetrag und dem dann ebenfalls ausgereichten Bauspardarlehen führt der Häuslebauer das ursprüngliche Vorausdarlehen zurück. Allerdings ist der effektive Zinsaufwand (Effektivzins) dieser intransparenten Konstruktion fast immer deutlich höher als derjenige einer einfachen Immobilienfinanzierung. Das sollte nicht verwundern, denn es wollen zwei Parteien statt einer daran verdienen: die Bausparkasse und die Fondsgesellschaft. Die Stiftung Warentest hierzu: »Mit einer Mixtur aus Bausparverträgen und Vorausdarlehen locken Bausparkassen Immobilienkäufer und Bauherren zu unsinnigen Finanzierungen. Die tatsächlichen Kosten werden systematisch verschleiert. Statt günstiger Zinsen erhält der Kunde eine teure Fehlkonstruktion.« (*Finanztest*, 01/1994)

(6) »Steueroptimierte« geschlossene Fonds »Im Ausland kursiert ein Witz über die Deutschen. Die, so heißt es darin, würden 100 Mark zum Fenster hinauswerfen, wenn ihnen jemand sagt, dass ihnen das Finanzamt 50 Mark davon zurückgibt.« Dieses Zitat stammt von Frank Gaube, dem Geschäftsführer der GFA Gesellschaft für Fondsanalyse (einem Tochterunternehmen des *Handelsblatts*). Der Anlagefachmann Gaube dürfte Recht haben, denn wohl nirgendwo auf der Welt sind so genannte Steuersparmodelle unter Privatanlegern so verbreitet wie hierzulande. Steuersparmodelle (zum Beispiel geschlossene Immobilienfonds, Flugzeugfonds, Schiffsfonds oder bestimmte Unternehmensbeteiligungen) sind in erster Linie Kapitalanlagen, die dem Anleger aufgrund steuerlicher Verlustzuweisungen in der Anfangsphase eine mehr oder weniger hohe Nachsteuerrendite bescheren. Diese setzt sich aus der Steuerersparnis aufgrund der Verlustzuweisung und aus der zu versteuernden jährlichen Barausschüttung zusammen. Die Rechnung geht aber nur auf, wenn der Anleger auch bei Berücksichtigung der Verlustzuweisung noch in einer hohen oder der höchsten Steuerprogressionsstufe (Grenzsteuersatz) verbleibt, was erfahrungsgemäß viele Anleger übersehen. Doch solche Anlagen haben noch mehrere andere gravierende Nachteile: (a) Sie sind vor Ablauf der Fälligkeit (durchschnittlich fünf bis 15 Jahre) extrem schlecht liquidierbar. Ein vorzeitiger Verkauf ist aus steuerlichen Gründen, aber auch aus Mangel an Zweitmärkten schwer, wenn nicht gar unmöglich. (b) Sie unterliegen einem Steueränderungsrisiko, das heißt, die effektive Nettorendite über die gesamte Laufzeit der Anlage kann – bei einer nicht vorhersehbaren Steueränderung – viel niedriger sein als ursprünglich angenommen. (c) Steuersparmodelle sind notwendigerweise schlecht diversifiziert, da mindestens 10 000 Euro (meistens viel mehr) in ein einzelnes Unternehmen oder Projekt investiert sind. (d) Die Rendite dieser Investments wird mithilfe des so genannten internen Zinsfußes gemessen. Diese Methode setzt aber einige bei solchen Modellen unrealistische Annahmen voraus (insbesondere die Wiederanlage der Ausschüttungen zum gleichen Nachsteuerzinssatz), sodass die reale Nachsteuerrendite von vornherein fast immer niedriger ist als die Prospektrendite. (e) Und schließlich ziehen diese Anlagen die Aufmerksamkeit des Finanzamtes »magisch« an und können dazu führen, dass der betreffende Anleger auch seine übrigen Einkünfte detaillierter als ohne diese Anlagen offen legen muss.

(7) Dachfonds (Fund of Funds)   Fonds, die nicht in einzelne Wertpapiere, sondern in andere Fonds investieren, also »Fonds-Picking« praktizieren. Dachfonds sind in Deutschland seit Anfang 1999 zugelassen. Aus unserer Sicht sind diese Fonds aus folgenden Gründen abzulehnen: Sie weisen praktisch ausnahmslos eine noch höhere Kostenbelastung als konventionelle Investmentfonds auf, da eine zusätzliche Managementebene und Fondsgesellschaft zu bezahlen ist (diejenige des Dachfonds). Das drückt natürlich die Nettorendite des Dachfonds unter diejenige einer Direktanlage in die im Dachfonds enthaltenen Fonds. Ferner ist die Anlagepolitik solcher Dachfonds noch intransparenter als jene der meisten Investmentfonds (der Anleger weiß also nicht genau, in was er zu einem gegebenen Zeitpunkt investiert ist), und schließlich lässt sich ein Dachfonds wegen seiner extrem weit gestreuten Anlagen und intransparenten Anlagepolitik mit keinem Börsenindex (Benchmark) sinnvoll vergleichen. In der Werbung von Dachfondsgesellschaften taucht zum Beispiel häufig der DAX als Benchmark auf (sofern der betreffende Dachfonds den DAX geschlagen hat), obwohl der Dachfonds weltweit investiert ist. Ein solcher Vergleich ist deswegen sachlich unangemessen.

(8) Umbrella-Fonds Investmentfonds, die dem Anleger unter einem gemeinsamen Schirm (engl. *umbrella*) Anlagemöglichkeiten in verschiedenen Einzelfonds der gleichen Investmentgruppe bieten. Jeder Unterfonds besitzt einen speziellen Anlageschwerpunkt. Der Anleger kann dann je nach persönlicher Markteinschätzung und Risikoneigung ohne zusätzlichen Spesenaufwand oder zu minimalen Gebühren zwischen den Unterfonds wechseln. Der Ausgabeaufschlag fällt nur beim Einstieg in den Umbrella einmalig an. Von Umbrella-Fonds ist letztlich abzuraten, da sie nur Sinn machen würden, wenn Market-Timing funktionierte, was aber bekanntlich nicht der Fall ist. Ein Experte: »Die heutzutage moderne, völlig unsinnige Fonds-Switching-Strategie, die Anlegern vorgaukelt, sie seien schlauer als der Markt und könnten persönlich ›irgendwie‹ den Markt überlisten, ist unzweifelhaft – und ich wähle dieses Wort mit Bedacht – ein Verliererspiel« (John Bogle, Gründer der Fondsgesellschaft Vanguard).

(9) Garantiefonds Aktien- oder Rentenfonds, bei denen die Fondsgesellschaft dem Anteilszeichner eine Mindestausschüttung, einen Mindestrücknahmepreis oder eine Garantie auf den Kapitalerhalt einräumen; zumeist bezogen auf einen bestimmten Zeitraum oder Termin. Mit diesem Zugewinn an Sicherheit ist natürlich stets ein Verzicht auf Renditechancen verbunden. Nach einer Vorschrift der Bundesanstalt für Finanzdienstleistungsaufsicht dürfen deutsche Kapitalanlagegesellschaften keine Garantiefonds anbieten. Diese stammen daher immer aus dem Ausland (hauptsächlich aus Luxemburg). Privatanlegern – insbesondere solchen mit einem Anlagehorizont von mehr als drei Jahren – ist von entsprechenden Fonds abzuraten, da sie eine überdurchschnittliche Kostenbelastung aufweisen und nur begrenzte Renditechancen bieten (was den Sinn einer Aktienanlage ja konterkariert). Aus demselben Grund sind Indexzertifikate mit »Floor« (Mindestrückzahlungsbetrag) nicht zu empfehlen.

(10) No-Load-Fonds (Trading-Fonds) Investmentfonds ohne Ausgabeaufschlag. Zur Kompensation des fehlenden Ausgabeaufschlages bei No-Load-Fonds verlangen die Fondsgesellschaften in Deutschland (anders als in den USA) höhere Verwaltungsgebühren. No-Load-Fonds eignen sich eher bei einem kürzeren Anlagehorizont und werden daher auch als Trading-Fonds bezeichnet. Da die Verwaltungsvergütung langfristig stärker ins Gewicht fällt als der Ausgabeaufschlag, ist von diesen Fonds bei einem Anlagehorizont von über vier Jahren abzuraten (Ausnahme: No-Load-Fonds, die zugleich eine normale oder niedrige Verwaltungsgebühr aufweisen, und Geldmarktfonds, die überwiegend keinen Ausgabeaufschlag haben – bei relativ niedrigen Verwaltungsgebühren).

(11) AS-Fonds (Altersvorsorge-Sondervermögen) Relativ neues, »typisch deutsches« Fondsprodukt, bei dem der Gesetzgeber den Fondsgesellschaften Mischungsgrenzen für Aktien, Renten sowie Immobilien vorschreibt. Anlagen außerhalb der EU sind nicht zulässig. Ziel ist es, den Risikograd dieser Mischfonds auf ein »gesetzlich akzeptables« Maß zu reduzieren. Diese Fonds sollen vor allem der privaten Altersvorsorge dienen. AS-Fonds sind allenfalls für Anleger empfehlenswert, die über wenig Vermögensanlagekenntnisse verfügen, gewiss jedoch nicht für die Leser dieses Buches. Die wesentlichen Nachteile von AS-Fonds: überdurchschnittliche hohe Kosten (Ausgabeaufschlag, Betriebskosten einschließlich Verwaltungsgebühr) und daher langfristig unterdurchschnittliche Performance, intransparente Anlagepolitik (der Anleger weiß nicht genau, in welche Asset-Klassen und Märkte er aktuell investiert ist) und keinerlei sinnvolle Vergleichsmöglichkeit mit einem Börsenindex (Benchmark).

(12) Gemischte Aktien-/Rentenfonds (Mischfonds) Fonds, die gleichzeitig in Aktien und Renten investieren. Von gemischten Fonds ist aufgrund mangelnder Transparenz und Vergleichbarkeit mit einer Benchmark und zumeist überdurchschnittlicher Gebühren abzuraten. Stattdessen sollte ein Anleger sein Investment auf reine Aktien- und Geldmarktfonds aufteilen.

(13) Spezialitätenfonds Nicht zu verwechseln mit »Spezialfonds«, also Fonds für institutionelle Anleger. Der wenig präzise definierte Begriff Spezialitätenfonds bezieht sich auf aktiv gemanagte Fonds, die sich von herkömmlichen Investmentfonds durch die relativ enge Ausrichtung ihrer Anlagepolitik auf bestimmte Länder, Industriezweige oder Wirtschaftssektoren oder auf bestimmte Wertpapiere wie Wandel- und Optionsanleihen unterscheiden. Spezialitätenfonds setzen beim Anleger ein höheres Maß an Risikobereitschaft, aber auch an Kenntnis gesamtwirtschaftlicher Zusammenhänge voraus, da mit der Beschränkung auf bestimmte Marktsegmente neben größeren Chancen auch höhere Risiken verbunden sind. Aus der Sicht passiven Anlagemanagements ist Privatanlegern von diesen Fonds abzuraten.

(14) Offshore-Fonds Investmentfonds, die keine Zulassung oder Registrierung des Bundesamts für das Kreditwesen in Berlin besitzen und daher nicht in Deutschland, sondern in einem »Steuerparadies« ohne spezielle Investmentgesetzgebung, wie zum Beispiel Liechtenstein, Bermudas, Niederländische Antillen oder British Virgin Islands, angesiedelt sind. »Offshore« bedeutet wörtlich »vor der Küste«. Aufgrund großer Nachteile bei der einkommensteuerlichen Behandlung dieser Fonds kommen sie für steuerehrliche Privatanleger in der Regel nicht infrage.

(15) Hedge-Fonds Zu diesem spekulativen und riskoreichen Investment haben wir in einem früheren Abschnitt (6.8) bereits alles Notwendige gesagt. Privatanlegern ist von diesen Fonds, die häufig eine Mindesteinlage von mehr als 500 000 Euro vorschreiben und mit einer hohen Kostenbelastung verbunden sind, abzuraten. Neuerdings werden herkömmliche Dachfonds und strukturierte Indexzertifikate angeboten, über die ein Privatanleger zu kleinen Beträgen in Hedge-Fonds anlegen kann. Das ändert aber nichts daran, dass diese Produkte für die Mehrzahl der Privatanleger ungeeignet sind. Der einzige Aspekt, der für Hedge-Fonds sprechen könnte, ist ihr Diversifikationsbeitrag in einem Portfolio, weil viele Hedge-Fonds relativ niedrig mit den Aktienmärkte korrelieren.

(16) Derivate und Derivatefonds »Derivat« ist ein Oberbegriff für Finanzinstrumente, deren Preis sich aus dem Kurs anderer Wertpapiere oder Finanzprodukte (dem so genannten Basiswert oder Underlying) ableitet. Beispiele für Derivate sind Optionen (Optionsscheine), Futures und Swaps[47]. Derivatefonds sind Investmentfonds, die allein oder schwerpunktmäßig in solchen Wertpapieren anlegen oder sie als Beimischung verwenden. Privatanlegern ist von im Allgemeinen spekulativ eingesetzten Derivate-Investments abzuraten, da Studien zufolge über 90 Prozent aller privaten Derivateanleger eine geeignete Benchmark nach Kosten langfristig unterperformen. Auch von Derivatefonds ist (trotz langfristig möglicherweise höherer Renditen) abzuraten. Diese Fonds sind in der Regel gekennzeichnet von hohen Wertschwankungen, intransparenter Anlagepolitik und besonders hohen Gebühren.

(17) Futures-Fonds Ein spezieller Typus von Derivatefonds, der an den Termin- oder Optionsmärkten investiert. Zur Auswahl stehen neben Financial-Futures, also Termingeschäften auf Aktien, Zinsen, Indizes und Währungen, auch Termingeschäfte auf Edelmetalle, Agrargüter sowie Rohstoffe. Futures-Fonds weisen aufgrund der Hebelwirkung der derivativen Produkte ein erheblich höheres Risiko als andere Wertpapierfonds auf. Sie unterliegen zudem nicht dem deutschen Investmentgesetz. Privatanlegern ist von solchen Fonds mit in der Regel sehr hohen Wertschwankungen, intransparenter Anlagepolitik und hohen Gebühren (trotz langfristig möglicherweise höherer Renditen) abzuraten.

(18) Junk-Bond-Fonds Gelegentlich auch High-Yield-Fonds genannt. Es handelt sich um Rentenfonds, die vorwiegend oder ausschließlich in hochverzinsliche Anleihen unsicherer Schuldner investieren. Bei den Schuldnern kann es sich um hochverschuldete Staaten (Entwicklungsländer, Schwellenländer) oder Unternehmen mit niedriger Bonität (Rating unter BBB–) handeln. Entsprechend besteht bei diesen Papieren innerhalb der Laufzeit eine konkrete Gefahr, dass der Kapitaldienst (Zins und Tilgung) teilweise oder ganz ausfällt – daher der Name Junk-Bonds, der wörtlich »Müll-Anleihen« bedeutet. Diese sehr volatilen Fonds weisen regelmäßig eine besonders hohe Kostenbelastung auf.

(19) Kunstgegenstände und Sammelobjekte Das sind schöne Liebhabereien, aber keine Kapitalanlagen – auch wenn bestimmte Kunsthändler gerne das Gegenteil behaupten. Ein Privatanleger, der diese »schönen Dinge« als Kapitalanlagen betrachtet, macht sich etwas vor. Derartige Investments sind normalerweise sehr illiquide, unterliegen hohen Wertschwankungen, verursachen beträchtliche Lager-, Verwaltungs- und Versicherungskosten und haben unzählige weitere finanzielle Nachteile. »Rechnen« sollte man mit diesen »Kapitalanlagen« daher besser nicht. Wer auf sein Vermögen wirklich angewiesen ist, der dürfte besser beraten sein, seiner Kunstleidenschaft vorwiegend im Museum zu frönen.

6.14 Währungsabsicherung bei Fonds ist überflüssig

»Es ist einfach, Perioden zu finden, in denen
Währungsabsicherung das Risiko eines internationalen
Aktienportfolios erhöhte.«
William Bernstein

Die Wertschwankungen eines internationalen Wertpapierinvestments, das nicht in Euro notiert – etwa eines Japanfonds – resultieren aus zwei Komponenten: erstens aus den Wertschwankungen der in dem Fonds enthaltenen Aktien und zweitens aus der Entwicklung des Wechselkurses zwischen der Fondswährung und dem für deutsche Anleger relevanten Euro. Das bedeutet, dass die Fondsrendite, gemessen in Euro, durch die Auf- oder Abwertung der Fondswährung gegenüber dem Euro erhöht oder aber vermindert werden kann. Im ungünstigsten Fall kommt es mithin dazu, dass sinkende Aktienkurse mit einer Abwertung der entsprechenden Fondswährung gegenüber dem Euro einhergehen und so die Fonds-Performance doppelt leidet.

Nur wenige Auslandsaktienfonds (aber relativ viele Indexzertifikate) sind wechselkursgesichert (neudeutsch »ge-hedged«), was bedeutet, dass das Fondsmanagement mithilfe bestimmter Währungssicherungsinstrumente die aus Wechselkursschwankungen resultierenden Wertschwankungen des Fonds (gemessen in Euro) zu eliminieren versucht. (Bei einem im Euro-Raum investierenden »Auslandsfonds« besteht naturgemäß kein Währungsrisiko.) In den Verkaufsprospekten der wenigen wechselkursgesicherten Fonds wird dies oft als zusätzlicher Vorteil des Fonds dargestellt. Stimmt das? Betrachten wir dazu zunächst zwei Beispiele.

Der nicht wechselkursgesicherte Indexfonds Activest Aktien USA spiegelt den bekannten amerikanischen S&P 500-Index wider. Per 9.6.2000 wies der Fonds eine (in Euro gemessene) Bruttorendite von 24,1 Prozent auf 12 Monate auf, während der S&P 500-Index selbst sich im gleichen Zeitraum nur um 12,2 Prozent nach oben entwickelte. Ursache der erfreulichen Differenz war die Abwertung des Euros gegenüber dem Dollar in diesen 12 Monaten. Ohne diese Abwertung hätte der Indexfonds etwa einen viertel Prozentpunkt unter dem Index gelegen (exklusive der Verwaltungsgebühr von 0,4 Prozent p.a.).

Ein umgekehrtes Bild hätte sich in Bezug auf einen Japan-Fonds ergeben. Betrachten wir dazu zwei Japan-Indexfonds der Commerzbank-Tochter CICM: zum einen den nicht wechselkursgesicherten CICM CB Japan Basket und zum anderen den identischen, jedoch wechselkursgesicherten

Fonds CICM CB VV Japan Basket. Die nicht wechselkursgesicherte Fondsvariante verlor in dem Zeitraum vom 9.6.1999 bis 8.6.2000 (in Euro gemessen) 10,6 Prozent an Wert, während die wechselkursgesicherte Fondsvariante in dieser Zeit um 4,2 Prozent zulegte. In Yen gemessen wiesen die beiden (identischen) Fonds exakt die gleiche Performance auf, wenn man die Kosten der Wechselkurssicherung für den Augenblick ignoriert.

In den genannten Beispielen war die Wechselkurssicherung einmal vorteilhaft, einmal nachteilig. Welcher Fondstyp ist daher grundsätzlich vorzuziehen – der währunggesicherte oder der nicht währungsgesicherte? Pauschale Antwort: In einem wohl diversifizierten, langfristig orientierten Portfolio ist von einer Währungssicherung aus folgenden Gründen abzuraten:

▶ Auf lange Sicht (> 5 Jahre) ist der saldierte Effekt aus allen Wechselkursveränderungen in einem gut diversifizierten Portfolio, das mehrere Fremdwährungen enthält, aller Wahrscheinlichkeit nach nicht nennenswert negativ. Vielmehr ist auf lange Sicht von einem neutralen (Null-)Einfluss auszugehen, weil Wechselkurse langfristig um einen Mittelwert, die so genannte Kaufkraftparität, herum schwanken.

▶ Wechselkurssicherung verursacht stets Kosten für den Fonds und drückt somit die Performance. Diese Kosten lassen sich nicht pauschal beziffern, dürften aber oft bei jährlich 0,5 Prozent des Fondsvermögens liegen. Wenn aber langfristig von keinem Vorteil aus der Sicherung auszugehen ist (siehe das vorige Argument), lohnt es sich nicht, diese Kosten aufzuwenden.

▶ In durchschnittlich der Hälfte aller Zeiträume ist es für den Anleger sogar von Vorteil, keine Wechselkurssicherung im Fonds zu verwenden, dann nämlich, wenn die ausländische(n) Fondswährung(en) gegenüber dem Euro aufwerten (siehe das oben angeführte Beispiel für den Fonds Activest Aktien USA).

▶ In einem breit diversifizierten Portfolio wird die Einbindung von Wechselkursrisiken in der Regel sogar eine Senkung des Gesamtrisikos des Portfolios bewirken, da die Korrelation von Wechselkursschwankungen mit dem EWU-Aktienmarkt kleiner als Eins ist. Ein nicht wechselkursgesicherter Emerging-Market-Fonds trägt üblicherweise stärker zur Senkung des Gesamtportfoliorisikos eines deutschen Anlegers bei als der gleiche Fonds mit Wechselkurssicherung.

Wer hingegen nur einen einzigen Auslandsfonds (sprich ein wenig diversifiziertes Portfolio) sein Eigen nennt und/oder einen eher kurzen Anlagehorizont besitzt (weniger als vier bis fünf Jahre), dem ist eine Wechselkurssicherung anzuraten.

Da Wechselkurssicherung – statistisch betrachtet – auf lange Sicht keinen positiven Effekt auf die Rendite eines Fonds hat, werden auf dem Markt nur wenige wechselkursgesicherte Fonds angeboten. Hinzu kommt, dass Fondsgesellschaften eine schlechte Performance von Auslandsfonds, die unter einer Euro-Aufwertung gelitten haben, gegenüber den Anlegern leicht den Wechselkursschwankungen zuschreiben können, diese Art von Misserfolg sich also relativ leicht verkaufen lässt.

Fazit: Obwohl viele Vermögensberater das Gegenteil behaupten, ist das Währungsrisiko von internationalen Aktienfonds für die große Mehrzahl der Anleger kein wirklich ernsthaftes Problem. Bei einem Anlagehorizont von fünf Jahren aufwärts und einem gut diversifizierten Portfolio wirkt sich das Währungsrisiko der meisten internationalen Aktienfonds nur geringfügig (positiv oder negativ) auf die Gesamtrendite des Portfolios aus.

Übrigens muss man zwischen echtem und vermeintlichem Wechselkursrisiko unterscheiden. So besitzt beispielsweise ein in Dollar aufgelegter Fonds, der aber ausschließlich in Euro-Land-Aktien investiert, für einen deutschen Anleger (der sein Vermögen in Euro kalkuliert) kein Währungsrisiko. Warum das so ist, lässt sich am Fall eines DAX-Indexfonds zeigen, der in US-Dollar notiert (solche Fonds werden von einigen ausländischen Fondsgesellschaften angeboten). Wie würde sich eine Aufwertung des Dollars gegenüber dem Euro auf die Wertentwicklung dieser Fonds auswirken? Das Fondsvermögen (der Wert der im Fonds enthaltenen DAX-Aktien) würde in Dollar gemessen nach der Dollar-Aufwertung sinken (und somit die in Dollar ausgewiesene Performance des Fonds schlechter ausfallen als ohne Wechselkursveränderung). Da aber unser hypothetischer Anleger in Euro rechnet, würde sich dieser Wertverlust für ihn exakt durch die Aufwertung des Dollars ausgleichen. Für die Frage des Wechselkurseffektes kommt es also darauf an, in welche Währungsräume der Fonds investiert, nicht aber, in welcher Währung der Fonds notiert.

6.15 Veröffentlichte Unternehmensgewinne sind nicht verlässlich

»Lies, Damned Lies and Managed Earnings«
Titel einer Reportage des amerikanischen Wirtschaftsmagazins *Fortune*
über legale Bilanzmanipulationen bei börsennotierten
Großunternehmen, 2.8.1999

Unter Wirtschaftswissenschaftlern besteht Einigkeit, dass veröffentliche Unternehmenszahlen – jedenfalls bezogen auf ein einzelnes Quartal oder Jahr – nicht ernst zu nehmen sind. Dies deshalb, weil die Geschäftsführung mit ganz legalen bilanzpolitischen Instrumenten in einer gegebenen Berichtsperiode beinahe jeden beliebigen Buchgewinn »produzieren« kann – von grotesk rosaroten Scheingewinnen bis zu ebenso irrealen Milliardenverlusten. Dass selbst renommierte Wirtschaftsprüfungsunternehmen wie Arthur Andersen bei der legalen, halblegalen und illegalen Manipulation von Jahresabschlüssen mitwirken, bestätigte einmal mehr der Skandalkonkurs des amerikanischen Energieriesens *Enron* im Frühjahr 2002.

Oft täuschen diese rein kosmetisch erzeugten Gewinne – siehe etwa die Milliarden-Abschreibungen bei Immobilien der Deutschen Post kurz nach ihrem Börsengang Anfang 2000 – Aktionäre und potenzielle Anleger über die wahre wirtschaftliche Lage des Unternehmens und beeinträchtigen so ihre Investmententscheidungen. Dabei können die ausgewiesenen Gewinne sowohl überhöht als auch zu niedrig angesetzt sein – je nachdem, was der Unternehmensleitung gerade opportun erscheint. Für künstlich, aber legal aufgeblasene Scheinverluste könnte man immerhin zynisch ins Feld führen, dass diese dem Unternehmen oft zu Steuereinsparungen oder Steuerstundungen (und damit auch zu Einsparungen) verhelfen, was wenigstens denjenigen Aktionären nützt, die in dieser Situation nicht verkaufen. Übertriebene Gewinne allerdings können bestehende und potenzielle Anleger letztlich nur schädigen.

Wie ist Bilanzkosmetik möglich? Nun, die Rechnungslegungsvorschriften gewähren den Finanzvorständen von Unternehmen insbesondere in Deutschland eine kaum begrenzte Freiheit in der Ausübung von Wahlrechten bei Ansatz, Bewertung, Gruppierung und Periodenabgrenzung bestimmter Posten in Bilanz und Gewinn-und-Verlust-Rechung (GuV). Zumeist hat derartiges »Frisieren« nichts mit gesetzeswidriger Bilanzfälschung zu tun.

Wir wollen hier nicht weiter ins Detail gehen, sondern begnügen uns mit der Nennung einer kleinen Auswahl der vielen verfügbaren »Gewinnsteigerungshebel«: Abschreibungssätze für Sachinvestitionen senken, Anlagegüter leasen statt kaufen, Abzinsungssätze für betriebliche Pensionsverpflichtungen erhöhen, Aktienoptionen für leitende Mitarbeiter nicht als Aufwand verbuchen, keine Wertberichtigungen auf Forderungen vornehmen, Aufwendungen aktivieren, den so genannten »Good will« nur über mehrere Jahrzehnte abschreiben, keine Rückstellungen für potenzielle Verluste bilden, Minderheitsbeteiligungen an verlustbringenden Tochterunternehmen nicht konsolidieren und vieles andere mehr. Die Möglichkeiten sind schier unbegrenzt.[48] Dass von diesen Manipulationsmöglichkeiten sicherlich nicht immer Gebrauch gemacht wird, ist kein Trost, denn die verfälschten Gewinn-und-Verlust-Rechnungen lassen sich von den halbwegs korrekten erst Monate oder Jahre später unterscheiden.

Weit objektiver als die GuVs sind die so genannten Kapitalflussrechnungen in den Jahres- und Quartalsabschlüssen der Unternehmen. Diese »Cashflow-Statements« stellt den echten Cashflow in der Berichtsperiode dar, also das Geld, das tatsächlich in die Firmenkasse hinein- beziehungsweise aus ihr herausfloss. Nur mit diesem Cashflow – anders als mit dem Buchgewinn – kann das Unternehmen Rechnungen bezahlen oder Dividenden finanzieren. Nicht zufällig lautet ein bekanntes Wall-Street-Bonmot: »Cash is king, profit is opinion«. Obwohl Fachleute sich über die Manipulationsanfälligkeit der GuV einig sind und obwohl die Finanzaufsichtsbehörden der meisten Industriestaaten sich seit Jahrzehnten darum bemühen, diesen Schwindel einzugrenzen, schreiben Analysten und Investmentmedien die nutzlosen GuV-Zahlen weiter gebetsmühlenhaft ab. Vermutlich, weil Sätze wie »der Vorsteuergewinn im ersten Quartal betrug 240 Millionen Euro« irgendwie fachkundig klingen, weil es schon immer so gemacht wurde, weil Pro-forma-Zahlen der Bequemlichkeit halber als endgültig betrachtet werden und weil die meisten Wirtschaftsjournalisten den Unterschied zwischen GuV und Kapitalflussrechnung sowieso nur in den Grundzügen verstehen.

Fazit: Die ausgewiesenen Gewinne von Großunternehmen sind kein verlässlicher Indikator für die finanzielle und wirtschaftliche Lage des Unternehmens zu einem bestimmten Zeitpunkt. Allenfalls im langjährigen Durchschnitt vermitteln diese Zahlen ein einigermaßen aussagekräftiges Bild, aber dann ist es für Investmententscheidungen weitaus zu spät. Ein Anleger ist daher am besten beraten, die in der einschlägigen Finanzpresse berichteten Gewinn- und Ertragszahlen zu ignorieren oder mit großer Skepsis zu betrachten und sich vorwiegend mit Cashflow-Größen zu beschäftigen.

6.16 Aktiensplitts nützen niemandem

>»There are no financial illusions.«
>*Richard Brealey, Stewart Myers,* Autoren des erfolgreichsten
>Finanzlehrbuches der Welt, über Aktien-Splitts

Auch die Bedeutung von Aktiensplitts liegt mehr auf der PR-Ebene als in der echten Ökonomie. Es ist eine hartnäckiger Irrglaube, demzufolge Aktiensplitts einen positiven Renditeeffekt haben. Beispiel: Eine Aktie mit einem Kurs von 1 000 Euro wird durch einen Aktiensplitt im Verhältnis 1:2 in zwei Aktien zu 500 Euro umgewandelt. Angeblich erhöht die damit einhergehende Halbierung des Aktienkurses die »Attraktivität« der Aktie vor allem für Kleinanleger und hat damit indirekt einen positiven Einfluss auf die weitere Entwicklung des Kursniveaus. Die Wissenschaft und der gesunde Menschenverstand sagen, dass das nicht der Fall sein kann.

Der Wert einer Aktie basiert langfristig auf den künftigen Cashflows, die an die Aktionäre fließen werden. Ein Aktiensplitt wirkt sich weder auf den gesamten Unternehmens-Cashflow aus noch darauf, wie viel davon an den einzelnen Aktionär fließt. Ein Kuchen wird nicht größer, wenn man ihn in 32 statt in 16 Stück aufschneidet, ein Aktionär nicht dadurch reicher, weil er jetzt zwei Aktien zu 500 Euro besitzt statt der einen zu 1 000 Euro. Wäre das anders, würden Aktionäre auf ganz offenkundige Taschenspielertricks hereinfallen.

Die Ergebnisse wissenschaftlicher Untersuchungen zu Aktiensplitts bestätigen regelmäßig diese eigentlich banale Einsicht.[49] Zwar weisen die gesplitteten Aktien in vielen Studien in den Monaten vor (aber nicht nach) dem Aktiensplitt Überrenditen auf, das heißt höhere Renditen als der exakt entsprechende Vergleichsmaßstab. Die Ursache hierfür ist jedoch nicht der Splitt. Vielmehr sind gesplittete Aktien überproportional häufig solche, die aufgrund ganz normaler realwirtschaftlicher Faktoren (zum Beispiel überdurchschnittliche Ertragsaussichten) ihre Asset-Klasse outperformen, deren Aktienkurs daher vor dem Aktiensplitt relativ stark gestiegen ist. Genau deshalb führt das Management ja einen Splitt durch. Der Splitt geschieht somit bei realwirtschaftlich erfolgreichen Aktien häufiger als bei erfolglosen. Er ist eine Konsequenz dieses Erfolges, nicht seine Ursache.[50] Umgekehrt zeigen die Studien ebenso: Stagniert oder sinkt der Kurs einer Aktie über längere Zeit, ist es weniger wahrscheinlich, dass das Management splittet. Ergo: Die »Wirksamkeit« von Aktiensplitts ist Illusion und basiert auf einer nicht-kausalen Korrelation mit tiefer liegenden echten Ursachen. Dennoch spielen Analysten Aktiensplitts regelmäßig zu »echten« Ereignissen hoch.

Es gibt sogar gute Gründe, Aktiensplitts negativ zu bewerten, denn sie verursachen hohe Kosten für das entsprechende Unternehmen, vermindern also den freien Cashflow, der schlussendlich an die Aktionäre fließen kann. Man muss sich auch fragen, warum – wenn Aktiensplitts werterhöhend sein sollen – nicht jedes Unternehmen jährlich einen Aktiensplitt durchführt. So würde die Aktie immer »handelbarer« und selbst »Kleinstaktionäre« könnten eine einzelne Aktie erwerben. Die Naivität dieser Überlegung leuchtet unmittelbar ein. Und apropos: Eine der renditestärksten Aktien der Welt, diejenige der Finanz-Holding Berkshire Hathaway von Warren Buffett, hat in ihrer über 30-jährigen Geschichte noch nie einen Aktiensplitt erlebt. Ihr Kurs bewegte sich im Juli 2001 bei etwa 68 000 Dollar – offenbar nicht zum Schaden des Wertpapiers.

6.17 Fonds-Shops sind nicht unabhängig

»An der Börse ist eine halbe Wahrheit eine ganze Lüge.«
André Kostolany, Anleger, Bestsellerautor

Viele Fondsanleger erwerben Fondsanteile über Fonds-Shops, weil sie zu Recht annehmen, bei Banken und Fondsgesellschaften würden ihnen jeweils nur »hauseigene« Produkte angeboten. Bedenkt man, dass in Deutschland inzwischen etwa 5 000 Fonds zugelassen sind, selbst die größten Fondsgesellschaften jeweils aber kaum mehr als 100 verschiedene Fonds offerieren, kann der Gang zur Hausbank bedeuten, mit nur 2 Prozent des Fondsangebots vorlieb nehmen zu müssen. Mehr Auswahl bieten Direktbanken (Discount-Broker) oder die genannten Fonds-Shops, die sich selbst gern als »unabhängig« verkaufen.

Bedauerlicherweise ist es mit der Unabhängigkeit dieser Fonds-Shops bei genauer Betrachtung nicht weit her. Warum nicht?

▸ Obwohl die Fonds-Shops grundsätzlich alle erwähnten 5 000 Fonds vertreiben könnten, dürfte das in der Praxis nie vorkommen. Fonds-Shops unterhalten konkrete Vertriebsabkommen nur mit einer Hand voll von Fondsgesellschaften. Das bedeutet, dass ein Fonds-Shop am Vertrieb der Fonds einer Gesellschaft, mit der ein Abkommen besteht, weit mehr verdient als beim Verkauf eines der übrigen Fonds. Somit besteht die Gefahr, dass allein »Hausprodukte« angeboten werden, bei Fonds-Shops ebenso wie bei Banken, wenn auch in etwas abgemilderter Form.

▸ Hinzu kommt, dass Fonds-Shops in der Regel umso mehr Verkaufsprovision vereinnahmen, je höher der Ausgabeaufschlag eines verkauften Fonds ist. Es dürfte nicht abwegig sein, daraus zu schließen, dass der Fonds-Shop nicht in jedem Fall das für den Kunden »beste« Produkt verkauft, sondern oft dasjenige mit dem lukrativsten Ausgabeaufschlag.

Der insgesamt beste Vertriebskanal für Investmentfonds sind die Direktbanken. Hier ist die Auswahl am breitesten und die Rabattierung der Ausgabeaufschläge am großzügigsten – überraschenderweise sogar meistens großzügiger als bei der Fondsgesellschaft selbst. Leider verbreiten auch Direktbanken das Ammenmärchen von der Bedeutung historischer Performance für die Fondsauswahl. Empfehlung: die unnütze Tabelle »Top-Fonds des Monats« auf der Homepage einfach wegklicken.

6.18 »Viel tun« schadet dem Anlageerfolg

> »Das einzige Geld, das durch Investment-Newsletter
> verdient wird, kommt aus den Abonnements. Ganz gewiss nicht
> aus der Umsetzung der Anlageempfehlungen.«
> *Malcolm Forbes*, Milliardär und Gründer von *Forbes*, dem
> meistverkauften amerikanischen Wirtschaftsmagazin

Nachdem wir nun ausführlich gezeigt haben, wie niederschmetternd gering der Mehrwert ist, den die so genannten Experten und ihr »Expertenwissen« dem Anleger bieten, der nach einer möglichst hohen Nettorendite strebt, wird sich mancher Leser fragen: »Wozu sich eigentlich noch ›abrackern‹, um möglichst viel von Investments zu verstehen? Was bringt es, wöchentlich Ratgeberzeitschriften zu lesen und das Börsengeschehen zu verfolgen? Warum sollte man Renditevergleiche anstellen und sein Depot analysieren, wozu konzentriert versuchen, billig zu kaufen und teuer zu verkaufen?«

Diese Zweifel sind zu einem Teil berechtigt: Es macht es in der Tat keinen Sinn, seine Wertpapieranlagen zeit- und arbeitsaufwändig zu »managen«; vielmehr ist es besser, nichts zu tun. Andererseits kann man sich mit dem Thema Wertpapierinvestment gar nicht genug beschäftigen – um die Tricks und Seifenblasen der Finanzbranche zu durchschauen und souverän zu ignorieren; anders ausgedrückt: um immer dann nichts zu tun, wenn Nichtstun am besten ist. Und das ist – bildhaft gesprochen – an 364 von 365 Tagen der Fall. Während dieser 364 Tage werden Ihnen Ihre ureigene Intuition, aber noch viel mehr die »Experten« unablässig einreden, jetzt sei es Zeit zu »handeln«, »umzusteigen«, den alten Ansatz zu revidieren, zu kaufen, zu verkaufen, teilzuhaben an den unglaublichen Gewinnen, die andere gerade vereinnahmt haben, Verluste zu stoppen, zu traden. Denken Sie daran: Nur durch Ihr aktives Traden verdienen diese Experten Geld, viel Geld. Je mehr Sie traden, desto besser für die Experten.

Genau davor kann sie richtiges, wissenschaftlich fundiertes Investmentwissen schützen. Es versetzt Sie in die Lage, die Bedeutung einer sinnvollen Asset-Allokation zu erkennen und umzusetzen, Kosten zu minimieren, korrekt zu diversifizieren und diszipliniert an einem Buy-and-Hold-Ansatz festzuhalten – selbst während eines Crashs.

Indexanlagen[51], von der Fonds- und Unternehmensanalysegesellschaft Standard & Poor's treffend als die »heimlichen Stars« der Börse tituliert, sind das ideale Instrument, um eine solche passive Buy-and-Hold-, Low-Cost-, systematisch diversifizierte Anlagestrategie umzusetzen. Wir werden diesen überraschend einfachen und wissenschaftlich fundierten Investmentansatz im nächsten Kapitel genauer beschreiben. Damit sind wir beim vierten und letzten Schritt unserer Untersuchung angekommen: der Formulierung einer alternativen Anlagestrategie.

7
Wie man das Verliererspiel gewinnen kann

Wir kommen jetzt zum letzten und wichtigsten von vier Schritten, mit denen Sie dieses Buch zu einer tragfähigen, langfristigen Anlagestrategie führen will. Zu Ihrer Orientierung hier noch einmal die vier Schritte im Überblick:

☐ Schritt 1: Die Ausgangsbasis: Wie die Wertpapiermärkte tatsächlich funktionieren

☐ Schritt 2: Die Welt der Illusion: Dreizehn grundlegende Irrtümer über Wertpapieranlagen

☐ Schritt 3: Die Nabelschau: Eine kritische Überprüfung Ihrer derzeitigen Anlagestrategie und Ihres Anlagewissens

☒ Schritt 4: Der Königsweg: Wie Sie mit einer einfachen und überlegenen Anlagestrategie das Verliererspiel gewinnen können

7.1 Passiv investieren mit Indexinvestments

»Nach der ökonomischen Theorie wird Risiko richtig gesteuert, indem Investoren den Anteil an [risikolosen] Cash-Anlagen je nach ihrer individuellen Risikoneigung höher oder niedriger festsetzen – darin werden sich alle Anleger voneinander unterscheiden. Nachdem aber diese fundamentale Entscheidung gefallen ist, muss jeder Investor – gleichgültig wie konservativ oder aggressiv – seine verbleibenden Geldmittel in der gleichen Weise auf Aktien und Zinspapiere aufteilen.«

The Economist, 31.5.1997

Nachdem wir uns nun ausführlich mit Investment-Lügen und -Irrwegen auseinander gesetzt haben, wollen wir nun sehen, wie man es besser machen kann. Die vernünftige und fundierte Anlagestrategie, die wir hier vorstellen, ist im Grunde einfach. Sie lautet:

> Passiv investieren, auf der Basis einer betont langfristig ausgerichteten, radikalen Buy-and-Hold-Philosophie und mithilfe eines systematisch und breit diversifizierten Portfolios, das vorwiegend aus kostengünstigen Indexanlagen (Indexfonds, Indexaktien und Indexzertifikaten) besteht. Das Ziel, den Markt schlagen zu wollen, wird bei dieser Strategie nicht verfolgt.

▸ »Passiv« steht in diesem Zusammenhang für den bewussten Verzicht auf aktive Anlagestrategien wie Stock-Picking oder Market-Timing in dem praktisch aussichtslosen, aber riskanten Unterfangen, den Markt zu schlagen.

▸ Eine »langfristig ausgerichtete, radikale Buy-and-Hold-Philosophie« bedeutet den völligen Verzicht auf kurzfristige spekulative Investments und laufendes Trading (Kaufen, Verkaufen) mit dem Ziel, an vermeintlichen Trends zu partizipieren, um eine Überrendite zu erzielen. Dabei werden Investments (abgesehen von Notfällen) ausschließlich deshalb verkauft, weil man in die Entsparphase eintritt (meist bei Ausscheiden aus dem Berufsleben), weil man langfristig geplante, größere Konsuminvestitionen tätigt (zum Beispiel Autokauf oder Immobilienfinanzierung), weil die persönliche Risikotoleranz abgenommen hat oder weil ein »Rebalancing« des Portfolios vorgenommen werden soll (dazu mehr im folgenden Abschnitt). Bei einem Anlagehorizont von weniger als 24 Monaten sind Aktieninvestments nicht sinnvoll.

▸ »Systematisch und breit diversifiziert« beinhaltet, dass alle sechs Aktienweltregionen im Portfolio berücksichtigt werden: (a) Westeuropa, (b) Nordamerika, (c) Japan/Australien/Neuseeland, (d) Osteuropa, (e) Ost-/Südostasien, (f) Südamerika. (Die beiden weiteren Schwellenländerregionen Naher und Mittlerer Osten sowie Afrika können optional ebenfalls berücksichtigt werden.) Die Gewichtung dieser sechs Regionen sollte grob ihrem Anteil am Weltbruttoinlandsprodukt entsprechen (nicht der

Marktkapitalisierung). Weitere Asset-Klassen wie Rohstoffe und Immobilienaktien (oder vorzugsweise Immobilienfonds) können bei Anlegern, die eine etwas aufwändigere Asset-Klassen-Allokation betreiben wollen, noch hinzukommen. Ferner können die Aktien-Asset-Klassen noch jeweils zur Hälfte in die Unterklassen Growth- und Value-Aktien sowie Large-Caps und Small-Caps aufgeteilt werden, aber auch das ist eine Option für sehr anspruchsvolle Anleger. Ein konkretes Musterportfolio, das diese Untergliederung in etwas vereinfachter Form widerspiegelt, stellt der nächste Abschnitt vor.

▸ »Kostengünstige Indexanlagen«, also Indexfonds, Indexaktien und Indexzertifikate, sollten so weit wie möglich zur Abbildung der genannten Asset-Klassen (z. B. Marktregionen) verwendet werden. Indexanlagen weisen im Allgemeinen deutlich geringere einmalige und laufende Kosten als konventionelle Investmentinstrumente (aktive Investmentfonds oder Einzelanlagen) auf. Wenn für einzelne Asset-Klassen (noch) keine Indexanlagen verfügbar sind, können auch aktive Fonds mit möglichst geringen einmaligen und laufenden Kosten verwendet werden.

Der Risikograd eines Anlegerportfolios wird nicht über die Zusammensetzung des Aktienteils des Portfolios (den wir im Folgenden *Weltportfolio* nennen) gesteuert, wie traditionell und falsch von Banken empfohlen, sondern über eine die persönliche Risikoneigung des Anlegers widerspiegelnde, mehr oder weniger umfangreiche Beimischung einer »risikolosen Anlage«. Risikolose Anlagen sind beispielsweise Geldmarktfonds (in Euro) oder Staatsanleihen der Bundesrepublik Deutschland mit einer Laufzeit von unter einem Jahr (mehr dazu im Glossar). Das Portfolio eines sehr risiko*freudigen* Anlegers würde dann beispielsweise die beiden Hauptkomponenten Weltportfolio und risikolose Anlage in einer Gewichtung von 90 Prozent zu 10 Prozent enthalten, während ein stark risiko*scheuer* (in der Fachsprache: risikoaverser) Anleger sich für eine Portfolioaufteilung mit 20 Prozent Weltportfolio und 80 Prozent risikoloser Anlage entscheiden könnte. Auch der Anlagehorizont und die Liquiditätspräferenz eines Anlegers (beides hängt eng zusammen) wird über die Beimischung der risikolosen Anlage zum Weltportfolio gesteuert.

In Tabelle 20 stellen wir neun Musterportfolios vor, aus denen jeder Anleger eine auf seinen persönlichen Anlagehorizont und seine persönliche Risikoneigung passende Asset-Allokation auswählen kann.

Tabelle 20: Neun Musterportfolios: Mögliche Asset-Allokationen auf der Basis des »Weltportfolios«

	Portfolio 1	Portfolio 2	Portfolio 3	Portfolio 4	Portfolio 5	Portfolio 6	Portfolio 7	Portfolio 8	Portfolio 9
Risikotoleranzstufe	gering	gering	gering	mittel	mittel	mittel	hoch	hoch	hoch
Mindestanlagehorizont	2–3 Jahre	4–8 Jahre	> 8 Jahre	2–3 Jahre	4–8 Jahre	> 8 Jahre	2–3 Jahre	4–8 Jahre	> 8 Jahre
Risikoloser Portfolioteil (Geldmarktfonds, kurzfr. Staatsanleihen, Festgelder o. Ä.)	80%	60%	50%	70%	35%	25%	60%	5%	0%
Risikobehafteter Portfolioteil (Aktienteil) – Zusammensetzung siehe Tabelle 21)	20%	40%	50%	30%	65%	75%	40%	95%	100%
Summe	100%	100%	100%	100%	100%	100%	100%	100%	100%
Erwartete Rendite innerhalb der Risikotoleranzstufe	niedrig	mittel	hoch	niedrig	mittel	hoch	niedrig	mittel	hoch

Hier eine kurze Erläuterung der wichtigsten Elemente dieser Tabelle:

Persönliche Risikotoleranzstufe Um ein auf die persönlichen Bedürfnisse optimal abgestimmtes Portfolio bilden zu können, muss man seine persönliche Risikoneigung kennen. (Ein treffenderer, wenn auch etwas unhandlicher Ausdruck für Risikotoleranz ist Risikotragekapazität.) Unsere drei groben Stufen der Risikotoleranz sind folgendermaßen definiert:

▸ Geringe Risikotoleranz: Ein bis zu 20-prozentiger Wertverlust des Gesamtportfolios innerhalb von zwölf Monaten ist noch akzeptabel, ohne dass es zu hoher nervlicher Belastung und eventuell zu Panikverkäufen kommt.

▸ Mittlere Risikotoleranz: Ein bis zu 30-prozentiger Wertverlust des Gesamtportfolios innerhalb von zwölf Monaten ist noch akzeptabel.

▸ Hohe Risikotoleranz: Ein bis zu 50-prozentiger Wertverlust des Gesamtportfolios innerhalb von zwölf Monaten ist noch akzeptabel.

Es versteht sich, dass diese drei Toleranzstufen nur vereinfachte Annäherungen an die Realität darstellen. Damit Sie ein besseres Gefühl dafür bekommen, was hinter den Abstufungen steckt, geben wir hier einige Hinweise auf die Faktoren, die die persönliche Risikotoleranz beeinflussen. Die Gewichtung dieser Faktoren variiert von Anleger zu Anleger, pauschale Aussagen sind daher kaum möglich. Die persönliche Risikotoleranzstufe wird von den folgenden sechs Faktoren bestimmt (Näheres dazu in »Weltweit investieren mit Fonds« vom Autor dieses Buches): (a) Emotionale Stressresistenz: Wie gut komme ich nervlich mit starken, anhaltenden Verlusten in meinem Portfolio zurecht? (b) Höhe des »freien Cashflows« pro Monat: Wie hoch ist im Durchschnitt der monatliche Barbetrag in meinem Haushalt, der nach Abzug aller laufenden Ausgaben und Rückstellungen für die Anschaffung langlebiger Konsumgüter (zum Beispiel Auto oder Urlaub) verbleibt? (c) Höhe der Notreserve: Wie hoch ist der jederzeit risikolos in Bargeld umwandelbare »Notgroschen«, der meinem Haushalt zur Verfügung steht? (d) Weiteres Vermögen: Wie hoch ist das weitere Vermögen meines Haushaltes, das nicht in Wertpapieren angelegt ist (insbesondere Immobilien, Kapitallebensversicherungen, staatliche Rentenversicherung)? (e) Die Frist bis zum Ruhestand: Wie lange werde ich und werden andere verdienende Mitglieder meines Haushaltes noch Erwerbseinkommen beziehen? (f) Welche Finanzziele habe ich? Welchen Lebensstandard und welche Anschaffungen und Ausgaben will ich mir in der »Entsparphase« (zum Beispiel im Ruhestand) leisten können? Wer nicht wenigstens eine »geringe« Risikotoleranz nach obiger Definition besitzt, sollte überhaupt nicht in Aktien oder Aktienfonds investieren.

Mindestanlagehorizont Der Zeitraum, während dessen man das Portfolio – sowohl was das Kapital betrifft als auch hinsichtlich der laufenden Erträge (Zinsen, Dividenden) – mit sehr großer Wahrscheinlichkeit nicht anrühren muss. Unsere Musterportfolios setzen einen Mindestanlagehorizont von zwei Jahren voraus, weil für kürzere Zeiträume die Anlage in Aktien oder Aktienfonds aus Risikogründen unsinnig ist. Für so kurze Perioden sind insbesondere Festgelder, Geldmarktfonds oder Bundeswertpapiere mit einer Restlaufzeit von nicht wesentlich über 18 Monaten (zum Beispiel Finanzierungsschätze des Bundes) geeignet.

Risikofreier Portfolioteil (Cash, kurzfristige Bonds) Hiermit sind zum Beispiel folgende in Euro (nicht in Fremdwährung) lautende Anlagen gemeint: Festgelder oder Konten mit variabler Guthabenverzinsung bei seriösen Banken bester Bonität, Geldmarktfonds großer deutscher Banken oder festverzinsliche Wertpapiere (Anleihen) mit maximal zwölfmonatiger Restlaufzeit der Bundesrepublik Deutschland, eines Sondervermögens des Bundes, eines Bundeslandes oder eines anderen EU-Staates aus der Euro-Zone (EWU) mit bestmöglicher Bonität. (Bei bestimmten EWU-Ländern mit hoher Staatsverschuldung kann man nicht generell von »bestmöglicher« Bonität ausgehen.) Der Begriff »Cash« bedeutet in diesem Zusammenhang anders als im allgemeinen Sprachgebrauch nicht unverzinsliches Bargeld, sondern steht für Geldmarktanlagen. Der Geldmarkt beinhaltet festverzinsliche Anlagen bis zwölf Monate Laufzeit.

7.2 Ein konkreter Vorschlag für ein »Weltportfolio«

> »Die Schlussfolgerung aus der Auswertung internationaler Rendite- und Risikovergleiche könnte nicht einfacher sein: Diversifiziere dein Portfolio weltweit. So stabilisierst du nicht nur das Gerüst deiner Finanzanlagen, sondern erwirtschaftest höchstwahrscheinlich auch zusätzliche Erträge bei geringerem Risiko.«
> *Jim Wiandt*, Chefredakteur der Website *www.indexfunds.com*

Tabelle 21 zeigt beispielhaft, wie das so genannte »Weltportfolio«, das den risikobehafteten Teil eines Gesamtportfolios repräsentiert, mit konkreten Investmentfonds gebildet werden kann. Die auf die einzelnen Regionen entfallenden Anteile richten sich nach der ungefähren Größe dieser Volkswirtschaften relativ zum weltweiten Bruttoinlandsprodukt. Es versteht sich, dass auch andere Anlageprodukte (die bei Redaktionsschluss eventuell noch nicht auf dem Markt waren), etwa Indexzertifikate[52] und Indexaktien, die einzelnen Asset-Klassen repräsentieren können.

Bevor Sie nun beginnen, Ihr eigenes Portfolio auf verschiedene Asset-Klassen aufzuteilen, sollten Sie Folgendes beachten: Die »perfekte« Asset-Allokation ist eine Chimäre, es gibt sie nur in der Vergangenheit. Wichtiger als eine vermeintlich optimale Asset-Allokation zu finden ist es, an seiner einmal gefundenen, vernünftigen Asset-Allokation unbeirrt festzuhalten. Eine laufende Veränderung Ihrer Asset-Allokation ist ein sicherer Fahrschein ins Unheil. Denken Sie auch daran, dass jede Asset-Allokation einen beliebigen einzelnen Aktienindex (zum Beispiel den DAX oder den S&P 500) in ungefähr vier von zehn Jahren unterperformen wird. Ist das nicht so, machen Sie vermutlich etwas falsch, das heißt, Sie haben bewusst oder unbe-

Tabelle 21: Mögliche Strukturierung des Weltportfolios
(risikobehafteter Teil des Gesamtportfolios)

Asset-Klasse	Anteil	Fondsname (mit Abkürzungen, wie sie in manchen Online-Daten-banken erscheinen)	Fonds-gesellschaft	Wert-papier-kennnr.	Fondstyp
Aktien global, Large-Caps, Growth	15%	Unico i-tracker MSCI world	Union Invest-ment (Deutschland)	765435	Indexak-tie (ETF)
Aktien global, Small-Caps, Value	15%	Morgan Stanley-Global Small Cap Value I	Morgan Stanley (USA)	986743	aktiver Fonds
Aktien Europa, Small-Caps, Growth	15%	Oppenheim Aktien Europa Mid/Small Cap (Op. Select Small Cap Euro.)	Oppenheim (Deutschland)	511741	Index-fonds
Aktien USA, Small-Caps, Growth	10%	MFS-US Emerging Growth Fund (MFS Intl Fds US Eg. Fd. A1)	MFS Internatio-nal (USA)	974167	aktiver Fonds
Aktien Japan, Small-Caps, Growth	10%	CA Funds Japan Smaller Companies AC (GRPE IND.-FDS-JAP S. COS C.)	Indocam / Cré-dit Agricole (Frankreich)	986268	aktiver Fonds
Aktien Emerging Markets global, Growth	25%	RG Emerg. Mkts Equity Fund (RG CG Emerg. Mkts Equity)	Robeco RG Capital Growth (Niederlande)	988155	aktiver Fonds
Immobilienaktien global	5%	ABN Amro Global Property Equity Fund	ABN Amro (Niederlande)	935806	aktiver Fonds
Rohstoffe global	5%	Activest Aktien Rohstoffe	Activest (Deutschland)	977988	Index-fonds
Summe	100%				

wusst nur in einen bestimmten Index (Markt) investiert und sind daher unterdiversifiziert.

Unser Beispielportfolio ist somit keineswegs als »perfekte« Lösung zu interpretieren. Es ist durchaus möglich, dass andere Asset-Klassen-Gewich-tungen und andere konkrete Produkte in der Zukunft höhere Renditen erwirtschaften werden. Auch können nach Redaktionsschluss dieses Buches neue Anlageprodukte auf den Markt kommen, die insbesondere von der Kostenseite her den hier aufgeführten überlegen sind.

Die in Tabelle 21 aufgezeigte Struktur des Weltportfolios erfordert eine gewisse Mindestgröße des Gesamtportfolios, da die meisten Fonds einen Mindestanlagebetrag von 2 000 Euro verlangen. Falls Ihr persönliches Anlagevolumen zu klein ist, müssen Sie das Portfolio vereinfachen. Dabei unterstützt Sie das Buch »Weltweit investieren mit Fonds« dieses Autors. Es zeigt darüber hinaus, wie man Wertpapiersparpläne beim Aufbau eines Weltportfolios berücksichtigt.

Mancher Leser wird sich darüber wundern, dass dieses Portfolio auch aktive Investmentfonds enthält, obwohl der Autor ein entschiedener Verfechter von Indexanlagen ist. Für die relevanten Asset-Klassen gab es in Deutschland bei Redaktionsschluss dieses Buches (Mai 2002) noch keine »passgenauen«, zugelassenen interessanten Indexprodukte. Aufgrund des raschen Wachstums dieses Marktsegmentes wird dieses Manko jedoch bald behoben sein.

Rebalancing Das Festhalten an einer einmal gewählten Asset-Allokation erfordert in Abständen von 18 bis 36 Monaten eine mechanische Wiederherstellung des gewählten Verhältnisses zwischen den Asset-Klassen. Warum ist ein solches »Rebalancing« so wichtig? Die Erklärung liegt in der unterschiedlichen Wertentwicklung der einzelnen Portfolio-Komponenten. Im Laufe der Jahre wird ein Portfolio dadurch fast zwangsläufig »aus dem Gleichgewicht geraten«. Insbesondere die risikoreichen Teile werden an Gewicht gewinnen, da sie zumeist eine höhere Rendite aufweisen. Um nicht unbeabsichtigt mit einem allmählich immer risikoreicheren, schlechter diversifizierten und volatileren Portfolio zu enden, muss der Anleger sein Portfolio aktiv an die ursprüngliche Asset-Allokation (Struktur) angleichen. Diese kann laufend durch ausgleichende Neuanlagen in die inzwischen untergewichteten Portfolioteile geschehen (wozu sich Wertpapiersparpläne anbieten) oder durch einmalige Neuanlagen oder Umschichtungen, die etwa alle zwölf bis 24 Monate stattfinden könnten. Die Bedeutung und die Nutzen des Rebalancing werden von vielen Anlegern unterschätzt oder heruntergespielt, oft in dem Bestreben, Transaktionskosten zu minimieren (die ja durch ein mögliches Umschichten entstehen). Eine Reihe von wissenschaftlichen Untersuchungen hat jedoch gezeigt, dass Rebalancing zur Risikosteuerung und -kontrolle notwendig ist und in der Mehrzahl der Fälle die langfristige Durchschnittsrendite eines Portfolios sogar leicht erhöht. Wie das? Rebalancing sorgt dafür, das die in der jüngeren Vergangenheit stark rentierenden Segmente teilweise verkauft und die in dieser Phase schwach rentierenden Segmente nachgekauft werden. Auf diese Weise nutzt der Anleger das Phänomen der Regression zum Mittelwert und Value-Investing-Effekte zu seinem Vorteil. Rebalancing sollte allerdings weder mit Market-Timing verwechselt werden noch einen derartigen Charakter annehmen.

7.3 In Deutschland zugelassene Indexanlagen

»Ich kenne Leute, die mehr Zeit dafür aufwenden,
Papierhandtücher vor dem Kauf
zu vergleichen als Börseninvestments.«
Arthur Levitt, ehemaliger Präsident der amerikanischen
Börsenaufsichtsbehörde SEC

Das Zusammenstellen eines Weltportfolios überwiegend aus Indexanlagen ist zunächst mit einigem Recherche-Aufwand verbunden. Indexanlagen sind Produkte, an denen die Banken, Börsen, Vermögensberater und Fondsgesellschaften schlecht verdienen. Die Margen konventioneller, »aktiver« Anlageprodukte sind bis zu zehnmal so hoch, und die Finanzmedien berichten kaum über Indexanlagen, weil diese nicht für eine heiße Story taugen.

Weil die Finanzbranche Indexanlagen nur »passiv« vermarktet, das heißt auf energische Nachfrage hin jenen offeriert, die sich weigern, teure und aktiv gemanagte Produkte zu kaufen, braucht es auf Anlegerseite ein wenig Mühe, um Indexanlagen zu finden und zu erwerben. Besonders schwierig ist es, die besten (in der Regel die preisgünstigsten) Produkte herauszufiltern. Erfreulicherweise zwingen die weltweit wachsende Popularität von Indexanlagen und der intensive Wettbewerb in der Finanzbranche immer mehr Fondsgesellschaften und Banken, auch geringmargige Indexprodukte anzubieten. Nachfolgend finden Sie einige Angaben, die Ihnen die Suche erleichtern sollen.

(a) Indexfonds Praktisch alle der nachfolgend genannten Indexfonds oder »Indexfondsfamilien« sind über mindestens eine der bekannten Direktbanken (Comdirect, Consors, Direktanlagebank, Advance Bank, Deutsche Bank 24 und andere) mit vermindertem Ausgabeaufschlag zu beziehen. Erste Informationen zu den hier aufgeführten Fonds findet man relativ schnell und bequem im Internet unter den Adressen www.onvista.de und www.gfa-fonds.de.

‣ Balzac-Fondsfamilie von StateStreet (USA), deutsche Niederlassung in München, www.statestreetfrance.com;

‣ Activest-Länderfondsfamilie von Activest, München (HypoVereinsbank), www.activest.de

‣ DVG-Länderfondsfamilie von DVG/DWS, Frankfurt/Main (Deutsche Bank), www.dws.de

‣ Nordinvest, Hamburg (HypoVereinsbank), www.nordinvest.de, bietet einige Indexfonds an

‣ Fidelity (USA), deutsche Niederlassung in Frankfurt/Main; www.fidelity.de, hat mit dem Fidelity Eurostoxx 50 einen relativ günstigen Indexfonds aufgelegt (kein Ausgabeaufschlag bei Fidelity selbst)

‣ Frankeninvest (Schmidt-Bank und Consors, Nürnberg) offeriert einige Indexfonds; www.frankeninvest.de und www.consors.de

‣ Win Investmentfonds-Famile von UBS/Winterthur (unseres Wissens nur über die Büros der DBV-Winterthur-Versicherung zu beziehen), www.wininvestmentfunds.com

‣ Pictet Index Targeted Funds -Indexfondsfamilie, Pictet, Zürich, www.pictet.ch/de/homepage

‣ Prumerica-Indexfonds von Prudential Bache (USA), www.prudentialbache.com; eine Niederlassung von Prudential-Bache befindet sich in Frankfurt/Main

‣ CB-Länderbasket-Fondsfamilie von CICM Commerz International Capital Management, Frankfurt/Main (Commerzbank), www.cicm.de;

‣ Die Bank Oppenheim, Köln, www.oppenheim.de, bietet einige wenige Indexfonds an, darunter einen recht interessanten Small-Cap-Indexfonds für Europa

‣ Die skandinavische Gesellschaft ModernFunds, ansässig in Luxembourg, www.modernfunds.com, offeriert Indexfonds. Da es sich um eine sehr kleine Gesellschaft ohne Präsenz in Deutschland handelt, ist eventuell Vorsicht angebracht.

‣ Der österreichische Finanzdienstleister moneyfruits (Graz) bietet ein interessantes und bequemes Indexfondsprodukt (moneyfruits World Index Fonds) an, das das vom Autor dieses Buches entwickelte »Weltportfolio« nachbildet (www.moneyfruits.com).

(b) Indexaktien (börsengehandelte Indexfonds) Bei Redaktionsschluss dieses Buches offerierten im Wesentlichen nur die folgenden Unternehmen in Deutschland steuerlich zugelassene Indexaktien: Indexchange AG (ein Tochterunternehmen der HypoVereinsbank), Union Investment (die Fondsgesellschaft der Volks- und Raiffeisenbanken) sowie Merrill Lynch (eine amerikanische Investmentbank). Die Websites dieser drei Unternehmen finden Sie im Anhang. Die zahllosen US-amerikanischen Index-Aktien (engl. *index shares*), die unter Akronymen wie Spiders, Diamonds, Webs oder ishares angeboten werden, besitzen keine Zulassung der Bundesanstalt für Finanzdienstleistungsaufsicht und sind damit für steuerehrliche Inländer in Deutschland mit gravierenden steuerlichen Nachteilen behaftet.

(c) Indexzertifikate Eine Auflistung der inzwischen rund 350 »Plain-Vanilla«-Indexzertifikate findet sich auf den Webseiten www.zertifikateweb. de, www.onvista.de und www.warrantonline.de/zertifikate/index. Die Zeitschrift *Börse Online* veröffentlicht in ihrem statistischen Anhang am Ende jedes Heftes eine relativ umfassende Liste mit Indexzertifikaten. Von Indexzertifikaten mit Renditebegrenzung (Cap), Rückzahlungsgarantie (Floor) oder sonstigen zusätzlichen Ausstattungsmerkmalen ist jedoch abzuraten, da sie letztlich aktive Anlagevehikel mit nur begrenzten Ertragschancen und/ oder erhöhten Kosten darstellen.

Die beiden deutschsprachigen websites www.de.indexfunds.com und www.indexconsulting.de bieten ausgesprochen nützliche Diskussionsforen für Indexanleger. Ferner kann auf der Website des Bundesverbandes der Investmentgesellschaften e.V., BVI (www.bvi.de) gezielt nach Indexfonds gesucht werden.

Die Erfahrung zeigt, dass Anleger, die mit dem konkreten Aufbau eines Indexportfolios beginnen, bei ihren Finanzberatern zumeist auf Widerstand stoßen. Der folgende Abschnitt soll Ihnen ein wenig dabei helfen, sich gegen die vielen zu erwartenden Einwände und Vorhaltungen Ihres Bankbetreuers und anderer »Experten« zu immunisieren.

7.4 Lassen Sie sich nicht von der richtigen Strategie abbringen

7.4.1 Indexinvestments bedeuten nicht, sich mit dem Durchschnitt zufrieden zu geben

Das Ziel einer aktiven Anlagestrategie muss darin bestehen, einen angemessenen Marktindex nach Kosten (und letztlich auch nach Risiko) zu übertreffen. Indexanlagen liefern per definitionem aber lediglich die Marktrendite, den Marktdurchschnitt. Ein Indexanleger gibt sich folglich von vornherein mit einer »mittelmäßigen« Rendite zufrieden. Kann das sinnvoll sein?

Die Antwort lautet »Ja«, und zwar aus zwei Gründen:

▸ Wenn man die Nettorendite eines Indexfonds (also die Rendite, die dem Anleger nach Abzug aller einmaligen und laufenden Kosten tatsächlich zufließt) der durchschnittlichen Nettorendite aller vergleichbaren aktiven Anleger beziehungsweise aller aktiven Fonds gegenüberstellt, dann liegt sie *über* diesem Durchschnitt. Hierin besteht das Paradox, von dem im Eingangszitat die Rede ist. Indexanleger erzielen zwar »nur« die durchschnittliche Marktrendite, liegen damit aber immer noch deutlich über dem Durchschnitt aller Anleger. Und je länger die betrachtete Periode ist, desto größer wird der in Geldeinheiten gemessene Vorsprung der Indexanleger vor den aktiven Anlegern.

▸ Wie wir inzwischen wissen, ist die Zusammensetzung der stets vorhandenen kleinen Gruppe der Markt-Outperformer (auf Nettorenditebasis) im Zeitablauf nicht stabil. Das heißt, es kann niemand, ob Profi oder Privatanleger, darauf hoffen, dauerhaft zu dieser glücklichen Gruppe zu gehören. Je intensiver ein Anleger versucht, den Markt zu schlagen, desto höher sind seine Anlagekosten und desto höher sind die Risiken, die er eingehen muss. Daher wird er statistisch *unter* dem Durchschnitt enden.

Mit Indexanlagen auf den Durchschnitt (des Marktes) zu zielen ist daher in der Tat die beste Strategie, über dem Durchschnitt (aller Anleger) zu landen.

7.4.2 Indexanlagen liegen auch in der Baisse vorne

> »Indexfonds gehen mit runter mit dem Gesamtmarkt – genauso
> wie gemanagte Fonds … nur weniger.«
> *John Bogle*, Gründer der Fondsgesellschaft Vanguard

Ein unermüdlich von der Fondsindustrie und den meisten Finanzjournalisten kolportierter Mythos über Indexanlagen besteht darin, dass Indexfonds zwar während eines Marktaufschwungs die Mehrzahl der aktiven Fonds schlügen, es hingegen während eines Marktabschwungs umgekehrt sei. In einer Baisse müsse ein Indexfonds »hilflos« dem Markt nach unten folgen, während aktive Fondsmanager in risikolose Cash-Anlagen umschichten könnten.

Diese Argumentation klingt plausibel, sie trifft in der Realität dennoch nicht zu. Inzwischen haben mehr als ein Dutzend seriöser Untersuchungen bestätigt, dass das einzige Körnchen Wahrheit an dieser pseudo-plausiblen Aussage darin besteht, dass der relative Nettorenditevorteil von Indexfonds in Marktabschwungsphasen weniger groß ist als in Aufschwungsphasen. Wir wollen an dieser Stelle nur eine einzige empirische Studie zitieren: Das US-Finanzforschungsinstitut Lipper Analytical Services untersuchte die Performance für amerikanische Standardwertefonds in sechs Bärenmärkten (definiert als Kursrückgang des S&P 500-Index um mindestens 10 Prozent) zwischen September 1979 und Oktober 1990. Ergebnis:

Durchschnittlicher Verlust eines S&P 500-Indexfonds	15,42 %
Durchschnittlicher Verlust der aktiven Blue-Chip-Fonds	17,04 %

Quelle: Evans, 1999, Seite 97 ff.

Man könnte nun fragen, warum aktive Fonds selbst in Marktabschwungsphasen im Durchschnitt hinten liegen. Die Antworten sind bekannt: (a) Weil Fondsmanager, darüber besteht kein Zweifel, Marktabschwünge grundsätzlich nicht zuverlässig vorhersehen (was sich im Crash der Technologie-Aktien von 2000/2001 wieder einmal bestätigt hat), (b) weil sie den Beginn des darauf folgenden Aufschwungs regelmäßig verschlafen und daher die vorher zu spät verkauften Titel teurer wieder einkaufen müssen, (c) weil ihr laufendes »Rein und Raus« hohe Transaktionskosten verursacht, (d) weil die Barreserve eines aktiven Fonds von rund 5 bis 15 Prozent zu gering ist, um in Marktabschwungsphasen einen dramatischen Performance-Unterschied zu bewirken, und zudem auf lange Sicht die Fonds-Performance klar senkt, denn an sechs von zehn Tagen steigen die Aktienmärkte.

7.4.3 Indexfonds sind auch bei Nebenwerten oder in Schwellenländern überlegen

Ein ähnliches Argument wie dasjenige von der vermeintlichen Unterlegenheit von Indexfonds in Marktabschwungsphasen postuliert deren Unterlegenheit in Schwellenländer- und Nebenwertemärkten. In diesen beiden Marktsegmenten, so die Begründung, gebe es noch viele Marktanomalien, die nur aktive Manager erfolgreich ausbeuten könnten. Unter- oder überbewertete Aktien existierten in diesen Märkten deshalb zahlreich, weil hier weniger Teilnehmer aktiv seien und nur eine niedrige Markttransparenz bestehe.

Diese Aussagen lassen sich weder eindeutig belegen noch widerlegen; überprüfen kann man dagegen die Ergebnisse der aktiven Anleger in diesen vorgeblich weniger »effizienten« Märkten. Dabei verpufft der angebliche Vorteil aktiver Fonds in Small-Cap- oder Schwellenländermärkten wie die sprichwörtliche heiße Luft. Schauen wir uns zunächst die Emerging-Markets an:

Das *Wall Street Journal* berichtet in seiner Ausgabe vom 8. 1. 1999 über die 1998er-Performance der elf größten amerikanischen Emerging-Market-Fonds (die in alle großen Schwellenländermärkte Osteuropas, Asien und Lateinamerikas investieren). Die durchschnittliche Performance der elf Fonds während dieses Jahres, in dem sich übrigens in beinahe allen Schwellenländern fürchterliche Währungs- und Finanzkrisen ereigneten, war ein nicht überraschender Bruttoverlust von fast 27 Prozent. Die Spannbreite lag dabei zwischen –38 Prozent und –9 Prozent. Unter den elf Fonds befanden sich zwei Index-Fonds (DFA Emerging Markets und Vanguard Emerging Markets). Die beiden Fonds lagen mit »nur« –9 Prozent und –18,1 Prozent an erster und dritter Stelle des Rankings.

Eine Untersuchung von Micropal, einem Tochterunternehmen von Standard and Poor's, zur Boomphase der Emerging-Markets von Juni 1993 bis Juni 1996 ergab, dass die 317 damals existierenden amerikanischen Emerging-Market-Fonds (für alle Emerging-Market-Regionen) mit einer vollständigen Dreijahres-Historie eine durchschnittliche Rendite von 21,1 Prozent erzielten – gegenüber einer durchschnittlichen Indexrendite von 43,3 Prozent.

Die Universität von Pretoria untersuchte zum 30. 6. 2001 die Performance der in Südafrika ansässigen und an der dortigen Aktienbörse anlegenden Investmentfonds für zwei, drei, fünf, sieben und zehn Jahre. Ergebnis: Durchschnittlich 86,3 Prozent der Fonds lagen vor Kosten (!) unter dem Johannesburg-All-Share-Index (Personal Finance South Africa, 2/2001).

Warum ist das so? Schwellenländermärkte sind nicht annähernd so ineffizient, wie immer gerne behauptet wird. So ist zum Beispiel die Anzahl der Aktienanalysten pro börsennotierter Aktiengesellschaft in der Türkei höher als in den USA. Das hängt zwar nicht zuletzt damit zusammen, dass es so wenige türkische Börsenwerte gibt, ändert aber nichts an der Auswirkung auf die Effizienz.

Ein vermutlich noch wichtigerer Grund für die fehlenden Vorteile aktiven Managements in Schwellenländerbörsen liegt in den sehr hohen Transaktionskosten dieser Märkte. So verursachen aktive Emerging-Market-Fonds mit hoher Trading-Aktivität laufende Kosten von bis zu 10 Prozent p. a, die durch überlegene Performance erst wieder verdient werden müssen. Der Kostenvorteil von Indexfonds, die naturgemäß nur wenig traden müssen, arbeitet also in den angeblich ineffizienten Märkten noch viel stärker für diese Fonds als in den hoch entwickelten Ländern.

Nicht viel anders verhält es sich mit dem Nebenwertemarkt (Small-Caps). Nach Untersuchungen von Morningstar, der größten Fondsanalysegesellschaft der Welt, haben amerikanische Small-Cap-Fonds in den zehn Jahren von 1991 bis 2000 im Durchschnitt den Vergleichsindex sowohl in dem gesamten Zeitraum als auch in jedem einzelnen Jahr unterperformt. Einer anderen, ebenfalls sehr umfassenden Untersuchung der amerikanischen Website www.indexfunds.com zufolge lagen über verschiedene Perioden von drei, fünf, zehn und fünfzehn Jahren durchschnittlich 64 Prozent aller amerikanischen Nebenwertefonds nach Kosten hinter einem entsprechenden Indexfonds.

Es besteht somit wenig Zweifel, dass auch in den angeblich weniger »effizienten« Emerging-Markets und Small-Cap-Märkten die Gruppe der aktiven Profianleger insgesamt nicht mit Indexfonds mithalten kann. Die Ursachen sind im Wesentlichen identisch mit denjenigen, die wir bereits kennen: Diese Märkte sind keineswegs so ineffizient, wie uns die Finanzbranche weismachen will, die verfügbaren Informationen sind auch hier weitestgehend bereits in den Preisen enthalten, bevor der durchschnittliche Fondsmanager und Privatanleger darauf reagieren kann. Ferner sind die Investmentkosten in diesem Marktsegment außerordentlich hoch, was bei aktiven Fonds besonders stark auf die Renditebremse drückt.

7.4.4 Indexing ist keine sich selbst erfüllende Prophezeiung

Immer wieder ist zu lesen, dass der Börsenkurs eines Aktientitels steige, wenn diese Aktie in einen wichtigen Börsenindex aufgenommen werde, oder umgekehrt ihr Kurs leide, wenn die Aktie aus dem Index entfernt werde.[53] Dies hänge damit zusammen, dass immer mehr Anlagekapital »indexiert«, also in Indexanlagen oder indexorientierten Anlagen investiert sei und daher ein kursbeeinflussender Effekt für Titel, die in einen Index aufgenommen oder aus ihm herausgenommen würden, angenommen werden müsse. Schließlich seien ja alle Indexfonds gezwungen, einen Titel zu kaufen, der erstmalig in einen Index aufgenommen werde, beziehungsweise ihn zu verkaufen, wenn er herausfalle. Unterstützt wird der Glaube an den »Indexeffekt« noch dadurch, dass die betreffenden Firmen sich zumeist selbst lautstark um die Aufnahme in den Index bemühen. Doch so plausibel der »Indexeffekt« klingt, es gibt keinen wissenschaftlichen Beleg für seine Existenz. Beschäftigt man sich einen Moment mit den Fakten, wundert das auch nicht:

▶ Nach wie vor sind etwa 80 Prozent der weltweiten Finanzinvestitionen *nicht* indexiert (und das schließt »klassische« Unternehmensbeteiligungen aus). In Deutschland dürfte die Quote nicht indexierter Anlagen sogar noch deutlich höher sein.

▶ Die Preisbildung eines ökonomischen Gutes, und dazu gehören auch Aktien, hängt nicht von der »absoluten« Höhe der Nachfrage nach diesem Gut zusammen. Wäre das der Fall, müsste zum Beispiel Wasser viel teurer sein als Champagner. Weil das so ist, kann allein die Berücksichtigung einer Aktie in einem Index (und die damit verknüpfte kurzzeitig höhere Nachfrage) langfristig keinen Einfluss auf ihren Preis haben. Der langfristige Preis einer Aktie wird von ihren an die Anleger fließenden erwarteten Cashflows bestimmt. An diesen Cashflows ändert die Berücksichtigung oder Nichtberücksichtigung einer Aktie in einem Index nichts.[54]

▶ Für den mit Abstand wichtigsten Aktienindex der Welt, den amerikanischen S&P 500, haben wissenschaftliche Analysen keinen »Indexeffekt« nachweisen können. Der S&P 500 repräsentiert die nach Marktkapitalisierung 500 größten nordamerikanischen börsennotierten Aktiengesellschaften. Für diesen Index existieren mehr Indexanlagen als für alle anderen Aktienindizes weltweit zusammen. Die größten Aktien außerhalb des

Index (also zum Beispiel die 100 nächstgrößten Titel) weisen jedoch als Gruppe keine schlechtere Langfrist-Performance auf als die entsprechenden Titel innerhalb des Index.[55]

▸ Das offensichtliche Streben vieler Vorstände von Aktiengesellschaften nach der Aufnahme des betreffenden Titels in einen Index hängt eher mit der Publicity-Sucht der Geschäftsleitung und der Abteilung für Investor-Relations zusammen als mit einer begründeten Aussicht, hierdurch den Shareholder-Value zu steigern. Dieses Streben ist allerdings aus einem gewissen Blickwinkel rational, denn auf dem Führungskräftemarkt dürfte für den Vorstand der Aktiengesellschaft durch deren Aufnahme in einen wichtigen Index – im Gegensatz zur Aktie selbst – tatsächlich ein »Indexeffekt« (höherer Marktwert, sprich Gehalt) auftreten.

Wenn aber nun der langfristige Aktienkurs keinem »Indexeffekt« unterliegt, schließt das noch nicht aus, dass ein solcher Effekt kurzfristig auftritt. Tatsächlich lässt sich in Einzelfällen immer wieder ein Kurseffekt beobachten, wenn ein Titel in einen Aktienindex aufgenommen wird. Das scheint zunächst darauf hinzudeuten, dass man mit Spekulationen auf die Aufnahme einer Aktie in einen Index oder ihre Herausnahme aus demselben Geld verdienen kann. Dies wäre eine eigenständige aktive Anlagestrategie. Ob sie funktionieren kann, untersuchen wir im nächsten Abschnitt.

7.4.5 Mit Spekulationen auf Indexumstellungen ist kein Geld zu verdienen

> »Wir raten unseren Kunden von Indexwetten ab.«
> *Horst Koch*, Portfoliomanager bei der Kölner Vermögensverwaltung
> Portfolio-Concept

Das Spiel ist beliebt: Anleger kaufen Aktien, von denen vermutet wird, dass sie in einen wichtigen Index aufsteigen. In bestimmten Abständen (halbjährlich oder jährlich) legen die Indexanbieter nämlich fest, welche Titel aufgrund von Veränderungen hinsichtlich der Marktkapitalisierung, des Börsenumsatzes und einiger anderer Faktoren in den Index aufgenommen oder daraus entfernt werden. Seit Ende der 90er Jahre haben sich zudem alle großen Index-Provider (MSCI, Standard & Poor's, Dow Jones und FTSE Financial Times/London Stock Exchange) entschlossen, ihre Indizes in mehreren, über mehrere Jahre verteilten Stufen auf die Free-Float-Methode (siehe

Glossar) umzustellen. Auch hieraus haben sich bereits oder werden sich noch etliche Verschiebungen in der Zusammensetzung der einschlägigen Indizes ergeben. In einigen Fällen hat sich in der Vergangenheit tatsächlich ein »Indexeffekt«, also ein Kursanstieg bei Aktien beobachten lassen, die in einen Index aufgenommen wurden. Kann man hierauf systematisch erfolgreich spekulieren? Die Experten antworten mit einem klaren »Nein«. Warum?

Zum einen ist der Indexeffekt in dem Moment, in dem über die Aufnahme in den Index öffentlich diskutiert wird, längst in den Kurs der betreffenden Aktie eingepreist. Ein weiterer Kursanstieg könnte nur stattfinden, wenn die Wahrscheinlichkeit der Aufnahme zunähme. Aber auch hier gilt: Immer dann, wenn ein Privatanleger davon erfährt, beinhaltet der Kurs die Information bereits – das typische Kennzeichen eines effizienten Marktes.

Ebenfalls gegen Indexwetten spricht, dass ein Anleger die betreffende Aktie nach der Aufnahme in den Index sofort wieder verkaufen müsste, da der Indexeffekt, der ja keine echte Cashflow-Veränderung repräsentiert, bekanntlich wieder verpuffen wird. Vereinnahmt ein Anleger nun tatsächlich einen Gewinn, muss er diesen, da innerhalb der zwölfmonatigen Spekulationsfrist erzielt, auch noch versteuern. Da Indexwetten, über einen längeren Zeitraum betrachtet, aber kaum in deutlich mehr als 50 Prozent der Fälle aufgehen werden, verbleibt dem Anleger nach Abzug von Trading-Kosten und Steuern wohl nur eine Unterrendite gegenüber einer angemessenen Benchmark beziehungsweise einer steuerlich günstigeren Buy-and-Hold-Strategie.

Im Übrigen haben die Fondsgesellschaften nicht zufällig darauf verzichtet, Investmentfonds aufzulegen, bei denen die Spekulation auf den »Indexeffekt« zur publizierten Anlagestrategie gehört. Hielten die Experten diese Wette auch nur entfernt für eine tragfähige Strategie, würde es solche Fonds längst geben – die Fondsbranche ist ja ansonsten nicht dafür bekannt, kurzlebige Investmentmoden ungenutzt passieren zu lassen.

7.4.6 Wenn alle passiv investieren, dann funktioniert passiv investieren nicht mehr – ein Irrtum

Auch hier haben wir es mit einem Argument gegen passives Investieren zu tun, das auf den ersten Blick interessant klingt, aber letztlich nicht fundiert ist. Wenn alle in Indexanlagen investieren, heißt es da, wenn also keiner mehr versucht, durch Unternehmens- und Marktanalyse unter- oder überbewertete Aktien aufzuspüren, dann funktioniert die Börse, ja die ganze Marktwirtschaft und nicht zuletzt der passive Investmentansatz nicht mehr.

Unterstellt man, dass wirklich alle weit über 250 Millionen Börsenanleger weltweit passiv investierten, würde das tatsächlich stimmen. Genauso realistisch wäre es jedoch anzunehmen, dass alle westeuropäischen Gartenbesitzer nächstes Jahr am gleichen Tag neue Rasenmäher kaufen. Dann würde der Rasenmähermarkt wohl auch zusammenbrechen.

Tatsache ist, dass derzeit geschätzte 20 Prozent aller Finanzanlagen weltweit »indexiert« sind – außerhalb der USA sogar wesentlich weniger. Um diese Quote zu erreichen, brauchte es fast 30 Jahre (der erste Indexfonds kam Anfang der 70er Jahre in den USA auf den Markt). Stiege nun dieser Prozentsatz auf über 80 Prozent an – wofür es keinerlei Anhaltspunkte gibt –, dann würden die Märkte wieder peu à peu ineffizient werden; das höhere Risiko und die höheren Kosten aktiven Investierens würden sich wieder zunehmend lohnen. Wir haben es hier also mit einem »kybernetischen«, sich selbst regulierenden Regelkreis zu tun. Zu viel Indexing wird es nie geben. Dafür sorgt die gute alte Marktwirtschaft. In der Zwischenzeit sollten passive Indexanleger der Mehrheitsfraktion der aktiven Anleger dankbar sein, denn diese gewährleistet durch Inkaufnahme hoher Kosten, dass passives Anlegen die überlegene Strategie ist.

7.4.7 In einen einzelnen Indexfonds zu investieren ist noch keine passive Anlagestrategie

Wer Indexanlagen erwirbt, betreibt damit noch nicht automatisch korrektes »Indexing« im Sinne dieses Buches. Die folgende Übersicht stellt die unechten (weil mit aktiven Anlageelementen vermischten) Formen von Indexing dem echten Indexing gegenüber. (Es versteht sich, dass die hier dargestellte Unterscheidung zwischen »richtigem« und »falschem« Index-Investing nicht unbedingt von jedem Autor oder Anlageberater geteilt wird, und auch unechtes Indexing ist in der Regel bereits ein Schritt in die richtige Richtung.)

»Falsches« Indexing Anlagestrategien, die zwar Indexanlagen verwenden, aber letztlich in unterschiedlichem Maße aktivem Investieren gleichkommen:
▸ Kurfristige Über- und Untergewichtung bestimmter Indexanlagen (Märkte), mit dem Ziel, einen bestimmten Vergleichsindex zu schlagen, d. h. eine Überrendite zu erzielen)

▸ Investieren in nur eine oder wenige Indexanlagen, ohne auf systematische, weltweite Diversifikation zu achten

▸ Bewusstes Mischen von Indexanlagen mit aktiv gemanagten Anlagen (Ausnahme: für eine gewünschte Asset-Klasse ist keine passende Indexanlage verfügbar)

»Korrektes« Indexing Eine Anlagestrategie, die in der Regel folgende Elemente enthält:

▸ Strenge, langfristige Buy-and-Hold-Perspektive

▸ Kostenminimierung, insbesondere durch Vermeidung intensiven Tradens

▸ Risikooptimierung durch breite, systematische Diversifikation, d. h., der Anleger investiert bewusst nicht nur in einen Indexfonds, sondern diversifiziert über drei oder mehr breite Asset-Klassen

▸ Eine Überrendite gegenüber den Vergleichsindizes wird nicht angestrebt

»Falsches« Indexing entsteht auch dadurch, dass eine steigende Zahl von Wertpapierindizes keine echten passiven Renditemaßstäbe sind, sondern selbst eine aktive Strategie repräsentieren. Daran ändert auch das Wort »Index« im Namen nichts. Zu diesen Indizes gehören zum Beispiel der so genannte »Global-Titans-Index« oder alle ökologisch motivierten »Sustainability-Indizes«. Nicht anders verhält es sich mit den »Aktienbaskets« bei vielen Indexzertifikaten. Diese Baskets werden aufgrund bestimmter Performance-Kennzahlen oder anderer Kriterien zusammengestellt, die irgendjemand mit der künftigen Rendite in Verbindung bringt. Wer also ein Zertifikat zum »Global-Titans-Index« erwirbt, ist selbst dann noch kein passiver Investor, wenn er das Zertifikat über zwanzig Jahre hinweg hält.

7.4.8 Der MSCI World Index ist kein Welt-Index

Aufgrund seiner Namens halten die meisten Anleger den MSCI World Index (Morgan Stanley Capital International) für einen »Weltaktienindex«, der den globalen Aktienmarkt entsprechend der Marktkapitalisierung der einzelnen Länder repräsentativ abbildet. In Deutschland gab es im Juli 2001 zwei zugelassene Indexfonds (von StateStreet/Balzac und von Nordinvest) sowie eine Indexaktie von Union Investment, die sich an diesem Index orientieren. Anleger, die glauben, sie könnten damit den Weltaktienmarkt abdecken, also mit nur einem Fonds auf bequeme und kostengünstige Weise die maximale Aktiendiversifikation erreichen, liegen nicht ganz richtig.

Der MSCI World Index spiegelt derzeit etwa die oberen 85 Prozent der Weltaktienmarktkapitalisierung in Form von etwa 1000 verschiedenen Aktienpositionen aus den 21 am weitesten entwickelten (sprich größten) Aktienmärkten wider. Der Index lässt allerdings einige wichtige Asset-Klassen beziehungsweise Marktsegmente unberücksichtigt:

▸ Mit Ausnahme von Singapur und Hongkong enthält der MSCI World keine Schwellenländer. Es fehlen insbesondere die Schwellenländerregionen Lateinamerika, Osteuropa, China, Indien, Südafrika sowie Teile von Südostasien. Diese Regionen erzeugen zusammen über 25 Prozent der weltweiten Wirtschaftsleistung.

▸ Er enthält kaum Value-Aktien, da diese unter den Blue-Chips deutlich unterrepräsentiert sind.

▸ Er enthält schwerpunktmäßig Blue-Chip-Aktien (Standardwerte, Large-Caps). MSCI gibt zwar an, dass mittelgroße und Nebenwerte (Mid-Caps, Small-Caps) berücksichtigt seien, aber vermutlich dürften diese beiden Klassen relativ zu einer für passive Anleger wünschenswerten Größenordnung deutlich untergewichtet sein. (Diese Größenordnung hängt ein wenig vom persönlichen Geschmack des Anlegers ab. Das Verhältnis von Large-Caps zu Mid-/Small-Caps für ein bestimmtes Marktsegment sollte aber sicherlich einen Wert von 70 zu 30 nicht überschreiten, wenn man einen guten Diversifikationseffekt wünscht; außerdem rentieren Small-Caps auf lange Sicht besser als Large-Caps.)

Mitte Juni 2001 wies der MSCI World Index etwa folgende regionale Gewichtung auf: USA 53 Prozent, Westeuropa 31 Prozent, Japan 11 Prozent, restliche Industrieländer einschließlich Hongkong und Singapur 5 Prozent. Wer also aus Rendite- und Diversifikationsgründen ein echtes »Weltaktienportfolio« aufbauen möchte und dazu aus Einfachheitsgründen einen MSCI-World-Indexfonds oder einen eng an diesem Index orientierten aktiven Fonds verwenden will, sollte die drei genannten Klassen separat berücksichtigen.

7.4.9 Was tun im Crash?

Dass es langfristig keine rentablere Anlageform gibt als Aktien, ist inzwischen eine Binsenweisheit, die nicht laufend neu bewiesen werden muss. Mit der hohen Langfristrendite von Aktien geht aber auch ein hohes kurz- und mittelfristiges Risiko einher, das beispielsweise über demjenigen von festverzinslichen Wertpapieren liegt.

Obwohl ständig über den »Crash« geredet wird, gibt es kurioserweise keine anerkannte Definition dieses Phänomens. Für unsere Zwecke nehmen wir hier der Einfachheit halber an, jede Jahresrendite von –20 % oder darunter sei ein Crash, während andere Betrachter den entsprechenden Schwellenwert erst bei –30 % p. a. ansetzen.

Um die Gefahren eines Crashs und die sinnvollen Reaktionsmöglichkeiten darauf beurteilen zu können, lohnt es sich, kurz die langfristige Entwicklung des Aktienmarktes zu betrachten. Tabelle 22 zeigt diese Entwicklung exemplarisch anhand des DAX. Die Ergebnisse wären aber für jeden anderen breiten Marktindex der entwickelten Länder relativ ähnlich. Würde man den MSCI-Welt-Index betrachten, wären die Zahlen hinsichtlich des Risikos sogar erfreulicher (aufgrund von geringeren Standardabweichungen und geringeren maximalen Verlusten).

Hier einige Erläuterung zu den Begriffen in der Tabelle: Bei den angegebenen Jahresrenditen handelt es sich um einen geometrischen Durchschnitt, bei den rollierenden Mehrjahresrenditen um einen arithmetischen Durchschnitt aus den geometrischen Renditen für die einzelnen Perioden. Die »rollierende« x-Jahresrendite ist die Durchschnittsrendite p. a. für die jeweils davor liegenden zwei, fünf oder zehn Jahre. In der Spalte »Jährliche Rendite« haben wir alle fünf »Crash-Renditen« (niedriger als –20 Prozent) fett hervorgehoben. Die Standardabweichung als Maß für das Risiko wird im Anhang »Exkurs: Risiko richtig verstehen« näher erläutert.

Nun zur Interpretation der Tabelle:

(1) Die durchschnittliche Jahresrendite vom 1. 1. 1950 bis zum 31. 12. 2000 betrug 12,2 Prozent.

(2) Die Zahlen zeigen klar, dass das Risiko mit der Länge der Anlagedauer (Haltedauer) des Portfolios sinkt. Zum einen reduziert sich der maximale Verlust mit zunehmender Haltedauer, zum anderen sinkt die Standardabweichung. Dennoch gab es selbst über den langen Zeitraum von immerhin zehn Jahren noch zwei Verlustperioden (mit –0,1 Prozent und –2,2 Prozent). Inflationsbereinigt würden diese Zahlen übrigens deutlich schlechter aussehen.

(3) Die wichtigste Erkenntnis hinsichtlich der Frage nach dem richtigen Verhalten in einem Crash lautet: Wer in einem Crash unmittelbar verkaufte

Tabelle 22: Renditen des DAX von 1950 bis 2000 (»Crash-Jahre« sind hervorgehoben)

Jahr	Jährliche Rendite	Rollierende 2-Jahres-Rendite	Rollierende 5-Jahres-Rendite	Rollierende 10-Jahres-Rendite
1950	−5,8%	–	–	–
1951	111,8%	41,3%	–	–
1952	−7,9%	39,7%	–	–
1953	24,6%	7,1%	–	–
1954	92,4%	55,0%	34,6%	–
1955	6,2%	43,0%	37,8%	–
1956	−7,9%	−1,1%	16,7%	–
1957	5,6%	−1,4%	19,9%	–
1958	61,8%	30,8%	26,3%	–
1959	81,9%	71,5%	24,9%	29,6%
1960	48,0%	64,1%	33,5%	35,6%
1961	−7,5%	17,0%	33,6%	24,9%
1962	**−24,6%**	−16,5%	24,9%	22,4%
1963	9,7%	−9,0%	15,6%	20,8%
1964	4,4%	7,0%	3,4%	13,7%
1965	−12,3%	−4,3%	−6,9%	11,5%
1966	−15,7%	−14,0%	−8,6%	10,5%
1967	49,0%	12,1%	4,8%	14,4%
1968	13,5%	30,1%	5,5%	10,4%
1969	12,2%	12,8%	7,0%	5,2%
1970	**−28,4%**	−10,4%	2,7%	−2,2%
1971	7,8%	−12,2%	7,9%	−0,7%
1972	14,3%	11,0%	2,3%	3,5%
1973	**−21,7%**	−5,4%	−5,0%	0,1%
1974	4,5%	−9,5%	−6,3%	0,1%
1975	39,3%	20,7%	7,0%	4,9%
1976	−4,3%	15,5%	4,5%	6,2%
1977	10,9%	3,0%	3,9%	3,1%

Jahr	Jährliche Rendite	Rollierende 2-Jahres-Rendite	Rollierende 5-Jahres-Rendite	Rollierende 10-Jahres-Rendite
1978	7,1%	9,0%	10,6%	2,5%
1979	−8,8%	−1,2%	7,6%	0,4%
1980	1,9%	−3,6%	1,1%	4,0%
1981	3,0%	2,4%	2,6%	3,6%
1982	17,5%	10,0%	3,8%	3,8%
1983	43,2%	29,7%	10,0%	10,3%
1984	13,8%	27,7%	15,0%	11,3%
1985	85,3%	45,2%	29,6%	14,5%
1986	4,7%	39,2%	30,0%	15,5%
1987	**−37,6%**	−19,1%	14,6%	9,1%
1988	32,8%	−9,0%	12,9%	11,4%
1989	34,8%	33,8%	16,7%	15,9%
1990	**−21,9%**	2,6%	−1,8%	12,8%
1991	12,9%	−6,1%	−0,3%	13,9%
1992	−2,1%	5,1%	9,1%	11,8%
1993	46,7%	19,9%	11,3%	12,1%
1994	−7,1%	16,8%	3,3%	9,8%
1995	7,0%	−0,3%	10,0%	4,0%
1996	28,2%	17,1%	12,9%	6,1%
1997	47,1%	37,3%	22,4%	15,6%
1998	17,7%	31,5%	17,2%	14,2%
1999	39,1%	28,0%	27,0%	14,5%
2000	−7,5%	13,4%	23,4%	16,5%
Durchschnitts-rendite	12,2%	14,5%	12,3%	10,6%
Höchster Wert	111,8%	71,6%	37,8%	35,6%
Niedrigster Wert	−37,6%	−19,2%	−8,6%	−2,2%
Standard-abweichung	31,3%	21,2%	11,8%	8,0%

(also den sprichwörtlichen »Panikverkauf« tätigte), konnte in den zurück-liegenden 50 Jahren bis zu 37,6 Prozent seines Portfolios verlieren (siehe 1987) – in bestimmten, aus der Tabelle nicht unmittelbar erkennbaren Konstellationen sogar noch mehr. Wer hingegen mit dem Verkauf des Portfolios nach dem Crash nur etwa 14 Monate gewartet hätte, der hätte den Vorjahresverlust in jedem dieser 50 Jahre wieder aufgeholt.

(4) Für jeden der hier ausgewiesenen 47 Fünfjahreszeiträume (beginnend mit dem Zeitraum 1950 bis 1954) lag die Wahrscheinlichkeit einer negativen Rendite (–0,1 Prozent bis –8,6 Prozent) bei 13 Prozent. Die Chance einer positiven Rendite (0,0 Prozent bis +37,8 Prozent) lag dagegen bei 87 Prozent. Für jeden der 42 ausgewiesenen Zehnjahreszeiträume betrug die Wahrscheinlichkeit einer negativen Rendite (–0,1 Prozent bis –2,2 Prozent) etwa 5 Prozent, die Wahrscheinlichkeit einer positiven Rendite (0,0 Prozent bis +35,6 Prozent) hingegen rund 95 Prozent.

(5) In der Praxis reduziert sich das hier dargestellte Risiko noch zusätzlich aus den folgenden Gründen: Da kaum ein Anleger zu 100 Prozent in Aktien investiert sein sollte, dürften die hier angegebenen negativen Renditen die tatsächliche Rendite der meisten Anlegerportfolios nicht widerspiegeln. Der Anteil des Portfolios, der in risikolosen Baranlagen (zum Beispiel Geldmarktfonds oder Festgeldern), festverzinslichen Wertpapieren und eventuell in Immobilien investiert ist, sollte im Normalfall den Verlust aus der Aktienanlage abmildern oder sogar ganz ausgleichen. Würde man – wie oben erwähnt – nicht den DAX, sondern ein wesentlich besser diversifiziertes Portfolio untersuchen, wären der errechnete maximale Verlust wie auch die Standardabweichung deutlich niedriger.

Unsere kleine Untersuchung hat also bestätigt, was wir alle schon tausendfach gehört haben: Die beste »Crash-Überlebensstrategie« ist, sich die Anlagemaxime von Warren Buffett zu Eigen zu machen: Buy and Hold (Kaufen und Halten) – komme was wolle. Je länger ein Anleger nach einem Crash unverändert investiert bleibt, desto höher ist seine Chance, den Verlust wieder aufzuholen und sich der langfristigen Durchschnittsrendite (im Falle des DAX von 12,2 Prozent p. a.) anzunähern. Vorzeitige Verkäufe und vor allem Panikverkäufe machen aus Papierverlusten echte Verluste.

Würde eines Tages eine wirkliche Katastrophe eintreten (und nicht nur ein historisch gesehen relativ harmloses Ereignis wie der Crash von 1987), wären Aktien wahrscheinlich immer noch eine der besten Anlagen, da sie

Sachwerte, nämlich Beteiligungen an Unternehmen sind. Als »wirkliche« Katastrophe bezeichnen wir einen Weltkrieg, einen Krieg in Deutschland oder eine Hyperinflation wie in den Jahren ab 1929. Historisch betrachtet haben Aktienanleger in solchen Katastrophenphasen (zusammen mit Immobilieneigentümern) noch den geringsten Schaden davongetragen. Dagegen haben die Besitzer von Bargeld, Spareinlagen und festverzinslichen Wertpapieren tatsächlich ihr gesamtes Anlagevermögen oder doch den größten Teil davon verloren. Wenn man es also genau überlegt, bietet somit nicht einmal eine Aktienvermeidungsstrategie vollständigen Schutz vor einem Crash.

Dass Aktien langfristig die rentabelste Anlageform sind und bleiben werden, hängt mit vielen strukturellen Faktoren zusammen, auf die wir hier nicht eingehen können. Aber vielleicht ist es hilfreich, sich in diesem Zusammenhang einmal das Gesamtbild der fünfeinhalb Jahrzehnte seit dem Zweiten Weltkrieg vor Augen zu führen, während derer Aktien alle anderen Anlageformen outperformt haben. Im Verlauf dieser fünfeinhalb Dekaden kam es im Westen zu einer beispiellosen Erhöhung des Bruttosozialproduktes und damit des Lebensstandards und der Lebenserwartung. Und dennoch ereignete sich während dieser Zeit eine fast ungeheuerliche Kette von Krisen und Katastrophen: der Koreakrieg, die Kubakrise, der Vietnamkrieg, die Nahostkriege, der Kalte Krieg, der Afganistankrieg, der Golfkrieg, die Dekolonisierung Asiens und Afrikas, die Ermordung Kennedys, zwei Ölkrisen, drei Börsenkrachs, der Tschernobyl-Atomunfall, der Zusammenbruch der Sowjetunion, zweistellige Inflationsraten, zweistellige Zinsniveaus, Rekord-Haushaltsdefizite, beispiellose Steuererhöhungen, die Aids-Epidemie, die Wiedervereinigung Deutschlands, die Abschaffung der D-Mark, mehrjährige Finanzkrisen in den Schwellenländern und so weiter und so fort. Da die Börse diese Spannungen und Desaster überstanden hat, haben wir allen Grund, weiterhin optimistisch für die Entwicklung des Aktienmarktes zu sein.

Unsere Empfehlung für den Crash lautet also: NICHTS TUN! Auf keinen Fall verkaufen und – allein wegen des Crashs – auch nicht in andere Anlagen wechseln. Machen Sie es wie Odysseus, der sich an den Mast fesseln ließ, um nicht den verlockenden, aber tödlichen Sirenengesängen zum Opfer zu fallen. Diese Sirenen werden auch Sie beim nächsten Crash hören: Es sind die Medien, die »Experten«, die sprichwörtlichen guten Freunde (die »etwas von Geld verstehen«) und Ihr höchsteigenes Nervenkostüm.

Über diesen Ratschlag hinaus können wir noch eines festhalten: Über die Zukunft weiß niemand etwas Genaues – aber zwei Dinge stehen fest: Erstens, der nächste Crash kommt bestimmt. Zweitens: Die meisten Anleger werden in diesem Crash Panikverkäufe vornehmen, die sie teuer zu stehen kommen. Vermeiden Sie, zu dieser bedauernswerten Gruppe zu gehören.

8
Zwanzig Gebote für rationale Anleger

»Aktiv gemanagte Portfolios sind nichts weiter
als der Sieg von Hoffnung über Vernunft.«
Larry Swedroe

In diesem Buch haben wir den wichtigsten Irrtümern und Mythen über Wertpapieranlagen nachgespürt. In der Summe führen diese Fehleinschätzungen dazu, dass die durchschnittliche Nettorendite der Anleger um mindestens ein Drittel unter der Marktrendite liegt, dass einzelne Anlieger innerhalb eines Jahres dramatische Verluste von teilweise über 60 Prozent ihres Vermögens erleiden und dass fast alle Anleger höhere Risiken eingehen und damit schlimmere Zitterpartien durchleiden als notwendig.

In einem abstrakten Sinne ist diese Tragödie das Resultat eines einzigen großen, durch einen nicht abreißenden Strom von »Investmentpornografie« der Finanzmedien fest zementierten Missverständnisses: des Irrglaubens, Wertpapierinvestments seien ein »Gewinnerspiel«. In Wirklichkeit sind sie – wie Charles Ellis gezeigt hat – ein Verliererspiel. Nicht, weil man mit ihnen kein Geld verdienen kann, im Gegenteil, sondern weil Investments den Gesetzmäßigkeiten eines sportwissenschaftlichen Verliererspieles unterliegen. In einem Gewinnerspiel wird das Ergebnis durch die korrekten Handlungen des Gewinners bestimmt, in einem Verliererspiel, wie der Börse, durch die Fehler des Verlierers. Die langfristigen Erfolgsfaktoren an der Börse sind radikale Kostenminimierung insbesondere durch einen konsequenten Buy-and Hold-Ansatz und optimale Diversifikation über mehrere breite Asset-Klassen hinweg.

Zum Schluss wollen wir die Hauptaussagen dieses Buches noch einmal in knapper Form zusammenfassen. Sofern dieses Buch Sie überzeugt hat und Sie ihm in Ihren Anlageentscheidungen folgen wollen, empfehlen wir Ihnen, diese Gebote einmal im Jahr nachzulesen. Dann bleiben Sie »auf Kurs«.

(1) Den Grundcharakter der Börse im Hinterkopf behalten Der Wertpapiermarkt ist ein Verliererspiel, was die Verteilung der Renditen unter den Anlegern betrifft. Diese brillante Beobachtung von Charles Ellis sollte das Leitmotiv einer jeden Anlagestrateige und -entscheidung sein. In einem Verliererspiel gewinnt derjenige, der auf lange Sicht am wenigsten Fehler macht und am wenigsten Resourcen verbraucht, nicht derjenige, der in Einzelaktionen brilliert.

(2) Die Efficient-Market-Theorie beachten Die Wertpapiermärkte sind – anders als fast alle anderen Märkte für Güter und Dienstleistungen – effiziente Märkte. Das heißt, alle verfügbaren Informationen sind immer schon in den Preisen enthalten, bevor ein einzelner Anleger darauf reagieren kann. Eine zuverlässig funktionierende Outperformance-Strategie *nach* Kosten und Risiko hat allenfalls eine ganz kurze Lebensdauer, bis sie von nachahmenden Anlegern »wegarbitriert« wird. Wie in jedem Glücksspiel wird es auch an der Börse stets einige langfristige Outperformer geben. Dieser Umstand widerlegt die Efficient-Market-Theorie jedoch nicht, denn die Zusammensetzung der Gruppe der Outperformer ist nicht zuverlässig prognostizierbar. Kurioserweise treten sogar weniger konsistente Outperformer auf, als der statistische Zufall (sogar bei Berücksichtigung von Kosten und Risiko) erwarten lässt.

(3) Die untrennbare Verbindung von Risiko und Rendite anerkennen Risiko und Rendite sind unausweichlich miteinander verknüpft. Eine höhere erwartete Rendite geht immer mit einem höheren erwarteten Risiko einher. Dies ist das eherne Gesetz der Ökonomie, das für niemanden eine Ausnahme macht. Wenn sich später herausstellt, dass der Risikofall nicht eingetreten ist, widerlegt das nicht das Gesetz. Ließe sich das Gesetz umgehen, gäbe es Personen, die schlauer als die Märkte sind. Aber wie kann ein einziges Gehirn dauerhaft mehr wissen und schneller sein als die vielen Millionen übrigen Gehirne zusammen? Die Märkte sind cleverer als jeder Einzelne, einschließlich aller Experten. Akzeptieren Sie diese ernüchternde Wahrheit und lassen Sie sich von niemandem – auch nicht, wenn er ehrfurchterregende Titel trägt – das Gegenteil weißmachen.

(4) Die Macht der Diversifikation für sich nutzen Diversifikation nach den Prinzipien der Modernen Portfoliotheorie ist die optimale Risikomanagementstrategie. Mit dieser Art der Diversifikation lässt sich die größtmögliche Menge an Risiko (in Form von Rendite- und Wertschwankungen) beseitigen, ohne dass man dafür mehr als notwendig auf Rendite verzichten müsste. Durch die richtige Form der Diversifikation können Ertrag und

Risiko eines Portfolios gleichzeitig (!) optimiert werden. So gelangt man zu einem idealen Portfolio (eine gegebene erwartete Rendite bei geringstmöglichem Risiko oder eine maximale erwartete Rendite bei gegebenem Risiko). Sein gesamtes Aktienvermögen in einem Euro-Stoxx-50-Fonds anzulegen ist keine ausreichende Diversifikation. Richtig dagegen: in alle Hauptaktienmärkte der Welt zu investieren, um ein »Weltportfolio« zu bilden.

(5) Das Portfolio als Ganzes betrachten　Nicht die Rendite und das Risiko der einzelnen Anlage, des einzelnen Wertpapiers oder Fonds in einem Portfolio ist maßgeblich, sondern der Gesamtertrag und das Gesamtrisiko. Es macht selten Sinn, eine einzelne Anlage in einem wohlkonstruierten, diversifizierten Portfolio deswegen zu verkaufen, weil diese Einzelposition seit längerer Zeit eine schlechte Rendite aufweist. Diversifikation ist genau deswegen so ungemein vorteilhaft, weil sich die einzelnen Portfolioteile kurz- und mittelfristig unterschiedlich gut oder schlecht entwickeln. Das Portfoliorisiko ist kleiner als die Summe oder der Durchschnitt der Einzelrisiken. Die Mehrzahl der Bankberater versteht diesen an sich einfachen Sachverhalt nicht, für dessen Nachweis der Wirtschaftsnobelpreis vergeben wurde. Insbesondere Schwellenländer-Investments und Nebenwerte sind auch für risikoscheue Anleger geeignet, da sie eine relativ niedrige Korrelation zu Industrieländer-Aktien aufweisen und so das Gesamtrisiko eines Portfolios stärker senken können, als das ohne diese individuell risikoreichen Asset-Klassen möglich wäre.

(6) Die wirklichen Rendite- und Risikotreiber in einem Portfolio erkennen
Asset-Allokation bestimmt statistisch über 90 Prozent der Rendite eines Portfolios, nicht Stock-Picking oder Market-Timing. Eine sinnvolle Asset-Allokation ist gekennzeichnet durch die Berücksichtigung breiter Asset-Klassen in einem Portfolio. Die wichtigsten allgemeinen Asset-Klassen-Paare sind Aktien versus risikolose Cash-Anlagen und festverzinsliche Wertpapiere, Large-Caps versus Small-Caps, Value- versus Growth-Aktien, Industrieländeraktien versus Aktien der Emerging-Markets. Allerdings ist die »perfekte« Asset-Allokation ein Mythos, es gibt sie nur in der Vergangenheit. Wichtiger als eine vermeintlich optimale Asset-Allokation zu suchen ist es, an seiner einmal gefundenen, »vernünftigen« Asset-Allokation unbeirrt festzuhalten. Dieses Festhalten an einer einmal gewählten Asset-Allokation erfordert ein »mechanisches« Rebalancing des Portfolios in Abständen von zwölf bis 24 Monaten.

(7) Die Bedeutung von Investment-Nebenkosten richtig einschätzen
Nebenkosten von Vermögensanlagen haben – aufgrund des Zinseszinseffektes – eine verblüffend hohe Auswirkung auf deren langfristige Wertentwicklung. Der durchschnittliche Anleger in Deutschland trägt laufende Kosten von jährlich über 2,5 Prozent des Anlagevermögens, die traurigen Spitzenreiter dieser Disziplin erreichen 5 Prozent und mehr. Mit Indexfonds, Indexaktien oder Indexzertifikaten lässt sich diese Belastung auf unter 1 Prozent drücken. Daher wird ein passiv gemanagtes Indexportfolio zum Beispiel nach 25 Jahren sehr wahrscheinlich um die Hälfte mehr wert sein als ein durchschnittliches aktiv gemanagtes Portfolio. Im weiteren Verlauf vergrößert sich dieser Abstand immer schneller. Laufendes Kaufen und Verkaufen wird mit großer Wahrscheinlichkeit – wegen der damit verbundenen hohen Kosten – einer einfachen Buy-and-Hold-Strategie langfristig unterliegen. Verkaufen Sie einzelne Anlagen – wenn überhaupt – nur für Rebalancing-Zwecke (um Ihr im Laufe der Jahre ungleich gewachsenes Portfolio wieder in die ursprünglich angestrebte Struktur zurückzubringen) oder weil Sie die Mittel für Konsumzwecke benötigen.

(8) Vergangenheitsbezogene Ertragszahlen irgnorieren Historische Performance ist ein unbrauchbares Auswahlkriterium für Fonds. Investieren in die »Stars von gestern« führt regelmäßig zu einer Unterrendite gegenüber dem Marktindex. Performance-Rankings von Fonds sind für Neuanlageentscheidungen weitgehend nutzlos – auch wenn Vermögensberater, Banker und die Medien anderes behaupten. Historische Performance einzelner Wertpapiere für in die Zukunft gerichtete Entscheidungen zu berücksichtigen ist genauso sinnvoll, wie beim privaten Autokauf auf die Anzahl der Grand-Prix-Siege zu achten, die die einzelnen Marken in den 30er Jahren errungen haben. Über- und Unterrenditen eines Wertpapiers oder Fonds haben ferner die nachgewiese Tendenz, irgendwann zum langfristigen Mittelwert des Marktes (der Asset-Klasse) zurückzukehren (Regression zum Mittelwert). Weder Outperformance noch Underperformance ist statistisch betrachtet dauerhaft stabil. Dies ist in einem effizienten Markt nicht anders zu erwarten.

(9) Ein gesundes Misstrauen gegenüber Statistiken und Renditeangaben der Finanzbranche hegen Renditeangaben der Finanzbranche sind nicht notwendigerweise korrekt. Sogar mit legalen und mathematisch korrekten Mitteln ist es leicht möglich, Renditen einzelner Fonds und Wertpapiere so darzustellen, dass sie in einem – aus wissenschaftlicher Sicht – nicht gerechtfertigten Maße vorteilhaft erscheinen, ohne dass dies für den normalen Anleger ohne weiteres ersichtlich wäre. Ähnlich verhält es sich mit statistischen Vergleichen zwischen aktiven Investmentfonds und Wertpapierindizes. Es ist aus mathematischen Gründen praktisch ausgeschlossen, dass die Mehrzahl der Fonds nach Kosten den Markt schlägt. Trotzdem werden Vergleiche veröffentlicht, in denen drei Viertel und mehr aller Fonds besser als ein Vergleichsindex abschneiden. Das ist ein fast sicherer Beleg für einen (bewusst oder unbewusst) falschen und unfairen Vergleich.

(10) Prognosen misstrauen Niemand, auch kein Wertpapieranalyst oder Fondsmanager, kann Aktienkurse zuverlässig und ausreichend genau vorhersagen, um damit (nach Kosten und bei Berücksichtigung des Risikos) eine einfache Buy-and-Hold-Strategie langfristig sicher zu schlagen. Es gibt keine einzige aktive Anlagestrategie, für die nach Berücksichtigung von Kosten und Risiko eindeutig nachgewiesen wäre, dass sich mit ihr eine Überrendite erzielen lässt (also eine korrekt gewählte Benchmark dauerhaft geschlagen wird). Mehre Hundert Studien haben nachgewiesen, dass eine deutliche Mehrheit der (aktiven) Investmentfonds nach Kosten und Risiko eine schlechtere Rendite erwirtschaftet als ein vergleichbarer Indexfonds. Die kleine Gruppe der langfristigen Outperformer-Fonds wechselt in ihrer Zusammensetzung von Periode zu Periode und ist nicht prognostizierbar.

(11) Anerkennen, dass die Volksweisheit »Probieren kostet nichts« an der Börse nicht gilt Der Versuch, den Markt zu schlagen, ist nicht kostenlos, wie viele Anleger glauben. Er bedeutet zwangsläufig das Eingehen zusätzlicher Risiken (zumeist den Verzicht auf mögliche Diversifikation) und erhöhter Transaktionskosten vor allem duch häufiges Trading. Beides zusammen führt in den meisten Fällen zu einer Unter- statt Überrendite gegenüber dem Markt.

(12) Akzeptieren, dass gute Unternehmen überwiegend schlechte Aktien sind Der Glaube an das Gegenteil ist – ebenso wie der Glaube an historische Performance – einer der am meisten verbreiteten (und gefährlichsten) Anlegerirrtümer. Vermutlich, weil es in der Tat nicht ganz leicht fällt, die Logik hinter unserem Gebot zu erkennen. Wer partout in einzelne Aktien investieren will – wovon wir eher abraten – sollte den »Value-Ansatz« verfolgen (und dabei eine Buy-and-Hold-Perspektive einnehmen). Das Preis-Buchwert-Verhältnis ist hierfür der beste Bewertungsmaßstab, ersatzweise das Kurs-Gewinn-Verhältnis. Auch für die so genannten Zukunftsbranchen (vor allem Internet, Telekommunikation und Biotechnologie ist nachgewiesen, dass sich der Markt bei Berücksichtigung von Kosten und Risiko nicht langfristig schlagen lässt. Dies bestätigte zuletzt noch einmal der Crash der TMT-Aktien (Technologie, Medien, Telekom) von 2000/2001. Ebenso wenig sind mit Neuemissionen (IPOs) oder Hedge-Fonds bei korrekter Betrachtung Überrenditen zu erzielen.

(13) Auf Rentenfonds verzichten lernen Konventionelle Rentenfonds, die ausschließlich oder zum großen Teil in westliche Staatsanleihen investieren, sind letztlich ein überflüssiges Anlageprodukt, da sie (aufgrund ihrer hohen Kosten) eine niedrigere Nettorendite als direkt gehaltene Staatsanleihen liefern, obwohl ihr Risiko nicht niedriger ist. Wer risikoarme/-freie Anlagen erwerben will, ist mit kurzlaufenden Staatsanleihen, Geldmarktfonds oder Bankfestgeldern besser bedient. Außerdem weisen diese im Allgemeinen eine niedrigere Korrelation zu Aktien auf als Rentenpapiere und Rentenfonds mit langer Laufzeit und sind daher zur Diversifikation besser geeignet.

(14) Realistische Erwartungen hegen und seine Gier zügeln Auf die Dauer ist eine Nettorendite von 11 bis 12 Prozent p. a. bei vertretbarem Risiko kaum zu übertreffen. Wer Ihnen mehr verspricht, ist ahnungslos oder ein Scharlatan. Die meisten Anleger haben in der Vergangenheit diesen Wert aufgrund falscher Anlagestrategien und hoher Transaktionskosten merklich unterschritten. Dabei bewirken auch diese auf den ersten Blick so unscheinbaren 11 Prozent Rendite durch die »Magie des Zinseszinses« auf lange Sicht erstaunlich hohe Vermögenszuwächse, vorausgesetzt, man verschenkt nicht – wie die Mehrheit der Anleger – ein Drittel dieser jährlichen Rendite durch unnötig hohe Nebenkosten.

(15) Konsequentes Kaufen und Halten praktizieren Hunderte von Studien belegen es: Buy-and-Hold-Strategien schlagen Trading-orientierte Strategien auf lange Sicht mit hoher Wahrscheinlichkeit. Der erfolgreichste Anleger der Welt, Warren Buffett, ist ein radikaler Buy-and-Hold-Investor, der eine einzelne Aktie durchschnittlich mehr als 15 Jahre hält. Übernehmen Sie seinen Lieblingsanlagehorizont: »forever«. Wenn ein wohl konstruiertes Portfolio erst einmal steht, ist es im Grunde das Beste, sich kaum noch mit ihm zu beschäftigen. Es genügt dann, alle drei oder sechs Monate einen kurzen Blick auf den Depotauszug zu werfen. Mehr Aufmerksamkeit macht viele Anleger nur unnötig nervös und verleitet zu kostspieligen, emotionsgetriebenen Entscheidungen. Die kurz- und mittelfristigen Bewegungen des

Aktienmarktes von Tag zu Tag, von Quartal zu Quartal, ja von einem Jahr auf das nächste sind langfristig bedeutungslos.

(16) Nicht auf Investmentpornografie hereinfallen Mindestens 90 Prozent der Informationen über die Wertpapiermärkte in Tageszeitungen, Anleger-magazinen, Investment-Newslettern, Ratgeberbüchern, Fernsehen und ganz besonders im Internet sind nicht nur nutzlos, sondern hochgradig schädlich. Diese Informationen wurden zu Recht als Investmentpornografie bezeichnet. Sie sind bestens geeignet, die Nettorendite von Anlegerportfolios zu senken. Es handelt sich dabei überwiegend um kurzatmiges, aus dem Kontext gerissenes, sensationsheischendes, unwissenschaftliches, oftmals an Gier und Neid appellierendes »Marktgeschrei« mit dem primären Ziel, Anleger zum Traden zu animieren oder die Absatzzahlen der Medien zu steigern. Ein Anleger ist gut beraten, bestehende Abonnements von Anleger-Zeitschriften zu kündigen sowie die Börseninformationen im Fernsehen und nahezu sämtlicher Finanzwebsites zu ignorieren. Wer sich zum Thema Wertpapier- und Vermögensanlage wirklich weiterbilden will, sollte eines oder mehrere der in unserem Literaturverzeichnis besonders empfohlenen Bücher lesen.

(17) Zuerst Schulden abbauen Wer noch verschuldet ist, sollten alles freie Kapital in die Tilgung seiner Verbindlichkeiten investieren. Das gilt auch, wenn die Schulden aus einem Immobiliendarlehen herrühren. Durch Schulden erhöht ein Anleger das Risiko (die Wertschwankungen) seiner Kapitalanlagen (einschließlich Kapitallebensversicherungen). Das heißt, in allgemeinen Marktabschwungphasen wird er noch mehr Geld verlieren als andere, schuldenfreie Anleger. Im Übrigen ist Schuldenfreiheit ein seelisch befreiendes Gefühl, und umgekehrt können Schulden wie ein böser Fluch auf der Seele eines Menschen lasten.

(18) Das Risiko richtig steuern Den Risikograd eines wohl diversifizierten Portfolios, wie es in diesem Buch in Form des Weltportfolios propagiert wird, steuert man über das relative Verhältnis zwischen risikolosem Cash-Teil und risikobehaftetem Aktienteil. Die innere Struktur des Letzteren bleibt immer gleich – egal ob der Anleger risikoscheu oder risikofreudig ist. Banken und Vermögensberater empfehlen jedoch, die innere Struktur des Aktienteiles des Portfolios zu variieren. Dies widerspricht dem Stand der Wissenschaft.

(19) Nicht zu lange mit dem Einstieg zögern, aber auch nichts überstürzen Der perfekte Einstiegszeitpunkt ist ein Mythos – er existiert nicht. Ein unscheinbares, aber starkes Argument spricht für einen Einstieg »sofort«: die langfristige Wirkung des Zinseszinseffektes. Sie führt dazu, dass der Wert eines Depots im Zeitablauf immer schneller wächst.

(20) Nichts tun, wenn die Kurse abstürzen Wer im Crash die Nerven behält und nicht verkauft, der bewahrt seine Chance, innerhalb von zwölf bis 24 Monaten wieder auf den Vermögensstand vor dem Crash aufzusteigen. Wer hingegen im Crash verkauft, wandelt Papierverluste in reale Verlusten um. Wenn Sie wie so viele andere im Crash das dringende Bedürfnis verspüren , etwas »zu tun«, dann kaufen Sie dazu (!), statt zu verkaufen, denn so billig werden Sie wahrscheinlich nie mehr in Aktien einsteigen können.

Wenn Sie diese 20 Gebote in Form einer passiven, Low-Cost-Indexing-Strategie umsetzen, haben Sie ausgezeichnete Chancen, das letztlich simple Verliererspiel »Börse« zu gewinnen. Sie werden eine langfristige Nettorendite erzielen, mit der Sie besser dastehen als neun von zehn Anlegern. Niemand hat es prägnanter formuliert als Peter L. Bernstein: »Die ›eingebauten‹ Vorteile eines Indexportfolios hängen weder vom Geschick des Investors ab noch von seinem Glück noch von einer bestimmten Zeitperiode; sie arbeiten vielmehr permanent für den Investor.« Wenn Sie wollen, dann auch für Sie.

Kein Anlegeradvokat genießt weltweit (und zu Recht) mehr Respekt als John Bogle, der in eleganter Form in einem Satz untergebracht hat, was dieses Buch aus ganz verschiedenen Blickwinkeln zu zeigen versuchte: »Das Geheimnis des Investierens besteht darin, dass es kein Geheimnis gibt.«

Anhang

Exkurs: Risiko richtig verstehen

»Das Gesamtmarktrisiko – nicht die Rendite – zu managen
muss das primäre Ziel von Investmentmanagement sein.«
Charles Ellis

Die Finanzbranche redet permanent von Risiko, aber selten darüber, was es ist und wie es gemessen wird. Fachleute verwenden zur Risikomessung das Konzept der *Volatilität* (das Wort leitet sich vom lateinischen »volare« = fliegen ab). Wie viele andere Risikokonzepte stellt auch die Volatilität auf die Abweichung eines tatsächlichen Ergebnisses von seinem *erwarteten Wert* (bei Kapitalanlagen zumeist dem historischen Durchschnitt) ab. Für die Einstufung eines bestimmten Ereignisses als »Risiko« kommt es also nicht darauf an, dass es ein »negatives«, sprich unerfreuliches Ereignis ist, sondern dass es nicht »erwartet« wurde. Hier ein zugegebenermaßen unrealistisches, aber illustratives Beispiel: Wüsste man mit Gewissheit, dass eine Aktie mit einem Kaufpreis von 100 Euro in den nächsten zehn Jahren jährlich 10 Euro Wertverlust erfahren würde, dann wäre dies ein »risikoloses« Investment, denn ihre (negative) Rendite wäre garantiert und unterläge keiner Schwankung. Das mag zunächst etwas paradox erscheinen, doch bei genauerer Überlegung macht es Sinn.

Zurück zur Volatilität: Sie bezeichnet also die Schwankung von Renditen um ihren langfristigen Durchschnitt herum. Ein Wertpapier, dessen Rendite im Zeitablauf nicht oder kaum von der erwarteten Rendite abweicht, birgt wenig Risiko und im umgekehrten Fall – wenn die Abweichungen stark sind – viel Risiko. Es leuchtet unmittelbar ein, dass Volatilität ein unangenehmes Phänomen ist, denn sie beinhaltet die Möglichkeit, zu einem bestimmten Zeitpunkt für den davor liegenden Anlagezeitraum nur eine niedrigere als die erwartete Rendite realisieren zu können. Volatilität wird mit der statistischen Maßzahl der *Standardabweichung* ausgedrückt.

Das klingt kompliziert, und doch lohnt es sich, ein paar Minuten auf dieses Konzept zu verwenden. Verbal kann man die Standardabweichung wie folgt beschreiben: Sie drückt die durchschnittliche Abweichung der (zum Beispiel monatlichen) Wertpapierrendite von ihrer durchschnittlichen (monatlichen) Rendite beispielsweise im Laufe eines Jahres aus. Man kann die Standardabweichung aber genauso für andere Intervalle und Zeiträume messen, zum Beispiel die Standardabweichung der Jahresrenditen über einen Zehnjahreszeitraum hinweg. Die Standardabweichung sinkt, je länger die Teilintervalle sind (hier Monate gegenüber Jahren). So wäre zum Beispiel die Standardabweichung der Fünfjahresrenditen der Siemens-Aktie über einen 25-Jahres-Zeitraum niedriger als die Standardabweichung der Tagesrenditen über dieselben 25 Jahre (oder auch schon über ein Jahr). Auf dieser Beobachtung gründet die oft gehörte Aussage, dass Aktien umso »risikoloser« werden, je länger man sie hält – ebenfalls eine nur scheinbar paradoxe Feststellung. Einen einheitlichen zeitlichen Bezugsrahmen für die Berechnung der Standardabweichung gibt es aber nicht, daher sollte man diesem Parameter vor allem in Fondsprospekten, wo die Standardabweichung angegeben wird, genaue Beachtung schenken. Ein Beispiel:

Der Investmentfonds ABC erzielte in den zehn Jahren von 1990 bis 1999 eine durchschnittliche Rendite von 9,0 Prozent pro Jahr. Dabei betrug die Standardabweichung der Jahresrenditen 12,5 Prozent. Aus diesen Daten lassen sich aufgrund bestimmter statistischer Gesetzmäßigkeiten (auf die wir hier nicht weiter eingehen) die folgenden drei interessanten Aussagen ableiten: (1) Die tatsächlichen jährlichen Renditen schwankten in diesen zehn Jahren durchschnittlich um 12,5 Prozentpunkte über und unter den Wert von 9 Prozent; (2) in zwei Drittel der betreffenden Jahre lagen die tatsächlichen Jahresrenditen jeweils innerhalb einer Spannbreite von 9,0 Prozent +12,5 Prozentpunkte; (3) in 95 Prozent der Jahre lagen die tatsächlichen Renditen in einer Spannbreite von 25 Prozentpunkten (= $2 \times 12,5\,\%$) über oder unter 9,0 Prozent.

Weist ein Investmentfonds (oder ein Index) eine hohe Volatilität, also Standardabweichung auf, ist er auch großen Wertschwankungen unterworfen. In einem Bullenmarkt steigt dieser Fonds stärker an als der Gesamtmarkt, und in einem Bärenmarkt wird er deutlicher einbrechen. Umgekehrt bedeutet eine niedrige Volatilität, dass nur geringe Wertschwankungen im Zeitablauf zu erwarten sind. Festverzinsliche Wertpapiere, Rentenfonds und Geldmarktfonds sind normalerweise weniger volatil als Aktienfonds. Tendenziell kann man sagen, dass je breiter ein Investmentfonds diversifiziert ist (je mehr verschiedene Einzeltitel er enthält), desto niedriger auch seine Standardabweichung ausfällt.

Volatilität kann natürlich auch erfreuliche Folgen haben, nämlich überdurchschnittliche Renditen in einzelnen Perioden (also Wertschwankungen nach oben). Oft wird aber genau dieser Umstand kritisiert: dass das so genannte Risikomaß

Volatilität auch positive Wertschwankungen beinhalte. Da positive Schwankungen kaum als unerwünscht gelten könnten, sei die Verwendung der Standardabweichung nicht zur Risikomessung geeignet; sie übertreibe und verzerre das wahre Risiko. So sei zum Beispiel eine Anlage, die sehr stetig an Wert verliere (und daher eine niedrige Volatilität aufweise) intuitiv risikoreicher als eine Anlage, deren Rendite stark zwischen 0 Prozent und +25 Prozent schwanke (hohe Volatilität = hohes Risiko). Dieser Einwand erscheint aber bei genauer Betrachtung als nicht stichhaltig. Gegenargument Nr. 1: Die Volatilität misst die positiven Wertschwankungen *aller* Anlagen. Eine Verzerrung, die jedoch alle Messobjekte gleichermaßen trifft, ist weniger gravierend, denn es geht ja in erster Linie darum, *relative* Risiken zu messen. Gegenargument Nr. 2: Anlagen der oben beschriebenen Art sind schlicht unrealistisch und wenig praxisrelevant. Gegenargument Nr. 3: Noch hat niemand ein vielseitigeres und – aus wissenschaftlicher Sicht – mit weniger Mängeln behaftetes Risikomaß präsentiert als die Volatilität. Gegenargument Nr. 4: Volatilität ist unter vielen bestehenden Methoden zur Risikomessung die einzige, die fast allgemein anerkannt ist und somit noch am ehesten eine Vergleichbarkeit der von unterschiedlichen Personen und Institutionen gemessenen Risiken gewährleistet.

Es liegt auf der Hand, dass für Anlageentscheidungen vor allem die künftige Volatilität einer Kapitalanlage interessant ist. Da zuverlässige Prognosen der künftigen Volatilitäten und Renditen erwiesenermaßen unmöglich sind, behilft man sich, indem man die Volatilität anhand vergangener Wertschwankungen misst und diesen Wert (in der Regel) unverändert für die Zukunft annimmt. Hier besteht ein Dilemma, das jedoch kein Mensch und keine Maschine je wird lösen können. Alle unsere Informationen – übrigens auch unser so genanntes »Bauchgefühl« – gründen auf Daten der Vergangenheit. Wenn wir diese Daten für in die Zukunft gerichtete Risikoschätzungen verwenden, unterstellen wir unausgesprochen, dass in der Zukunft in dieser Hinsicht ähnliche oder gleiche Gesetzmäßigkeiten gelten. Diese eigentlich gewagte Annahme ist oft genug gerechtfertigt, oder sie ist als das kleinste mögliche Übel zu betrachten, denn bessere Alternativen sind schwer zu finden.

Die Attraktivität eines Investments hängt in erster Linie – und das ist eine triviale Feststellung – von seiner spezifischen Kombination aus Rendite und Risiko ab (neudeutsch: Risk-Return-Trade-off). Vergleicht man Rendite und Risiko zweier Investments, kann sich jedoch ein uneindeutiges Bild ergeben, wie das Beispiel in Tabelle A verdeutlicht.

Auch ohne komplizierte Beweisführung wird ersichtlich, dass Fonds B – trotz gleicher Gesamtrendite – nach drei Jahren aufgrund der viel konstanteren (in diesem Beispiel völlig konstanten) Ertragsentwicklung das attraktivere Investment war. Da seine Rendite in den einzelnen Jahren überhaupt nicht schwankte, hatte er eine Volatilität (Standardabweichung) von null. In der Praxis sind die jeweiligen

Tabelle A: Vergleich zweier Fonds mit der gleichen dreijährigen Durchschnittsrendite, aber unterschiedlichen jährlichen Schwankungen

	Jahr 0	Jahr 1	Jahr 2	Jahr 3	Annuali-sierte Ren-dite	Volatilität (Stand.-abw.)
Wert des Fonds A zu Jahresbeginn	1 000 Euro	1 200 Euro	700 Euro	1 250 Euro		
Jahresrendite	+20%	−42%	+79%	−	7,7% p. a.	49,4%
Wert des Fonds B zu Jahresbeginn	1 000 Euro	1 077 Euro	1 160 Euro	1 250 Euro		
Jahresrendite	+7,7%	+7,7%	+7,7%	−	7,7% p. a.	0%

Verhältnisse bei der gleichzeitigen Beurteilung von Risiko und Rendite unterschiedlicher Investments jedoch selten so eindeutig. Daher hat man unterschiedliche Kennzahlen entwickelt, die jeweils die beiden Qualitätskriterien einer Anlage zusammenfassen. Die bekannteste dieser Kennzahlen ist das *Sharpe-Ratio*, benannt nach seinem Entwickler, dem Nobelpreisträger William Sharpe. Das Sharpe-Ratio hat den Zweck, Risiko und Rendite in einer Zahl zusammenzuführen, um so Anlagen vergleichbar zu machen, von denen die eine eine bessere Rendite und die andere ein besseres (geringeres) Risiko aufweist. Das Sharpe-Ratio ist somit eine risikogewichtete oder »risikoadjustierte« Ertragskennzahl. Mathematisch ist es folgendermaßen definiert:

Sharpe-Ratio = (Rendite – risikofreier Zinssatz) ÷ Standardabweichung

Oder, etwas ausführlicher ausgedrückt: Sharpe-Ratio = Wertpapierrendite (oder Fondsrendite) abzüglich des risikofreien Zinssatzs ÷ Standardabweichung des Wertpapiers (des Fonds). Der Vorteil einer solchen risikoadjustierten Kennzahl wird an einem Beispiel deutlich:

Investmentfonds A hatte in den zurückliegenden drei Jahren eine Jahresrendite von 12,1 Prozent und eine Standardabweichung von 7,0 Prozentpunkten. Investmentfonds B wies eine Jahresrendite von 8,9 Prozent und eine Standardabweichung von 3,5 Prozentpunkten auf. Welcher Fonds ist vorzuziehen?

Hier hilft die Ermittlung des Sharpe-Ratios der beiden Fonds. Um es zu errechnen, benötigen wir nur noch eine Zusatzinformation, den risikofreien Zinssatz. Der risikofreie Zinssatz ist ein Zinssatz, der keinerlei Ausfallrisiko (Bonitätsrisiko) beinhaltet. In der realen Welt gibt es nur Näherungsgrößen für diesen Zinssatz. Die in Deutschland übliche Näherungsgröße ist der über mehrere Jahre hinweg errechnete Durchschnittszinssatz für kurzfristige Verbindlichkeiten der Bundesrepublik Deutschland (zum Beispiel einjährige Finanzierungsschätze der Bundesrepublik). Nehmen wir diesen Durchschnittszinssatz hier der Einfachheit halber mit 4,0 Prozent p. a. an. Die beiden Sharpe-Ratios für die oben genannten Fonds errechnen sich wie folgt:

$$\text{Sharpe-Ratio Fonds A} = (12,1\,\% - 4,0\,\%) \div 7,0\,\% = 1,16\,\%$$
$$\text{Sharpe-Ratio Fonds B} = (8,9\,\% - 4,0\,\%) \div 3,5\,\% = 1,40\,\%$$

Somit war Fonds B auf risikoadjustierter Basis der bessere Fonds. Pro 1 Prozent Risiko (Standardabweichung) weist er eine höhere Rendite auf. Er besitzt somit eine höhere risikogewichtete Rendite, obwohl die Rendite dieses Fonds für sich allein genommen in der Vergangenheit deutlich niedriger war als diejenige von Fonds A.

Mancher Leser wird sich fragen, welcher Sinn dahinter steckt, den risikofreien Zinssatz zu subtrahieren, zumal Fonds B auch ohne die Subtraktion »gewonnen« hätte. In der Tat wird das Sharpe-Ratio oft nur in der vereinfachten Form *Rendite ÷ Standardabweichung* berechnet und auf die Subtraktion des risikofreien Zinssatzes verzichtet. Die Begründung der Experten für die Subtraktion des risikofreien Zinssatzes lautet – etwas vereinfacht formuliert – wie folgt: Ohne diese Subtraktion würde die Standardabweichung innerhalb des Sharpe-Ratios relativ zur Rendite ein zu hohes Gewicht bekommen. Im Ergebnis würde die Kennzahl dann nur noch niedrig verzinsliche Investments mit sehr niedrigem Risiko »empfehlen«.

Leider veröffentlichen recht wenige Anlegerzeitschriften das Sharpe-Ratio von Aktien, festverzinslichen Wertpapieren oder Investmentfonds. Selbst in den meisten Fondsprospekten fehlt es. Zwar sollten Neuanlagen ohnehin nicht auf der Basis historischer Renditen (also auch nicht auf Basis des historischen Sharpe-Ratios) getätigt werden, aber für die vergangenheitsbezogene Performance-Bewertung eines Investments gegenüber einem Vergleichsindex oder alternativen Anlagen ist das Sharpe-Ratio eine der besten einzelnen Kennzahlen. Ein ausschließlicher Vergleich der Renditen zweier Investments liefert jedenfalls oft ein irreführendes Bild.

Die besten Informationsquellen für Privatanleger

Websites

Ein Mangel vieler Websites sind die entweder oberflächlichen oder sogar vollständig fehlenden Informationen zu den Eigentümern der Website und der Größe/Geschichte des Unternehmens. Auf diese Weise bleibt dem Nutzer oft verborgen, mit wem er es eigentlich zu tun hat und welche spezifischen Interessen hinter dem Angebot stecken. Doch diese mangelnde Transparenz ist sicher kein Zufall: Scheinunabhängigkeit und Scheinneutralität lassen sich gut verkaufen. Rechnen Sie besser nicht damit, objektiv oder umfassend informiert zu werden.

(a) Internet-Adressen zum Thema Investmentfonds (inklusive Fondssuche und -analyse)

www.bvi.de   Website des Bundesverbandes Deutscher Investmentgesellschaften e.V. Exzellente Gratisbroschüren zum Anfordern, insbesondere zum Thema Steuern und zu rechtlichen Aspekten. Enthält auch eine (allerdings sehr unvollständige) Auflistung von Indexfonds.

www.gfa-fonds.de   Website der Gesellschaft für Fondsanalyse, Bad Homburg, deren Forschungsdaten von vielen anderen deutschen Institutionen und Banken verwendet werden. Sehr gute Fondsdatenbank. Die GFA publiziert jährlich den FondsGuide (siehe Literaturverzeichnis).

www.infos.com   Siehe »Websites zu Börsenindizes«.

www.micropal.com   Website des Tochterunternehmens der amerikanischen Standard & Poors-Gruppe. Empfehlenswerte Fondsdatenbank.

www.morningstar.fonds.de   Deutscher Ableger der großen amerikanischen Fondsanalysegesellschaft Morningstar. Gute Fondsdatenbank.

www.onvista.de   Website der Kölner onVista AG mit guter Datenbank zu Fondssuche und -analyse. Zu empfehlen.

(b) Internetadressen von Direktbanken und Discount-Brokern

Direktbank / Discount-Broker / Online-Broker	Internet-Adresse	Telefon-Nr.
Advance Bank (Allianz-Dresdner-Konzern)	www.advance-bank.de	0180-330000
Allgemeine Deutsche Direktbank (Gewerkschaftsholding BGAG und ING-Bank)	www.diba.de	0180-3332344
Maxblue, Brokerage24 (Deutsche Bank)	www.bank24.de	01803-240000
Citibank (Citibank-Travelers-Konzern, USA)	www.citibank.de	0180-3322111
Comdirect Bank (Commerzbank)	www.comdirect	01803-4445
Consors (Schmidt Bank)	www.consors.de	01803-252510
Direkt Anlage Bank (HypoVereinsbank)	www.diraba.de	01802-254500
Entrium (Bipop-Carire-Bank Italien, Schickedanz-Konzern)	www.entrium.de	0800-8002030
Fimatex (Société Générale, Frankreich)	www.fimatex.de	0800-8007444
Pulsiv.com (unabhängig)	www.pulsiv.com	0800-2080900
1822 direkt (1822-Versicherung)	www.1822direkt.com	01803-241822

(c) Websites zu Indexfonds und passivem Portfoliomanagement

www.indexconsulting.de (deutschsprachig) Privates Diskussionsforum zu Indexanlagen. Nützlich, um sich zum Thema Indexing auf dem neuesten Stand zu halten und sich mit anderen deutschen »Indexern« auszutauschen.

www.vanguard.com (englischsprachig) Website der amerikanischen Fondsgesellschaft Vanguard, die weltweit die meisten und größten Index-Publikumsfonds anbietet; leider bisher noch keine in Deutschland zugelassenen Fonds. Fondsverzeichnis, Performance-Tabellen, Grundsatzartikel zu Indexing, aktuelle Marktdaten, eine riesige Anzahl exzellenter Gratisbroschüren zum Herunterladen. Hervorragend. Insbesondere das »Bogle Financial Markets Research Center« auf der Website von Vanguard-Gründer John Bogle bietet brillante Aufsätze zu vielen Aspekten der Wertpapieranlage.

www.indexfunds.com (englischsprachig) Amerikanische Website zum Thema Indexing. Interessante Grundsatzartikel und -studien, Indexfondslisten, Fonds-Suchprogramm, Modell-Portfolios etc., allerdings auf den amerikanischen Anleger bezogen; enthält keine in Deutschland zugelassenen Fonds. Exzellent.

www.de.indexfunds.com (deutschsprachig) Deutschsprachiger Ableger der oben genannten amerikanischen Website www.indexfunds.com. Mit Diskussionsforum. Empfehlenswert. (Über die US-Website »durchklicken«.)

www.indexinvestor.com (englischsprachig) Amerikanische Website zum Thema Indexing. Zugangsberechtigung kostet 50 US-Dollar pro Jahr. Grundsatzartikel, Vergleichsstudien, umfangreiche Indexfondsliste, Modell-Portfolios, allerdings auf den amerikanischen Anleger bezogen; enthält keine in Deutschland zugelassenen Fonds.

www.evansonasset.com (englischsprachig) Website des amerikanischen Vermögensberaters EAM Evanson Asset Management. Enthält unter anderem generelle Informationen zum Thema passives Portfoliomanagement/Indexfonds.

www.efficientfrontier.com (englischsprachig) Anspruchsvolle Website der amerikanischen Beratungsfirma von William Bernstein. Die Website widmet sich vor allem dem Thema Asset-Allokation, welche bekanntlich den größten Teil der Rendite eines Portfolios bestimmt, aber zugleich von den wenigsten Anlegern richtig verstanden wird. Sehr zu empfehlen.

www.indexfundsadvisors.com (englischsprachig) Website des amerikanischen Vermögensberaters Index Fund Advisors Inc. Enthält unter anderem generelle Informationen zum Thema passives Portfoliomanagement/Indexfonds.

www.tamasset.com (englischsprachig) Website des amerikanischen Vermögensberaters TAM (Troutner Asset Management). Enthält gute Informationen zum Thema passives Portfoliomanagement/Indexfonds.

(d) Websites zu Indexzertifikaten

www.zertifikateweb.de   Website mit umfassender Datenbank zu Zertifikaten.

www.warrantonline.de   Website der Zeitschrift *Das Börsenmagazin.*

www.finanzenonline.de   Website der Zeitschrift *Finanzen*, die im Auftrag verschiedener Banken deren Indexzertifikate auflistet. Direkter Link zur Inter-
net-Seite mit Indexzertifikaten: www.eurams.de/applix/dynhtml/vorlagen/aus-
wahl.htm.

www.onvista.de   Website der Kölner Onvista AG. Siehe die umfangreiche Rubrik
»Zertifikate«.

**(e) Websites zu Indexaktien (Exchange Traded Funds / börsengehandelte
Indexfonds)**

www.exchangetradedfunds.de   Website der Tochtergesellschaft der Deutschen
Börse AG, die für den Handel von börsengehandelten Indexfonds (ETFs)
zuständig ist. Enthält nützliche Informationen zu diesem relativ neuen und interessanten Indexanlageprodukt.

www.ldrs-funds.com   Website von Merrill Lynch zu deren in Deutschland zugelassenen Indexaktien.

www.indexchange.de   Website der HypoVereinsbank-Tochter Ind-ex-change
AG. Offeriert das derzeit breiteste Angebot an in Deutschland zugelassenen
Indexaktien.

www.unico-fonds.com   Website der Luxemburger Tochterunternehmung der
deutschen Union-Investmentgruppe (zu den Volks- und Raiffeisenbanken ge-
hörig). Bietet unter anderem eine interessante Indexaktie auf den MSCI-World
Index an.

(f) Websites zu Börsenindizes

www.dowjones.indexes.com (englischsprachig)   Website des Unternehmensbe-
reiches Wertpapierindizes der Dow-Jones-Gruppe zu den Dow-Jones-Indizes.

www.stoxx.com (englischsprachig)   Spezielle Website der Dow-Jones-Gruppe
zur Stoxx-Index-Familie.

www.mscidata.com (englischsprachig)   Website der Morgan Stanley Capital
International, einer Tochtergesellschaft der Investmentbank Morgan Stanley,
zu den MSCI-Indizes. Hier können recht komfortabel Datenreihen zu den
MSCI-Börsenindizes für Zeiträume von bis zu zehn Jahren und mehr kostenlos
heruntergeladen werden.

www.ftse.com (englischsprachig)   Website der FTSE, ein Joint Venture der Zeitung *Financial Times* und der London Stock Exchange zu den FTSE-Indizes.

www.spglobal.com (englischsprachig) Website der Standard & Poors/McGraw-Hill-Gruppe zu den S&P-Indizes.

www.tse.or.jp (englischsprachig) Website der Tokioter Börse zu den japanischen Topix-Indizes.

www.nasdaq-amex.com (englischsprachig) Website der New Yorker Nasdaq-Börse (der »Neue Markt« der USA), die auch Informationen zu den Nasdaq-Indizes enthält.

www.infos.com/deutsch/indices.htm (deutschsprachig) Website des Discount-Brokers Infos GmbH, über die man auf recht benutzerfreundliche Weise Charts (Diagramme) zur Entwicklung fast aller wesentlicher Börsenindizes über kurze und lange Perioden abfragen kann. Darüber hinaus gute Fondsdatenbank.

www.bigcharts.com (englischsprachig) Amerikanische Website zu historischen Kursen, Indexständen und Charts.

(g) Sonstige nützliche Websites

www.bafin.de Website der Bundesanstalt für Finanzdienstleistungsaufsicht. Bietet u. a. eine aktuelle Aufstellung aller in Deutschland zugelassenen ausländischen Investmentfonds.

www.bsv.de Website der Bundeswertpapierverwaltung. Informiert über Konditionen und Merkmale der wichtigsten festverzinslichen Wertpapiere; ferner darüber, wie man dort ein kostenloses Depot zur Verwaltung von Bundeswertpapieren einrichtet oder Sparpläne anlegt. Auch der Online-Kauf von Bundeswertpapieren ist neuerdings möglich. Sehr empfehlenswert.

www.dai.de Website des Deutsches Aktieninstituts (Frankfurt/Main), einer Interessenvereinigung der börsennotierten Aktiengesellschaften in Deutschland zur Förderung des Aktienbesitzes. Die Website bietet viele nützliche Broschüren und Informationen. Empfehlenswert.

www.exchange.de Website der Frankfurter Wertpapierbörse und ihrer Kooperationspartner.

de.finance.yahoo.com Deutsche Yahoo-Internet-Seite zum Thema Finanzen. Gut geeignet, um die Entwicklung aller wesentlichen Wertpapierindizes weltweiter Aktienmärkte zu verfolgen (bis zu fünf Jahre in die Vergangenheit zurückreichend).

www.dowjones.com Website der amerikanischen Dow-Jones-Gruppe mit vielfältigen Wirtschaftsinformationen.

www.fundsinteractive.com (englischsprachig) Amerikanische Website, die ein Online-Ratgeberbuch des Vermögensberaters Frank Armstrong für Anleger enthält. Titel: *Investment Strategies for the 21st Century.*

www.investorhome.com (englischsprachig) Amerikanische Website, die allgemeine Anlegerinformationen und Links zu einer großen Zahl anderer Finanz-Websites enthält; bietet spezialisierte Suchsoftware. Empfehlenswert.

www.schwab.com (englischsprachig) Website des weltweit größten Discount-Brokers Charles Schwab & Co, Inc. (USA). Interessante Broschüren zum Thema Geldanlage und eventuell interessant für Personen, die (in Kenntnis aller steuerlichen Implikationen) ein Depot in den USA eröffnen möchten.

Bücher

Die mit einem Smiley (☺) gekennzeichneten Bücher halten wir für besonders empfehlenswert.

Barrow, John D.: *Warum die Welt mathematisch ist.* Frankfurt/Main 1997, 120 Seiten.

Beck-Bornholdt, H.P. / Dubben, H.H.: *Der Hund, der Eier legt. Erkennen von Fehlinformationen durch Querdenken.* Hamburg 2001, 287 Seiten.

Beike, Rolf / Schlütz, Johannes: *Finanznachrichten lesen – verstehen – nutzen. Ein Wegweiser durch Kursnotierungen und Marktberichte.* 2. Aufl., Stuttgart 1999, 748 Seiten.
Gelungenes Standardwerk, das sich in jeder Anlegerhandbibliothek gut macht.

Belsky, Gary / Gilovich, Thomas: *Behavioral Economics. Börsenerfolg ist die Kunst, Fehler nicht zweimal zu machen.* München 2001, 300 Seiten. (☺)
Gutes, streckenweise sehr unterhaltsames Buch zu Behavioral Finance. Beschreibt, wie man deren Erkenntnisse für sich persönlich nutzen kann.

Berkowitz, Stephen A. / Finney Louis, D./ Logue, Dennis E.: *The Investment Performance of Corporate Pension Plans – Why They Do Not Beat the Market Regularly.* New York 1988.
Wissenschaftliche Studie, die belegt, dass die Mehrzahl aller Investmentfonds – in diesem Fall amerikanische Pensionsfonds – schlechter als angemessene Vergleichsbörsenindizes performen.

Bernstein, Peter L.: *Wider die Götter. Die Geschichte von Risiko und Risikomanagement von der Antike bis heute.* Berlin 1998, 472 Seiten. (☺)
Die ebenso spannende wie lehrreiche Geschichte des Risikomanagements im Allgemeinen und des Finanzrisikomanagements im Besonderen.

Bernstein, Peter L.: *Capital Ideas. The Improbable Origins of Modern Wall Street.* New York 1992, 340 Seiten. (☺)
Das Buch erzählt die faszinierende Geschichte der Modernen Portfoliotheorie. Für Leser, die dieses Thema vertiefen möchten.

Bernstein, William J.: *The Intelligent Asset Allocator: How to Build Your Portfolio to Maximize Returns and Minimize Risk.* New York 2000, 224 Seiten. (☺)
Ein von der Fachpresse zu Recht hoch gelobtes Buch. Es zeigt auf anspruchsvolle, aber dennoch lesbare Weise, wie man Asset-Allokation – größtenteils mit Indexanlagen – richtig durchführt. Hochgradig zu empfehlen.

Bernstein, William J.: *The Four Pillars of Investing Lessons for Building a Winning Portfolio.* New York 2002. 240 Seiten. (☺)
Eines der besten Investmentbücher überhaupt. Erstklassig.

Bodie, Zivi / Kane, Alex / Marcus Alan J.: *Investments.* 2. Aufl., Boston 1995, 866 Seiten.
Akademisches Standardwerk zur Investmenttheorie. Sehr anspruchsvoll.

Bogle, John C.: *Common Sense on Mutual Funds. New Imperatives for the Intelligent Investor.* New York 1999, 468 Seiten. (☺)
John Bogle, Gründer und langjähriger Chef der amerikanischen Fondsgesellschaft Vanguard, ist wahrscheinlich der weltweit führende Experte zu Publikumsinvestmentfonds, und dies ist wohl das beste Buch zu Investmentfonds auf dem Markt. Umfassend und anspruchsvoll, aber dennoch für jeden verständlich geschrieben. Insbesondere die Kapitel über die Bedeutung von Kosten und über »Regression zum Mittelwert« sind brillant. Lässt sämtliche allgemeinen deutschsprachigen Ratgeber zu Investmentfonds meilenweit hinter sich.

Bogle, John C.: *Bogle on Mutual Funds: New Perspectives for the Intelligent Investor.* New York 1994, 320 Seiten. (☺)
Wie alle Bücher von John Bogle ist auch dieses hochgradig empfehlenswert. Etwas stärker auf die praktischen Bedürfnisse des Anlegers ausgerichtet als »Common Sense …«.

Borge, Don: *The Book of Risk.* New York, 2001, 256 Seiten.

Brealey, Richard A. / Myers, Steward C.: *Principles of Corporate Finance.* 6. Aufl., New York 2000, 1093 Seiten.
Das vielleicht beste und vor allem lesbarste Lehrbuch zu moderner Finanzierungstheorie überhaupt. Ein Klassiker.

BVI Bundesverband Deutscher Investment Gesellschaften e. V.: *Investment 2000 Daten. Fakten, Entwicklungen.* Frankfurt/Main 2001, 149 Seiten.
Kostenlose Broschüre mit interessanten statistischen Daten über die Investmentfondsbranche in Deutschland; wird jährlich aktualisiert.

BVI Bundesverband Deutscher Investment-Gesellschaften e. V.: *Investment. Steuerinformationen. Hinweise für die steuerliche Behandlung der Ausschüttungen deutscher Investmentfonds im Kalenderjahr 2001.* Frankfurt/Main 2001, 82 Seiten. (☺)

Kostenlose, sehr nützliche Broschüre, die beim BVI schriftlich oder online angefordert werden kann; wird jährlich aktualisiert. Hoher Gebrauchswert.

Chancellor, Edward: *Devil Take the Hindmost: A History of Financial Speculation.* New York 2000, 400 Seiten.
Empfohlen von William Bernstein, und das ist Auszeichnung genug.

Clason, George S.: *Der reichste Mann von Babylon. Die Erfolgsgeheimnisse der Antike.* Zürich 1998; 180 Seiten. (☺)
Deutsche Ausgabe eines legendären amerikanischen Klassikers zu den mentalen Voraussetzungen des »Reichwerdens«. Steht turmhoch über dem dünnen Geplaudere der entsprechenden deutschen Bestsellerautoren.

Clements, Jonathan: *25 Myths You've Got to Avoid If You Want to Manage Your Money Right: The New Rules for Financial Success.* New York 1998, 254 Seiten. (☺)
Empfehlenswertes Buch, das mit den zahlreichen Irrtümern und »Mythen« zur Vermögensanlage, die von den populären Medien und vielen Kundenbetreuern der Banken verbreitet werden, aufräumt.

Dembo, Ron S. / Freeman, Andrew: *Die Revolution des finanziellen Risikomanagements. Gesetze, Regeln, Instrumente.* Berlin 1998, 252 Seiten.
Gelungener, allerdings eher theoretisch orientierter Essay zum Thema Risikomanagement.

Ellis, Charles D.: *Winning the Loser's Game. Timeless Strategies for Successful Investing.* 3. Aufl., New York 1998, 142 Seiten. (☺)
Unübertroffen, wenn es darum geht, die Grundprinzipien einer rationalen Anlagepolitik knapp und relativ leicht verständlich darzustellen. Ferner erläutert der Autor praktisch alle der zahlreichen Irrtümer über Vermögensanlage im Allgemeinen und Wertpapierinvestments im Besonderen.

Evans, Richard E. / Malkiel, Burton G.: *The Index Fund Solution: A Step-By-Step Investor's Guide.* New York 2000, 272 Seiten. (☺)
Gelungenes Buch zu den Themen Indexfonds und passives Portfoliomanagement.

Fridson, Martin S.: *Investment Illusions: A Savvy Wall Street Pro Explodes Popular Misconceptions About the Markets.* New York 1996, 230 Seiten.

GFA – Gesellschaft für Fondsanalyse mbH (Hrsg.): *FondsGuide Deutschland 2000. Ratgeber Investmentfonds.* Stuttgart 2000, 947 Seiten.
Der umfassendste Katalog der in Deutschland zugelassenen Fonds und ihrer wichtigsten Kennzahlen einschließlich des Total Expense Ratios. Leider verbreitet auch dieses ansonsten sehr seriöse Buch den zwar allgegenwärtigen, aber

falschen Irrglauben, dass die historische Performance von Fonds ein geeignetes Auswahlkriterium für Neuanlagen sei. Wird jährlich aktualisiert.

Gibson, Roger: *Asset-Allokation. Balancing Financial Risk.*
Sehr anspruchsvolles Buch über Asset-Allokation. 3. Aufl., New York 2000, 317 Seiten.

Graham, Benjamin: *Intelligent Investieren.* Frankfurt/Main 1998, 290 Seiten. (☺)
Die Erstausgabe erschien in den 30er Jahren unter dem Titel »Security Analysis«. Das meistverkaufte Investmentbuch aller Zeiten und nach Ansicht vieler eines der besten. Mit Sicherheit einem Großteil aller in den letzten zehn Jahren in Deutschland erschienenen Bücher überlegen. Besonders nützlich für Anleger, die in einzelne Aktien investieren wollen.

Ibbotson, Roger / Brinson, Gary: *Global Investing. The Professional's Guide to the World Capital Markets.* New York 1993, 339 Seiten.
Sehr anspruchsvolles Buch über internationale Asset-Allokation mit einer ausführlichen Darstellung der langfristigen Renditen unterschiedlicher internationaler Finanz-Assets. Leider keine aktuellere Auflage verfügbar.

Kettell, Brian: *Financial Economics. Making Sense of Market Information.* London 2001, 507 Seiten.

Kommer, Gerd: *Weltweit investieren mit Fonds. Wie Sie Ihre Gewinne erhöhen und Ihr Risiko senken können.* Frankfurt/New York 2001, 290 Seiten.
Geeignet für Leser, die sich mit der im vorliegenden Buch empfohlenen Anlagestrategie intensiver beschäftigen wollen.

Kommer, Gerd: *Indexfonds und -zertifikate. Gewinnen mit der genial einfachen Anlagestrategie der Profis.* Frankfurt/New York 2000, 228 Seiten.

Kommer, Gerd: *Cleveres Banking. Profi-Know-how für klein- und mittelständische Unternehmen.* Frankfurt/Main 1999, 400 Seiten.

Kritzman, Mark P.: *Puzzles of Finance. Six Practical Solutions and Their Remarkable Solutions.* New York 2000, 187 Seiten.

Malkiel, Burton G.: *Börsenerfolg ist kein Zufall. Die besten Investmentstrategien für das neue Jahrtausend.* München 1999, 411 Seiten. (☺)
Einer der besten Finanzratgeberbände, die jemals geschrieben wurden. Besitzt Kultbuchstatus. Erläutert auf anspruchsvolle, aber dennoch unterhaltsame Weise die neuesten Erkenntnisse der Finanzwissenschaft zum Thema Geldanlage. Insbesondere wird gezeigt, dass für praktisch keine aktive Anlagestrategie hinreichende Erfolgsbelege existieren, die wissenschaftlichen Kriterien standhalten.

Malkiel, Burton G. / Mei, J.P.: *Global Bargain Hunting. The Investor's Guide to Profits in Emerging Markets.* New York 1998, 256 Seiten. (☺)
Erstklassiges Buch über Investments in den Schwellenländermärkten; wenn auch nicht unmittelbar auf die Bedürfnisse eines deutschen Anlegers zugeschnitten.

Niquet, Bernd: *Keine Angst vorm nächsten Crash. Warum Aktien als Langfristanlage unschlagbar sind.* Frankfurt/New York 1999, 269 Seiten.
Interessantes Thema, interessanter Titel, leider über weite Strecken nur eine obskure Abhandlung über Geldtheorie, die keine konkreten Informationen zum eigentlichen Gegenstand des Buches liefert.

O'Shaughnessy, James P.: *Die besten Anlagestrategien aller Zeiten.* 3. Aufl., Landsberg/Lech 1999; 380 Seiten. (Originaltitel: What Works on Wall Street: A Guide to the Best-Performing Investment Strategies of All Time)
Sehr analytisches Buch mit einer Fülle historischen Datenmaterials, allerdings wohl nur für Leser mit sehr tiefgehendem Interesse geeignet. Insbesondere der deutsche Titel des Buches spiegelt nur unzureichend den Tenor des Buches wider, demzufolge fast alle aktiven Anlagestrategien letztlich scheitern.

Paulos, John Allen: *Innumeracy: Mathematical Illiteracy and Its Consequences.* New York 1990, 180 Seiten.
Sehr gutes Buch über verbreitete mathematische sowie statistische Irrtümer, also über mathematischen Analphabetismus und seine Folgen.

Quinn, Jane Bryant: *Making the Most of Your Money.* New York 1997, 1066 Seiten.

Schmolcke, N.: *Das ABC der frisierten Bilanz. Grundlagen, Feinheiten und Unfeinheiten des Buchens.* München 1997, 223 Seiten.

Schultheis, Bill: *The Coffeehouse Investor. How to build wealth, ignore Wall Street and get on with your life.* New York 1999, 174 Seiten.
Einfach gehalten, dennoch nützlich und trifft den Punkt (befürwortet Indexanlagen).

Schuster, Thomas: *Die Geldfalle. Wie die Börsenmedien das Aktionärsverhalten fehlsteuern.* Hamburg 2001, 224 Seiten.
Sehr interessante Studie über die allgegenwärtige »Investmentpornografie« in den deutschen Finanzmedien.

Sease, Douglas R.: *Winning With The Markets: Beat the Traders and Brokers in Good Times and in Bad.* Wall Street Journal Book. New York 2001, 210 Seiten.

Shefrin, Hersh: *Börsenerfolg mit Behavioral Finance. Investmentpsychologie für Profis.* Stuttgart 2000, 301 Seiten.

Sherden, William: *The Fortune Sellers. The Big Business of Buying and Selling Predictions.* New York 1998, 308 Seiten.
Unterhaltsames Buch über das Geschäft mit Prognosen, z. B. von Aktienkursen, des Wetters, des Klimas, von Erdbeben oder volkswirtschaftlicher Wachstumsraten. Die völlig korrekte Hauptaussage des Buches: Die überwältigende Mehrzahl solcher Prognosen, die oft genug im »wissenschaftlichen« Gewand daherkommen, ist geradezu erschreckend fehlerhaft. Nur macht sich kaum jemand, wie in diesem Fall Sherden, die Mühe, diese Prognosen im Nachhinein zu überprüfen. Aus theoretischer Sicht ist das Buch aber eher schwach.

Simon, W. Scott: *Index Mutual Funds. Profiting from an Investment Revolution.* Camarillo, California 1998, 264 Seiten. (☺)
Gelungenes Buch zu Indexfonds und passivem Portfoliomanagement; theoretisch anspruchsvoll, aber zu knapp, was Umsetzungsempfehlungen betrifft.

Siegel, Jeremy J.: *Stocks for the Long Run. The Definite Guide to Financial Market Returns and Long Term Investment Strategies.* New York 1998, 301 Seiten.
Ein Klassiker der Investmentliteratur. Hunderttausendfach zitiert. Das Buch liefert eine konkurrenzlose Fülle an historischen Langfristdaten zum Aktienmarkt. Darüber hinaus werden die am meisten verbreiteten Anlagetheorien analysiert (und überwiegend zerpflückt). Und schließlich ist es eine exzellent geschriebene Geschichte des Kapitalmarktes und damit eines Kernelementes des Kapitalismus seit Beginn des 19. Jahrhunderts. Die Bibel der Buy-and-Hold-Anleger.

Stiftung Warentest: *Finanztest Spezial. Sonderheft Investmentfonds.* April 2001. Berlin, 123 Seiten.
Jährlich ein- bis zweimal erscheinendes, sehr nützliches Sonderheft mit aktuellen Fondslisten, steuerlichen Informationen und guten Hinweisen auf günstige Einkaufsquellen. Leider wird aber auch hier das falsche »Hohelied« der Fondsauswahl nach historischer Performance gepredigt.

Swedroe, Larry E.: *The Only Guide to a Winning Investment Strategy You'll Ever Need. Index Funds and Beyond. The Way Smart Money Invests Today.* New York 1998, 294 Seiten. (☺)
Das beste Buch über Indexfonds und passives Portfoliomanagement für Privatanleger. Räumt auf mit vielen Mythen der Geldanlage und falschen oder unfundierten Behauptungen der Fonds- und Finanzbranche.

Swedroe, Larry E.: *What Wall Street Doesn't Want You to Know. How You Can Build Real Wealth Investing in Index Funds.* New York 2001, 379 Seiten. (☺)
Hervorragendes Buch mit ähnlicher Thematik wie das vorliegende Buch.

Taleb, Nassim Nicholas: *Fooled by Randomness: The Hidden Role of Chance in the Markets and Life.* New York 2001, 243 Seiten.

Temkin, Bruce J. u. a.: *The Terrible Truth About Investing. How to be a Savvy Investor.* New York 2002, 304 Seiten.

Wagner, Bruno: *Burn Rate. Wie Fondsmanager unser Geld verbrennen.* München 2001, 288 Seiten.

Warwick, Ben: *Searching for Alpha. The Quest for Exceptional Investment Performance.* New York 2000, 224 Seiten.

Wiandt, Jim / McClatchy Will: *Exchange Trade Funds: An Insider's Guide to Buying the Market.* New York 2002, 288 Seiten

Aufsätze

Bernstein, Peter L.: »Where, Oh Where, Are the 400 Hitters of Yesteryear?« In: *Economics and Portfolio Strategy*, 15. April 1998.

Bernstein, William.: »The Grand Infatuation«. 1999. Veröffentlicht im Internet unter www.fundsinteractive.com/expert.

Black, Fischer: »Implications of the Random Walk Hypothesis for Portfolio Management«. In: *Financial Analysts Journal*, March–April 1971.

Blake, Christopher R. / Morey Matthew R.: »Morningstar Ratings and Mutual Fund Performance«. In: *Journal of Financial and Quantitative Analysis*, Sept. 2000.

Bogle, John C.: »A Tale of Two Markets«. Bogle Financial Markets Research Center, April 2001, veröffentlicht bei www.vanguard.com.

Brinson, Gary P. / Hood, Randolph / Beebower, Gilbert L.: »Determinants of Portfolio Performance«. In: *Financial Analysts Journal*, July/August 1986.

Brinson, Gary P. / Singer, Brian D. / Beebower, Gilbert L.: »Determinants of Portfolio Performance II: An Update«. In: *Financial Analysts Journal*, May/June 1991.

Brown, Stephen J. / Goetzmann, William N. / Ibbotson, Roger G.: »Offshore Hedge Funds: Survival & Performance 1989–1995«. Veröffentlicht im Internet unter www.investorhome.com.

Carhart, Mark M.: »On Persistence in Mutual Fund Performance«. In: *Journal of Finance*, March 1997.

Crédit Suisse: »Diversifikation – Strategie für eine erfolgreiche Kapitalanlage«. *Economic Briefing* Nr. 20; 12/2000.

Fama, Eugene F.: »Random Walks in Stock Market Prices«. In: *Financial Analysts Journal*, Sept./Oct. 1965, neu abgedruckt im Heft Jan./Febr. 1995.

Fama, Eugene F.: »Market Efficiency, Long-term Returns, and Behavioral Finance«. In: *The Journal of Financial Economics*, 49 (1998).

Fama, Eugene F., French, Kenneth R.: »The Cross Section of Expected Stock Returns«. *The Journal of Finance*, June 1992.

Fortin, Rich / Michelson, Stuart: »Fund Indexing vs. Active Management: The Results are ….« In: *Journal of Financial Planning*, February 1999.

Goetzmann, William N. / Ibbotson, Roger: »Do Winners Repeat?« In: *The Journal of Portfolio Management*, Winter 1994.

Hendricks, Darryll / Patel, Jayendu / Zeckhauser, Richard: »Hot Hands in Mutual Funds. The Persistence of Performance, 1974–1987«. *Working Paper no. 3389*, National Bureau of Economic Research, Cambridge, MA.

Jain, Prem C. / Wu Shuang, Joanna: »Truth in Mutual Fund Advertising: Evidence on Future Performance and Fund Flows«. In: *Journal of Finance*, Vol 55, 2000.

Jensen, Michael C.: »Problems in Selection of Security Portfolios: The Performance of Mutual Funds in the Period 1945–1964«. In: *Journal of Finance* 23 (2), 1968.

Joos, Christian Martin / Kilka, Michael: »Sind Aktienportfolios privater Anleger ausreichend diversifiziert?« In: *Die Bank*, 12/1999.

Kahn, Ronald N. / Andrew Rudd, Andrew: »Does Historical Performance Predict Future Performance?« In: *Financial Analysts Journal*, Nov./Dec. 1995.

Kat, Harry M. / Amin, Gaurav S.: »Hedge Fund Performance 1990 2000. Do the ›Money Machines‹ Really Add Value?« 05/2001. Download von www.isma-centre.rdg.ac.uk (University of Reading, UK)

Kat, Harry M.: »Hedge Fund Mania. Some Words of Caution«. 03/2001. Download von www.ismacentre.rdg.ac.uk (University of Reading, UK)

Kuethe, John D.: »International Diversification in the 2000s – Stay the Course«. Sept. 2001, Ennis Knupp + Associates, Inc. (download von www.ennisknupp. com im März 2002)

Lakonishok, Josef u. a.: »The Structure and Performance of the Money Management Industry«. Brookings Papers on Economic Activity. Brookings Institutions, Washington DC, 1992.

Malkiel, Burton: »Returns from Investing in Equity Mutual Funds, 1971 to 1991«. In: *Journal of Finance*, June 1995.

Odean, Terrance / Barber, Brad: »Trading is Hazardous to Your Wealth: The Common Stock Investment Performance of Individual Investors«. In: *Journal of Finance*, Vol. LV, No. 2, April 2000.

Odean, Terrance / Barber, Brad: »Too Many Cooks Spoil the Profits: The Performance of Investment Clubs«. In: *Financial Analysts Journal*, Jan./Febr. 2000.

Odean, Terrance: »Do Investors Trade Too Much?« In: American Economic Review, Vol. 89, December 1999.

Plexus Group: »Decision Timeliness and Duration«. Commentary no. 45, November 1995.

Sharpe, William: »The Arithmetic of Active Management«. In: *Financial Analysts Journal*, Vol. 47, No. 1/1991.

Sharpe, William: »Mutual Fund Performance«. In: *Journal of Business*, Special Supplement, January 1966.

Thorley, Steven: »The Inefficient Markets Argument for Passive Investing«. February 1999, veröffentlicht im Internet bei www.indexfunds.com am 8. 11. 1999.

Glossar

Hinweis: Viele der in diesem Buch verwendeten Fachbegriffe werden im laufenden Text erläutert. Sollten Sie einen bestimmten Begriff nachstehend nicht finden, empfehlen wir, die entsprechende Textstelle mithilfe des Registerverweises aufzusuchen.

Adressrisiko, Bonitätsrisiko – Besteht in der Gefahr negativer Wertschwankungen eines Wertpapiers (z. B. Aktien oder Anleihen), d. h. von Wertverlusten, weil sich das finanzielle Standing (Bonität, Kreditwürdigkeit) des Unternehmens, zu dem dieses Wertpapier gehört, verschlechtert hat. Im engeren Sinne die Gefahr, dass der Emittent einer Anleihe seinen Zins- und Kapitalrückzahlungsverpflichtungen nicht oder nicht termingerecht nachkommt. Insbesondere Rentenfonds, die in Anleihen von Emittenten geringerer Bonität investieren, bergen ein höheres Risiko.

Aktionärsrendite – Engl. *total shareholder return*; die Rendite (üblicherweise jährlich gemessen), welche *alle* Ertragsbestandteile eines Wertpapiers enthält – in erster Linie Dividenden und Kurssteigerungen.

Anecdotal evidence – Englischer Ausdruck für Aussagen, Belege, Begründungen, »Beweise« etc., die nicht statistisch oder auf andere Weise wissenschaftlich nachprüfbar sind, also lediglich die subjektiven Erlebnisse bzw. Schilderungen einzelner Personen widerspiegeln. Viele so genannte heiße Aktientipps und Berichte über → Überrenditen sind nur durch Anecdotal evidence »belegt«.

Anlagehorizont – Die Dauer, für die ein Anleger eine bestimmte Anlage (→ Asset) mit großer bzw. größter Wahrscheinlichkeit zu halten beabsichtigt. Zum Beispiel sollte in Aktienfonds nur derjenige investieren, der einen Anlagehorizont von mindestens zwei Jahren hat. Dessen ungeachtet kann es natürlich sein, dass ein Anleger dennoch eine solche Anlage »vorfristig« verkauft, weil ein unvorhergesehener finanzieller Notfall eingetreten ist und er Geldmittel (Liquidität) benötigt.

Anlagepolitik, Anlagestrategie, Anlagegrundsätze – Eine mehr oder minder genau definierte Anlagestrategie (in Bezug auf Kriterien wie Schwerpunktbranchen, Schwerpunktregionen, Blue Chips versus Nebenwerte, aktives versus passives Anlagemanagement, Mindestbonitäten, Kauf- und Verkaufszeitpunkte, steuerliche Optimierung etc.), um einen Referenzindex (z. B. den DAX) zu schlagen. Aktive Anlagestrategien (versus passive Strategien wie bei → Indexfonds) scheitern mehrheitlich an ihrem Ziel, den Referenzindex zu schlagen.

Antizyklisches (Anlage-)Verhalten – Ein antizyklischer Anleger (engl. *contrarian investor*) investiert nicht im Einklang mit dem Markttrend – das wäre prozyklisches Verhalten –, sondern nutzt subjektiv wahrgenommene Börsenhochs und -tiefs, um entgegen dem Markt (antizyklisch) Wertpapiere zu kaufen bzw. zu verkaufen. Antizyklisches Anlageverhalten kann theoretisch zu höheren Gewinnen führen als prozyklisches Verhalten, scheitert aber wie viele andere aktive Anlagestrategien regelmäßig in der Praxis.

Asset-Klasse – Gruppe von Vermögensanlagen, die ähnlichen Risikoeinflussfaktoren unterliegen. Beispiele sind die Gesamtheit der deutschen Aktien im Unterschied zu den Aktien anderer nationaler Märkte oder die Gesamtheit der Pharmaaktien in Abgrenzung zu den übrigen Branchen, Value-Aktien im Unterschied zu Growth-Aktien oder Small-Caps im Unterschied zu Large-Caps.

Asset-Klassen-Risiko – Risikobegriff aus der Modernen Portfoliotheorie. Bezeichnet Wertschwankungen eines Wertpapiers, die sich aufgrund von Einflussfaktoren ergeben, welche die ganze Asset-Klasse, zu der das Wertpapier gehört, gleichermaßen beeinflussen. Dieses Risiko lässt sich durch Diversifikation über Asset-Klassen hinweg beseitigen. Siehe auch → gesamtmarktbezogenes Risiko und → Einzelwertrisiko.

Asset-Klassen-Rotation – Zu einem bestimmten Zeitpunkt sind jeweils unterschiedliche Asset-Klassen hoch oder niedrig rentierlich. Hierbei kann eine gewisse, jedoch kurz- und mittelfristig kaum prognostizierbare Rotation beobachtet werden. Bei Berücksichtigung von Risiko und Kosten gibt es somit keine Asset-Klasse, die kontinuierlich sehr gut oder sehr schlecht rentiert.

Asset-Management – Verwaltung (Management) von Vermögensanlagen durch in der Regel professionelle Vermögensverwalter. Wird oft synonym zu dem Begriff Portfoliomanagement verwendet.

Ausschüttender Fonds – Ein Investmentfonds, der die Dividenden und andere Barausschüttungen der in ihm enthaltenen Aktien einmal oder zweimal jährlich an die Fondsanleger ausschüttet. Das Gegenstück ist ein → thesaurierender Fonds. Steuerlich besteht keine Unterschied zwischen ausschüttenden und thesaurierenden Fonds.

Baisse, Bärenmarkt – Engl. *bear market*, ein Börsenabschwung; Gegenteil von Bullenmarkt. Baisse = französisch für (sinngemäß) Börsenabschwung.

Barreserve – Auch Cash- oder Liquiditätsreserve genannt. Jeder aktiv gemanagte Investmentfonds muss einen Teil seiner Fondsmittel in Cash (das heißt sehr kurzfristig verfügbaren Geldmarktanlagen) investieren, um jederzeit Fondsanteile von Anlegern zurückkaufen zu können. Diese Barreserve drückt die Performance jedes Aktien- und Rentenfonds in Aufschwungphasen nach unten. Laut KAGG (Gesetz über Kapitalanlagegesellschaften) darf ein Fonds – außer kurz nach der Auflegung – jedoch höchstens 49 Prozent Liquidität halten. Die relativ höhere Barreserve aktiv gemanagter Fonds ist einer der Gründe für ihren Renditenachteil gegenüber Indexfonds.

Basket – Dt.: Korb. Gelegentlich werden Indexfonds – wenn sie auf weniger bekannten Indizes beruhen – Basket-Fonds genannt (z. B. die Indexfonds der Commerzbank-Tochter CICM). Häufiger wird als »Basket« jedoch ein von einer Fondsgesellschaft oder Bank selbst kreierter »Index« bezeichnet, der kein neutrales Börsensegmentbarometer darstellt, sondern vielmehr eine auf der Basis einer bestimmten aktiven Anlagestrategie ausgewählte Aktiengruppe.

Basketzertifikat – Engl. *basket* = Korb. Indexzertifikat, das auf einem von der Emissionsbank selbst kreierten »Index« basiert. Diese Zertifikate weisen fast immer höhere Kosten auf als einfache (→ Plain-Vanilla-)Zertifikate. Bei einigen Basketzertifikaten kann die Zusammensetzung des Baskets während der Laufzeit des Zertifikates von der Emissionsbank verändert werden, bei den meisten jedoch nicht. Von Basket-Zertifikaten raten wir ab.

Benchmark – Englisch für (sinngemäß) Vergleichsgröße, Vergleichsindex: die Entwicklung eines bestimmten Index, der einem Fonds als Vergleichsbasis für die Wertentwicklung dient. Ziel eines aktiv gemanagten Fonds *muss* es sein, den Vergleichsindex zu schlagen. Um die → Performance von Investmentfonds objektiv beurteilen zu können, werden häufig Indizes als Benchmark verwendet. Aber auch ein anderes (»vergleichbares«) Wertpapier kann als Benchmark dienen. Passiv gemanagte (Index-)Fonds entwickeln sich immer genau wie der Benchmark-Index abzüglich des → Tracking-Errors.

Besteuerungsrisiko, Steueränderungsrisiko – Das Risiko der Senkung der Nachsteuerrendite einer Geldanlage aufgrund unerwarteter Änderung der Besteuerungsvorschrift. In den letzten Jahren hat dieses Risiko für die meisten Wertpapieranlageformen in Deutschland zugenommen.

Blue Chips – Englische Bezeichnung für Standardwerte (also Aktien von etablierten Großunternehmen mit sehr hoher Marktkapitalisierung; in Deutschland die im DAX gelisteten Unternehmen). Vgl. auch → Mid-Caps und → Small-Caps.

Bond – Englische Bezeichnung für Anleihe, Schuldverschreibung, Industrieobligation (mittel- bis langfristige Schuldtitel); siehe → festverzinsliche Wertpapiere.

Bonität – Die Zahlungsfähigkeit und Kreditwürdigkeit eines Schuldners (Emittenten) entscheidet über die Sicherheit einer Anleihe. Die Schuldnerbonität ist deshalb ein sehr wichtiges Kriterium für die Anlageentscheidung. Internationale Rating-Agenturen wie Moody's Investors Service Inc. oder Standard & Poor's Inc. überprüfen in regelmäßigen Abständen die Bonität von Schuldnern, die sich aufgrund von Entwicklungen im gesamtwirtschaftlichen oder unternehmensspezifischen Umfeld ändern kann. Die Bewertungen reichen von »AAA« (sehr gute Bonität) bis »D« (Schuldner befindet sich in Zahlungsschwierigkeiten) bei Standard & Poor's bzw. von »AAA« bis »C« bei Moody's.

Bonitätsrisiko – siehe → Adressrisiko

Bullenmarkt – Auch engl. *bull market* oder Hausse genannt, Börsenaufschwung. Gegenteil: *bear market*, Bärenmarkt, Baisse.

Bundesanstalt für Finanzdienstleistungsaufsicht (BAFin) – Dieses im Mai 2002 neu geschaffene Amt mit Sitz in Bonn und Frankfurt/M. vereint die Geschäftsbereiche der ehemaligen Bundesaufsichtsämter für das Kreditwesen (Bankenaufsicht), für das Versicherungswesen (Versicherungsaufsicht) und für den Wertpapierhandel (Wertpapieraufsicht/Asset-Management). Internet-Adresse: www.bafin.de.

Buy and Hold – Dt.: »kaufen und halten«. Einfache Strategie, die zum Ziel hat, Wertpapieranlagen sehr langfristig im Portfolio zu halten und diese gerade nicht aufgrund kurzfristiger Kursschwankungen laufend zu traden (kaufen/verkaufen). Buy and Hold macht deshalb Sinn, weil häufiges Traden hohe Transaktionskosten verursacht, die mögliche Erträge aus der besseren Bruttorendite der »neuen« Wertpapiere mehr als aufwiegen.

BVI-Methode – Methode zur Berechnung der Wertentwicklung eines Investmentfonds. Kalkulationsgrundlage bildet die Veränderung der Anteilwerte innerhalb eines bestimmten Zeitraums. Die BVI-Methode (des Bundesverbands Deutscher Investment-Gesellschaften) eliminiert bestimmte Einflussfaktoren wie Ausgabeaufschlag, Rücknahmespesen, Depotgebühren oder Kontoführungsgebühren bei der Berechnung der Wertentwicklung. Die Methode unterstellt, dass sämtliche Erträge, die der Fonds dem Anteilinhaber auszahlt, rechnerisch kostenfrei wieder angelegt werden.

Depotbank – Eine KAG (Kapitalanlagegesellschaft, Fondsgesellschaft) darf gemäß dem Gesetz für Kapitalanlagegesellschaften (KAGG) ein von ihr aufgelegtes Sondervermögen nicht selbst verwahren, sondern muss damit eine unabhängige Depotbank beauftragen. Dadurch bleibt das Fondsvermögen strikt vom Vermögen der KAG getrennt. Zu den Aufgaben der Depotbank gehören u. a. die Ausgabe und Rücknahme von Anteilscheinen sowie die Prüfung der von der KAG ermittelten börsentäglichen Ausgabe- und Rücknahmepreise, die Durchführung der Ausschüttung an die Anteilinhaber, aber auch die Abwicklung des Fondsvermögens im Falle der Auflösung des Fonds.

Depotbankgebühr – Die Depotbank erhält für ihre Verwahrungs- und Kontrolltätigkeit eine Vergütung, die einige Promille des Fondsvermögens beträgt. Die genaue Höhe dieser Vergütung ist in den Besonderen Vertragsbedingungen des einzelnen Fonds angegeben. Die Gebühr wird dem Anleger nicht direkt belastet, sondern dem Fondsvermögen entnommen. Nicht zu verwechseln mit der → Depotgebühr.

Depotgebühr – Gebühr, die ein Kreditinstitut für die Verwahrung und Verwaltung von Fondsanteilen für einen Anleger erhebt, also die persönlichen Wertpapierdepotkosten des Anlegers. Nicht zu verwechseln mit der → Depotbankgebühr.

Diversifikation (Risikostreuung) – Grundidee der Anlage in Investmentfonds ist der Grundsatz der Risikomischung. Das Portfolio eines Investmentfonds besteht aus einer Vielzahl verschiedener Wertpapiere. Jedes einzelne Wertpapier birgt neben Chancen auf Kursgewinne auch Risiken, die zum einen im Wertpapier selbst liegen und als »titelspezifische Risiken« bezeichnet werden. Zum anderen resultieren Gefahren aus der Entwicklung der einzelnen Wertpapiermärkte (Asset-Klassen-Risiko) und des Weltaktienmarktes insgesamt (Gesamtmarktrisiko). Die ersten beiden Risikoarten können durch eine richtig verstandene, systematische Diversifikation vollständig beseitigt werden, die dritte nicht. Da die ersten beiden Risikoarten nicht zwingend getragen werden müssen, »zahlt« der Markt dafür auch keinen Risikozuschlag. Somit tragen Anleger, die das titelspezifische und das Asset-Klassen-Risiko nicht wegdiversifizieren, Risiken, für die sie keinen Renditeaufschlag erhalten. Eine systematische Diversifikation führt also dazu, dass das Risiko eines Portefeuilles geringer ausfällt als der gewichtete Durchschnitt der Risiken seiner Einzelpositionen.

Einzelwertengagement – Investition in Aktien (bzw. andere Wertpapiere) nur eines einzigen Unternehmens. Hier steht v. a. die Situation der Einzelunternehmung im Vordergrund. Aufgrund dessen unterliegt das Investment häufig starken Schwankungen, bis hin zum Verlust des eingesetzten Kapitals. Eine Anlage in Investmentfonds oder Indexaktien schützt vor einem solchen Totalverlust.

Einzelwertrisiko – Risikobegriff aus der Modernen Portfoliotheorie. Bezeichnet Wertschwankungen eines Wertpapiers, die sich aufgrund von Einflussfaktoren ergeben, welche ausschließlich das spezielle Unternehmen betreffen. Dieses Risiko lässt sich durch Diversifikation innerhalb der betreffenden Asset-Klasse beseitigen. Siehe auch → Asset-Klassen-Risiko und → gesamtmarktbezogenes Risiko.

Emerging-Markets – Dt.: »Schwellenländermärkte«; die Kapitalmärkte mittelmäßig entwickelter Volkswirtschaften (vor allem in Osteuropa, Lateinamerika, Südostasien), üblicherweise gemessen am Bruttosozialprodukt pro Kopf. In dieser Hinsicht stehen Schwellenländer also zwischen wirtschaftlich hoch entwickelten Industrieländern und gering entwickelten Dritte-Welt-Ländern. Schwellenländeraktien haben langfristig meist höhere Wachstumsraten als diejenigen von Industrieländern, weisen aber auch stärkere Wertschwankungen und häufig eine geringe Liquidität auf (d. h., größere Wertpapierkäufe oder -verkäufe können einen stärkeren Einfluss auf die Kursentwicklung haben).

Equity-Premium – Die Differenz zwischen der langfristigen Durchschnittsrendite von Aktien und risikolosen Anlagen (z. B. kurzlaufenden Staatsschuldverschreibungen). Das E-P ist also eine »Risikokompensation«, sprich die Belohnung dafür, dass ein Aktionär durch Bereitstellung von Eigenkapital an ein Unternehmen ein Verlustrisiko eingeht, das er bei einer risikolosen Anlage nicht zu tragen hätte. Das E-P liegt je nach nationalem Markt und betrachteter Zeitperiode bei etwa 4 bis 5 Prozentpunkten.

Fairer Preis – Engl. *fair value*; bei → Plain-Vanilla-Indexzertifikaten der aktuelle Marktpreis, bei börsengehandelten Indexfonds der zu Marktpreisen der im Fonds enthaltenen Wertpapiere bewertete, anteilige Wert eines Fondsanteils. Der Begriff »fair« hat hier anders als im allgemeinen Sprachgebrauch keine moralische Bedeutung.

Festverzinsliche Wertpapiere – Engl. *bond*; Schuldverschreibungen mit einem feststehenden gleich bleibenden Verzinsungssatz (Nominalverzinsung). Dem Emittenten wird vom Anleger quasi ein Darlehen in Höhe des Nennwertes gewährt und der Anleger hat Anspruch auf eine feste nominale Verzinsung sowie Rückzahlung zu 100 % zum Laufzeitende.

Fondsmanager, Fondsmanagement – Sie treffen die konkreten Anlageentscheidungen bei einem aktiv gemanagten Fonds im Rahmen der Anlagebedingungen, der Anlagegrundsätze und der gesetzlichen Anlagegrenzen. Das Fondsmanagement ist nicht frei von Fehleinschätzungen. Auch kann ein Wechsel im Management eines Fonds erhebliche Auswirkungen auf die Performance haben – im positiven wie im negativen Sinn. Dieses Risiko ist nur durch Indexfonds zu umgehen.

Fonds-Picking, standardisierte Vermögensverwaltung – Dem → Stock-Picking vergleichbar. Fonds-Picking in Form von Dachfonds ist eine Vermögensverwaltung auf Fondsbasis und wird mittlerweile von zahlreichen Banken, Versicherungen und unabhängigen Vermögensverwaltern angeboten. Aber auch der einzelne Anleger kann Fonds-Picking praktizieren, wenn er mehr oder weniger laufend zwischen Fonds wechselt, um dadurch eine → Überrendite zu erzielen. Im Gegenteil zum klassischen Vermögensverwalter investiert der Fonds-Picker nicht direkt in Aktien oder Rentenpapiere, sondern ausschließlich in Investmentfonds einer einzigen oder mehrerer KAGs (Fondsgesellschaften). Die so genannte standardisierte Vermögensverwaltung bei Banken basiert zumeist auf dem Fonds-Picking-Prinzip. Bei kleineren Beträgen werden Anlegern zumeist drei verschiedene standardisierte Depottypen (z. B. je ein ertragsorientiertes, chancenorientiertes und wachstumsorientiertes Depot) angeboten, unter denen der Anleger je nach Risikoneigung auswählt. Die Depotvarianten unterscheiden sich üblicherweise nach ihrem Aktienanteil. Dieser ist wiederum ausschlaggebend dafür, wie stark der Wert eines Depots schwankt. Fonds-Picking funktioniert noch schlechter als Stock-Picking. Von solchen Produkten ist aufgrund hoher Gebühren, mangelnder Transparenz und nicht nachgewiesenem Langfristerfolg abzuraten.

Fonds-Rating – Einstufung von Fonds nach ihrem Marktpreisrisiko durch anerkannte Rating-Agenturen wie GFA, Moody's, Micropal (S&P), Morningstar etc. Fonds-Ratings sollen die Beurteilung des Gesamtrisikos einer Fondsanlage und andere Qualitätsmerkmale ermöglichen. Für die in die Zukunft gerichtete Auswahl von Fonds haben sich Fonds-Ratings regelmäßig als nutzlos erwiesen.

Fonds-Shop / Fonds-Boutique / Fondsladen – Fonds-Shops bieten eine mehr oder weniger breite Auswahl von Fonds verschiedener Kapitalanlagegesellschaften (Fondsgesellschaften) an. Fonds-Shops reklamieren, »unabhängig« zu sein, was aber insofern nicht stimmt, als sie mit einer relativ begrenzten Anzahl von Fondsgesellschaften Vertriebsabkommen unterhalten, die dazu führen, dass der Shop fast ausschließlich die Produkte dieser KAGs empfiehlt. Die Qualität von Fonds-Shops variiert sehr stark.

Free-Float – Dt. etwa: »Streubesitz«; der Anteil der ausgegebenen Aktien eines Unternehmens, der jedenfalls im Prinzip für den Börsenhandel zur Verfügung steht. Aktienpakete im Staats- oder in Familienbesitz ohne »prinzipielle Handelsabsichten« gehören nicht zum Free-Float.

Free-Float-Methode – Ein nach Marktkapitalisierung gewichteter Aktienindex kann bei der Berechnung des Gewichtes einer Aktie im Index entweder die Gesamtheit der Aktien eines Unternehmens berücksichtigen oder nur den → Free-Float, der bei vielen Titeln wesentlich kleiner ist als die Gesamtzahl der Aktien. Im Falle der Deutschen Telekom würde die Anwendung der Free-Float-Methode dazu führen, dass das Gewicht dieses Unternehmens im DAX spürbar abnähme, da sich immer noch etwa 40 % der Aktien im Staatsbesitz befinden und nicht für den freien Handel zur Verfügung stehen. Die Free-Float-Methode ist zu begrüßen, da sie indirekt die Liquidität eines Titels bei der Gewichtung im Index berücksichtigt.

Fundamentale Analyse – Die am meisten verbreitete Methode zur Erstellung von Kursprognosen. Dabei werden in erster Linie finanzwirtschaftliche oder betriebswirtschaftliche Kennzahlen, aber auch »weiche« Fakten (wie Managementqualität) sowie Marktposition, Marktwachstum, makroökonomische Einflüsse und andere Faktoren, die Einfluss auf die Ertragsperspektiven des Unternehmens haben sollen, berücksichtigt. Siehe auch → technische Analyse.

Geldmarktanlagen – Kurzfristige, risikoarme (und in der Regel niedrig verzinsliche) Geldanlagen, wie Termin- oder Festgelder, Geldmarktfonds, Sparbücher oder Konten mit variabler Guthabenverzinsung.

Gesamtmarktbezogenes Risiko, Marktrisiko – Risikobegriff aus der Modernen Portfoliotheorie; bezeichnet Wertschwankungen eines Wertpapiers, die sich aufgrund ungünstiger Einflussfaktoren ergeben, welche alle Unternehmen im Weltaktienmarkt gleichermaßen betreffen. Dieses Risiko lässt sich durch Diversifikation nicht beseitigen. Allerdings sinkt es – wie die beiden anderen Risikoarten, → Asset-Klassen-Risiko und → Einzelwertrisiko – mit wachsendem Anlagehorizont.

Hedging – siehe → Kurssicherung

Index – Ein Index ist eine statistische Maßzahl für die kollektive Wertentwicklung einer Gruppe von Aktien, festverzinslichen Wertpapieren oder anderer Asset-Typen mit einigen gemeinsamen objektiven Eigenschaften. Der Deutsche Aktienindex (DAX) etwa repräsentiert die Wertentwicklung der nach der → Marktkapitalisierung 30 größten deutschen Aktiengesellschaften. Indizes dienen unter anderem als Vergleichsmaßstab (→ Benchmark) für die Wertentwicklung von aktiv gemanagten Investmentfonds. Neben bekannten und repräsentativen Aktienindizes wie dem DAX, dem amerikanischen Dow-Jones-Index für 30 Industriewerte, dem Nikkei-225-Index für japanische Titel oder den diversen Morgan Stanley Capital International (MSCI)-Indizes gibt es auch weniger bekannte Indizes wie den amerikanischen Russell 2000, der 2000 amerikanische Nebenwerte umfasst. Hinzu kommen Rentenindizes wie der deutsche REX oder der Salomon Brothers (SALB). Weltweit existieren mehrere Tausend verschiedene Wertpapierindizes.

Indexaktien – Engl. *index shares*, oft auch *exchange traded funds* (ETFs) oder börsengehandelte Indexfonds genannt. Der Begriff Indexaktie ist missverständlich, da es sich um einen Fonds und nicht um eine Aktie handelt. Indexaktien sind ganz normale → Indexfonds bzw. Investmentfonds mit dem wichtigen Unterschied, dass Indexaktien laufend über die Börse gehandelt werden, während herkömmliche Investmentfondsanteile unmittelbar von der Fondsgesellschaft (eventuell über eine zwischengeschaltete Vertriebseinheit) gekauft und an sie zurückverkauft werden. Die Kursfeststellung bei einer Indexaktie erfolgt quasi minütlich, bei einem Investmentfonds nur einmal täglich (i.d.R. um 15 Uhr nachmittags).

Indexfonds – Investmentfonds, die »passiv« einen Wertpapierindex (zumeist Börsenindex) nachbilden, also keine »aktive« Anlagestrategie (z.B. Stock-Picking oder Market-Timing) verwenden und keinen Fondsmanager im eigentlichen Sinne besitzen. Der Fonds enthält in der Regel alle Wertpapiere, die auch den Index bilden, in derselben Gewichtung. Daher folgt die Nettorendite des Indexfonds (die Rendite nach Kosten) relativ genau der Indexentwicklung. Gegenüber aktiv gemanagten Fonds zeichnen sich Indexfonds durch deutlich geringere Betriebskosten aus. Je breiter der zugrunde liegende Index ist, desto weniger Schwankungen weist der Indexfonds in der Regel auf.

Indexzertifikate – Bankschuldverschreibungen, deren Ertrag nicht in Zinszahlungen besteht (wie bei konventionellen Bankanleihen), sondern an die Entwicklung eines Index (zumeist eines Aktienindex) gebunden ist. Ihr Risiko-Rendite-Profil ist daher einem Indexfonds vergleichbar; allerdings haben Indexzertifikate zumeist eine begrenzte Laufzeit. Es gibt → »Plain-Vanilla«- Indexzertifikate, die 1:1 an der Entwicklung eines Aktienindex partizipieren, sowie »strukturierte« Zertifikate (auch »Exoten« genannt), z. B. Cap-, Floor-, Garantie- oder Collar-Zertifikate. Von diesen strukturierten Zertifikaten ist abzuraten, da ihr vermeintlicher Vorteil durch hohe Kosten oder Ertragsbegrenzungen bezahlt werden muss.

Inflationsrisiko – Das Risiko von Wertverlusten auf inflationsbereinigter Basis, das heißt gemessen in echter Kaufkraft. Eine nominelle (Vor-Inflations-)Rendite von 4 % p. a. bei einer jährlichen Inflation von 5 % bedeutet inflationsbereinigt einen Wertverlust (Kaufkraftverlust) des entsprechenden Wertpapiers. Dieses Risiko betrifft vor allem festverzinsliche Anleihen und Termingelder, weniger stark jedoch Aktien. Diese sind Sachwerte, deren Preis im Allgemeinen mit der Inflation steigt.

Informationseffizienz – In den Kapitalmärkten sind ständig Millionen Experten und Insider auf der Suche nach Informationen, die zur Gewinnerzielung verwertet werden können. Wenn derartige Informationen existieren, ist daher die Wahrscheinlichkeit ihrer Entdeckung hoch. Danach durchdringen die Informationen den Markt in rasender Geschwindigkeit, zumeist dadurch, dass aufgrund dieser Informationen gehandelt wird, nicht notwendigerweise durch ihre formale Publikaton. Das Internet und bestimmte gesetzliche Bestimmungen erhöhen die Informationseffizienz immer weiter. In einem informationseffizienten Markt sind alle öffentlichen und vermutlich auch die meisten Insider-Informationen bereits in den Kursen enthalten, also nicht mehr verwertbar.

Informationsrisiko – Darstellungen in Medien können Anlegern einen Sachverhalt zeitverzögert, unrichtig oder unvollständig wiedergeben. Daraus resultiert die Gefahr, zu spät über wichtige Informationen zu verfügen und daraus Verluste zu erleiden oder die Entscheidung für den Kauf oder Verkauf von Fondsanteilen aufgrund fehlerhafter oder unzureichender Informationen zu fällen. Bei Indexfonds oder Indexanlagen besteht kein oder nur ein sehr niedriges Informationsrisiko.

Institutionelle Investoren – Banken, Versicherungen, Investmentfonds, Pensionskassen, Sozialversicherungsträger und andere Kapitalsammelstellen werden als institutionelle Investoren bezeichnet. Ihnen ist gemeinsam, dass sie ständig große Volumina von Geldern mit einem langen Anlagehorizont in praktisch allen Segmenten des Kapitalmarktes anlegen. Institutionelle Investoren gelten als die »professionellsten« Anleger am Kapitalmarkt.

Interpretationsrisiko – In Deutschland werden Wertentwicklungstabellen publiziert, die auf unterschiedlichen Annahmen, Berechnungsmethoden und Stichtagsbetrachtungen beruhen. Es ist also ratsam, sich beim Vergleich von Fonds auf Daten zu verlassen, die jeweils nach derselben Methode erarbeitet sind. Auch muss darauf geachtet werden, dass nur Fonds mit ähnlichen Anlagegrundsätzen verglichen werden. Ferner kann die in der Vergangenheit erzielte Performance nicht einfach in die Zukunft fortgeschrieben werden. Bei Indexfonds oder Indexanlagen besteht nur ein sehr niedriges Interpretationsrisiko.

Investitionsgrad – Fondsvermögen abzüglich der → Barreserve, d. h. der Anteil des Fondsvermögens, der in Wertpapieren, Immobilien oder Derivaten angelegt ist. Ein Fonds muss nach dem Gesetz über Kapitalanlagegesellschaften (KAGG) jederzeit mit mindestens 51 Prozent seines Vermögens in den Anlagen investiert sein, die der Verkaufsprospekt als Anlageschwerpunkt vorsieht.

Investmentfonds (= Fonds) – Nach deutschem Recht ist ein Investmentfonds ein Sondervermögen, das von einer Kapitalanlagegesellschaft verwaltet und von einer von ihr unabhängigen Depotbank verwahrt wird. In einem Investmentfonds bündelt die Anlagegesellschaft die Gelder vieler Anleger, um sie nach dem Prinzip der Risikomischung in verschiedenen Vermögenswerten nach definierten Anlagegrundsätzen gewinnbringend anzulegen.

Kaufkraftparität – Der Wechselkurs zweier Währungen entwickelt sich langfristig so, dass ex- und importierbare Güter in beiden Währungen zum gegebenen Währungskurs etwa das Gleiche kosten. Weicht der Wechselkurs zu stark von der K. ab, erfolgt eine gegenläufige Bewegung durch verstärkten Güterimport in eine Richtung, sodass eine Währung knapper und damit teurer wird. Es kommt dann wieder zu einer Annäherung des Wechselkurses an die K. Kurz- und mittelfristig sind jedoch starke Abweichungen von der K. möglich. Englisch *purchasing power parity*.

Kennzahlen – Verhältniszahlen oder Prozentzahlen (engl. *ratios*), die absolute Zahlen (Leistungswerte) miteinander vergleichbar machen, typischerweise (aber nicht immer), indem eine Größe zu einer zweiten ins Verhältnis gesetzt wird. Beispiel für eine Kennzahl ist die prozentuale Rendite: Sie misst die Wertsteigerung eines Fonds im Verhältnis zum eingesetzten Kapital für einen bestimmten Zeitraum. Andere komplexere Kennzahlen im Zusammenhang mit Investmentfonds sind die → Volatilität und das → Sharpe-Ratio.

Kosten – Die Kosten von Investmentfonds lassen sich in vielerlei Weise klassifizieren: einmalige versus laufende Kosten; mit der Performance des Wertpapiers verrechnete versus dem Anleger separat belastete Kosten; ausgewiesene versus nicht ausgewiesene Kosten etc. Kosten sind eines der wichtigsten Auswahlkriterien für Investmentfonds und andere Kapitalanlagen.

Kurs-Gewinn-Verhältnis – Engl.: *P/E ratio* (*price earnings ratio*); das Verhältnis des Aktienkurses zum jährlichen Gewinn der Aktiengesellschaft.

Kurssicherung (Hedging) – Absicherung eines erreichten Kursniveaus durch entsprechende Transaktionen am Options- oder Terminmarkt. Beispielsweise lässt sich ein Fonds durch Devisenkurssicherungsgeschäfte vor Währungsverlusten schützen. Die Kosten für diese Geschäfte werden dem Fondsvermögen entnommen und belasten damit den möglichen Wertzuwachs.

Kurzfristrisiko – Kurzfristiges Risiko: Je kürzer eine Anlageperiode, desto geringer ist die Wahrscheinlichkeit, die erwartete Rendite (wird in der Regel mit der historischen Durchschnittsrendite gleichgesetzt) auch tatsächlich zu erzielen. Mathematisch kommt dies z. B. darin zum Ausdruck, dass die Standardabweichung (ein Risikomaß) der Tagesrenditen über einen Zeitraum von 30 Tagen höher ist als die Standardabweichung der Jahresrenditen über einen 30-Jahres-Zeitraum.

Länderrisiko – Die Wertminderungsrisiken eines Investments, die auf hoheitliche, politische oder soziale Maßnahmen und Ereignisse im Investitionsland zurückgehen, z. B. Enteignungen, Krieg, Bürgerkrieg, willkürliche Rechtsänderungen, Kapital- und Devisenverkehrsbeschränkungen, Ein- und Ausfuhrverbote oder Preisobergrenzen. Auch »politisches Risiko« genannt.

Langfristrisiko – Je länger eine Anlageperiode dauert, desto höher ist die Wahrscheinlichkeit, die erwartete Rendite (wird in der Regel mit der historischen Durchschnittsrendite gleichgesetzt) auch tatsächlich zu erzielen.

Leerverkauf – Der Verkauf eines Wertpapiers (oder Assets im Allgemeinen), das man im Augenblick des Verkaufes noch nicht besitzt. Die eigentliche Lieferung (Andienung) des Wertpapieres erfolgt erst zu einem vereinbarten Zeitpunkt in der Zukunft. Der Leerverkäufer hofft, dass der Marktpreis des Wertpapiers dann unter den ursprünglichen Verkaufspreis gefallen sein wird (er spekuliert also auf fallende Kurse). Im Augenblick der Andienung kauft der Leerverkäufer das Wertpapier. Ist der Preis tatsächlich gefallen, erzielt der Leerverkäufer einen Gewinn. Englisch *short selling*.

Leverage, Leveraging – Dt.: Hebelwirkung; gemeint ist im Zusammenhang mit Kapitalanlagen, dass diese teilweise über einen Kredit (statt komplett aus Eigenmitteln) finanziert werden. Dadurch erhöht sich die Rendite des eigenen Kapitals, vorausgesetzt, die Rendite der Kapitalanlage ist höher als die Kreditzinsen. Durch Leverage wird der Risikograd eines Portfolios erhöht. Privaten Anlegern ist von diesem Vorgehen fast immer abzuraten.

Liquidität – Finanzielle Mittel in Form von Bargeld (Cash) bzw. Girokontoguthaben oder sehr kurzfristigen Geldmarktanlagen wie Sparguthaben, Termingeld, Festgeld oder Geldmarktfondsanteilen. Siehe auch → Barreserve.

Managementrisiko – Negative Wertschwankungen, gemessen in absoluten Zahlen oder relativ zu einem Vergleichsindex, aufgrund von fehlerhaften Anlageentscheidungen des Managers eines aktiv gemanagten Investmentfonds. (Bei Indexfonds und -zertifikaten entfällt dieses Risiko.)

Market Impact Costs – Wörtlich »Markteinwirkungskosten«. Entscheidet sich ein Fonds bei einem gegebenen Marktpreis, einen große Menge bestimmter Aktien zu verkaufen, führt das häufig dazu, dass der Fonds nicht zum augenblicklichen Marktpreis verkaufen kann, sondern nur zu einem niedrigeren Preis, da das zusätzliche Angebot den Markt (den derzeitigen Gleichgewichtspreis) zu stark beeinflusst. Der umgekehrte Effekt kann bei einem Kauf auftreten. Market Impact Costs verschlechtern insbesondere die Performance großer Investmentfonds. In kleinen, engen, illiquiden Märkten (bestimmte Emerging-Markets oder bestimmte Branchen) können sogar schon Trades mit geringfügigem Volumen von Market Impact Costs betroffen sein. Deswegen ist der »Marktpreis« nicht immer der tatsächlich erzielbare Preis.

Market-Timing – Eine Anlagestrategie, die definiert ist als die kurzfristige Veränderung der Gewichtungen einzelner → Asset-Klassen in einem Portfolio mit dem Ziel, von zyklischen Marktveränderungen zu profitieren. Hintergrund ist die Vorstellung, dass angesichts der Unmöglichkeit, systematisch erfolgreiches Stock-Picking zu praktizieren, ein entsprechendes Vorgehen doch wenigstens für ganze Asset-Klassen bzw. ganze Märkte funktionieren müsste. Ein Erfolg dieser Strategie ist wissenschaftlich nicht nachweisbar.

Marktpreisrisiko – Das Marktpreisrisiko repräsentiert die Gefahr negativer Wertschwankungen eines Wertpapiers/Fondsanteiles aus der Perspektive eines einzelnen Anlegers; wird oft auch als Kursrisiko bezeichnet. Das Marktpreisrisiko wird durch das → Fonds-Rating gemessen.

Marktrisiko – siehe → Gesamtmarktbezogenes Risiko

Mid-Caps – *Mid-sized capitalization*; englische Bezeichnung für mittelgroße Unternehmen mit mittlerer Marktkapitalisierung (in Deutschland z. B. die 70 Unternehmen des MDAX, die auf die 30 DAX-Unternehmen folgen).

Moderne Portfoliotheorie – Wissenschaftliches Theoriegebäude, das mehrere Hauptthesen formuliert, darunter: (a) Finanzmärkte sind so effizient (vollkommen), dass systematisch erzielbare → Überrenditen (nach → Transaktionskosten/Steuern) durch Kaufen und Verkaufen ausgeschlossen sind. (b) → Asset-Klassen erbringen langfristig genau die Rendite, die ihrem Risikograd entspricht. Überdurchschnittliche Renditen einer Asset-Klasse gehen mit überdurchschnittlichen Risiken einher. (c) Diversifikation über Asset-Klassen hinweg kann Risiken reduzieren und gleichzeitig Renditen erhöhen. Für jedes gegebene Risikoniveau gibt es ein bestimmtes Portfolio, das die maximale erwartete Rendite produziert. (d) Da jeder Investor eine individuelle Risikopräferenz und Risikotragekapazität hat, gibt es auch für jeden Investor ein individuelles, optimales Anlegerportfolio.

Nachsteuerrendite – Das Ziel jeder soliden Anlagestrategie liegt in einer möglichst hohen Rendite der Vermögensanlagen nach Abzug der individuellen Steuer.

Net Asset Value (Nettoinventarwert) – Bei Investmentfonds, Indexaktien oder -zertifikaten der Wert des gesamten Fondsvermögens, also die Summe der einzelnen Vermögenswerte innerhalb des Fonds oder Zertifikats. Bei Fonds entspricht der Kurswert dem NAV dividiert durch die Anzahl der umlaufenden Fondsanteile.

Neuer Markt – Erst in den späten 90er Jahren in Deutschland etabliertes Börsensegment für vergleichsweise kleine, überwiegend im Technologie- und Internetbereich angesiedelte Unternehmen. Die Börsenzulassungsvorschriften am Neuen Markt sind weniger streng (und damit für das Unternehmen weniger teuer) als am »amtlichen« Markt. Die Unternehmen des Neuen Marktes sind → Small-Caps und ihre Kursentwicklung vergleichsweise volatil (risikoreich).

New Economy – Kontroverser und wenig genau definierter Begriff für bestimmte »neue« wirtschaftliche Rahmenbedingungen in den Industrieländern seit Anfang der 90er Jahre (Globalisierungstrend und verschärfter internationaler Wettbewerb, Internet, Biotechnologie, Deregulierung und Liberalisierung, Schwächung der Gewerkschaften, Abkehr vom Keynesianismus etc.). Diese veränderten Rahmenbedingungen im Verein mit weiteren Einflussfaktoren sollen ein insgesamt dauerhaft höheres und relativ inflationsfreies Wirtschaftswachstum bewirken. Im Gefolge davon sollen auch langfristig höhere Aktienkurse (im Sinne von höheren → Kurs-Gewinn-Verhältnissen) möglich sein. Somit wären zumindest kurz- und mittelfristig höhere KGVs als im historischen Durchschnitt möglich. Ob diese sehr umstrittene These zutrifft, werden die kommenden Jahre zeigen. Bereits jetzt (04/2002) deuten sich große Zweifel an. Oft wird mit »New Economy« auch eine bestimmte Gruppe von Unternehmen umschrieben, nämlich Internet- und neue Technologieunternehmen, darunter besonders oft Neugründungen (»Start-ups«), die sich Kapital eher über die Börse (per Aktienemission) als über Bankkredite beschaffen und sich in ihrer Unternehmenskultur von »Old-Economy-Unternehmen« unterscheiden.

Nullsummenspielcharakter der Überrenditen – Die Hälfte aller investierten Geldeinheiten muss (vor Kosten) überdurchschnittliche (also über dem Markt liegende) Renditen, die andere unterdurchschnittliche Renditen erzielen. Eine andere Situation ist mathematisch nicht möglich. Deswegen ist gewiss, dass vor Kosten die Hälfte aller investierten Geldeinheiten und damit letztlich auch die

Hälfte aller Anleger den Markt unterperformen; nach Berücksichtigung der (in der Marktrendite nicht enthaltenen) Kosten sind es weit mehr. In diesem Sinne ist die Verteilung der Renditen unter den Anlegern ein Nullsummenspiel.

Optionsgeschäft – Erwerb oder Veräußerung des Rechts, eine bestimmte Anzahl von Wertpapieren jederzeit während der Laufzeit der Option zu einem im Voraus vereinbarten Preis (Basispreis) entweder vom Kontrahenten (Stillhalter) zu kaufen oder an ihn zu verkaufen. Für dieses Recht hat der Käufer bei Abschluss des Optionsgeschäfts den Optionspreis (Prämie) zu zahlen. Gehandelt werden Kaufoptionen (*Calls*) und Verkaufsoptionen (*Puts*), die jeweils ge- und verkauft (geschrieben) werden können. Während Kaufoptionen das Recht, nicht jedoch die Pflicht gewähren, ein bestimmtes Wertpapier innerhalb eines bestimmten Zeitraums zu einem festgelegten Preis (dem Basispreis) zu kaufen, verbriefen Verkaufsoptionen das Recht, aber nicht die Pflicht, ein bestimmtes Wertpapier innerhalb einer definierten Zeitspanne zu einem festgelegten Preis zu verkaufen. Mit Calls spekuliert ein Anleger mit geringerem Kapitaleinsatz auf steigende Kurse, während er mit Puts sein Portfolio gegen fallende Kurse versichern kann, um sich gegen Rückschläge am Markt zu schützen.

p. a. – per annum oder per anno (lateinisch für pro Jahr, jährlich)

Performance – In diesem Buch verstehen wir unter Performance eine risikoadjustierte (risikogewichtete) Nettorendite (netto heißt hier: nach Berücksichtigung aller Kosten der Anlage). Siehe auch → Sharpe-Ratio. Häufig wird der Begriff Performance jedoch synonym mit (einfacher) Rendite verwendet.

Performance-Index – Wertpapierindex, dessen Entwicklung sowohl die Kursgewinne der im Index enthaltenen Wertpapiere (z. B. Aktien bei einem Aktienindex) reflektiert als auch die unterjährig ausgezahlten Dividenden und andere Ausschüttungen. Hierbei wird rechnerisch angenommen, dass diese Ausschüttungen sofort wieder in die Aktien des Index reinvestiert werden. Gegenteil: → Preisindex.

Plain-Vanilla-Indexzertifikat – Mit dem Ausdruck *plain vanilla* (dt. »einfache Vanille«) werden salopp Wertpapiere beschrieben, die vergleichsweise einfach strukturiert sind. Bei Indexzertifikaten sind dies z. B. Zertifikate ohne Cap/Renditegrenze (Discount-Zertifikate), Floor/Renditeminimum (Garantiezertifikate) oder andere besondere Ausstattungsmerkmale. Im Unterschied zu »strukturierten« Zertifikaten partizipieren Plain-Vanilla-Zertifikate vollständig am entsprechenden Index.

Politisches Risiko – Siehe → Länderrisiko.

Portfolio, Portefeuille – Die Summe aller Vermögenswerte eines Anlegers; im engeren Sinne die Summe seiner Wertpapiere oder die Zusammensetzung eines Depots. Bei Investmentfonds versteht man unter Portefeuille die Summe der Anlageinstrumente eines Fonds.

Preisindex – Wertpapierindex, der kurssenkende Ausschüttungen im Gegensatz zu einem → Performance-Index nicht rechnerisch berücksichtigt. Insofern stellt ein Preisindex keinen objektiven Maßstab für die Rendite des gemessenen Wertpapiermarktes dar.

Pricing-Risiko – Bei Indexzertifikaten und Indexaktien die Gefahr, dass der Preis des Zertifikates oder der Indexaktie unerwartet vom Bezugsindex abweicht.

Prozentpunkt – Es ist eine Unsitte, »Prozent« zu sagen, wenn »Prozentpunkt« gemeint ist. Beides ist nicht identisch. Wenn beispielsweise die Renditen zweier Investmentfonds 14,6 % und 18,8 % p. a. betragen, liegen einerseits 4,2 Prozent*punkte* zwischen beiden Renditen, andererseits hat der bessere Fonds jedoch einen Renditevorsprung von 28,8 *Prozent*. Mit dem bewusst falschen Gebrauch dieser beiden Begriffe wird – je nach Interessenlage – die Tragweite von Renditeunterschieden zwischen Anlageprodukten oft gezielt übertrieben oder verharmlost.

Rebalancing – Der Prozess der Wiederangleichung eines Portfolios an seine ursprüngliche Asset-Allokation in größeren Abständen (z. B. alle 12 oder 24 Monate). Geschieht durch Umschichtung von Kapital zwischen verschiedenen → Asset-Klassen oder durch entsprechenden Hinzukauf der »unterrepräsentierten« Asset-Klasse.

Rechtsrisiko, Rechtsänderungsrisiko – Das Risiko von negativen Wert- oder Renditeschwankungen (d. h. Wert-/Renditeverlusten) aufgrund von unerwarteten Änderungen bestimmter rechtlicher Vorschriften. Das Rechtsrisiko schließt das → Besteuerungsrisiko ein. In gewisser Weise ist auch das → Länderrisiko eine spezielle Form des Rechtsrisikos.

Regression zum Mittelwert – Engl. *regression to the mean*; durch viele empirische Studien nachgewiesenes statistisches Phänomen, demzufolge sowohl ansteigende/überdurchschnittliche als auch absteigende/unterdurchschnittliche Renditen von Investmentfonds (wie auch anderer Wertpapiere) langfristig sich wieder dem für die jeweilige Asset-Klasse durchschnittlichen Wert annähern. Das heißt, die Rendite eines einzelnen Papiers schwankt im Zeitablauf um diesen Mittelwert. Anders formuliert: Über- oder Unterrenditen haben fast immer vorübergehenden Charakter. Dieses Phänomen kann übrigens in praktisch allen physikalischen, biologischen, sozialen und ökonomischen Systemen auf breiter Front beobachtet werden. Regression zum Mittelwert ist nur der Ausdruck anderer (zumeist mehrerer) Ursachen, nicht aber die Ursache selbst. Regression zum Mittelwert kann auch als eine Art Gleichgewichtsgesetz oder -tendenz verstanden werden, denn ohne sie würden wohl die meisten ökonomischen, sozialen, biologischen und physikalischen Systeme – metaphorisch gesprochen – sehr schnell implodieren oder explodieren.

Rendite – Der Ertrag pro Zeiteinheit einer Investition ins Verhältnis gesetzt zu dieser Investition (Verzinsung des eingesetzten Kapitals). Die Zeiteinheit ist häufig ein Jahr. Es existieren eine Vielzahl von Renditebegriffen, die oft nicht sauber von einander getrennt verwendet werden: Vorsteuerrendite, Nachsteuerrendite, Bruttorendite, nominale Rendite, reale Rendite, zeitgewichtete Rendite, geldgewichtete Rendite etc. Die Rendite einer Investmentanlage beruht auf den liquiden Ertragseinnahmen des Fonds (z. B. Zinsen, Dividenden, realisierte Kursgewinne) und den Kursveränderungen der im Fonds befindlichen Werte. Siehe auch → Performance.

Research – Dt.: Forschung; Analyse eines Wertpapiers hinsichtlich seiner Kurschancen bzw. eines Unternehmens hinsichtlich seiner Ertragskraft.

Risiko – Die negative Abweichung der Wertentwicklung eines → Assets gegenüber seiner erwarteten Wertentwicklung.

Risikofreie Anlage, risikofreier Zins – Der risikofreie Zinssatz ist ein Zinssatz, der kein Ausfallrisiko (Bonitätsrisiko), aber durchaus ein Marktrisiko (z. B. das allgemeine Zinsänderungsrisiko) beinhaltet. In der realen Welt gibt es nur Näherungsgrößen für diesen Zinssatz. Die in Deutschland zumeist verwendete Näherungsgröße ist der Zinssatz für kurzfristige Verbindlichkeiten des Staates. Ersatzweise kann man auch den Festgeldzinssatz großer Banken mit einwandfreier Bonität für z. B. dreimonatige Laufzeiten verwenden.

Risikotragekapazität – Jeder Anleger hat eine spezifische Risikotragekapazität, die sich aus dem Zusammenwirken vieler Faktoren ergibt, darunter seine psychologische Risikoneigung (seine »Nerven«), sein Vermögen, sein laufendes Einkommen, sein monatlicher Geldverbrauch, seine restliche Lebensarbeitszeit und seine Restlebenszeit. Eine Person mit einer hohen R. ist in der Lage, einen nach Höhe und Dauer bestimmten Wertverlust ihres Portfolios emotional und finanziell leichter zu ertragen als eine Person mit niedriger R.

Rohstofffonds, Commodity-Fonds – Investmentfonds, die in bestimmte Commodities (Stapelgüter) wie Rohöl, Eisenerz, Weizen oder Schweinebäuche oder in Termingeschäfte für diese Güter investieren. Rohstofffonds sind letztendlich Branchenfonds mit relativ stark schwankender Rendite. Als Beimischung gut zur Diversifikation geeignet, da niedrige Korrelation mit den meisten Aktienmärkten.

Sachwert – Aktien, Aktienfondsanteile und Immobilien sind Sachwerte, die normalerweise durch Geldentwertung nicht an Wert einbüßen (ihr Wert steigt parallel zur Inflation), während festverzinsliche Wertpapiere und Rentenfondsanteile, Sparguthaben, Festgelder und Bargeld durch Inflation an Wert verlieren.

Selbstzerstörung – Aufgrund des intensiven Wettbewerbs um hohe Renditen und der generellen Informationseffizienz der Wertpapiermärkte wirkt die Veröffentlichung einer Anlagestrategie, mit der der Markt geschlagen werden könnte, selbstzerstörerisch auf die Strategie. Aufgrund ihrer Anwendung durch eine rasch steigende Zahl von gewinnhungrigen Imitatoren werden diejenigen Assets, auf die die Strategie abzielt, schnell so teuer, dass sich die Strategie nicht mehr »rechnet«.

Shareholder-Value – Der Vermögenswert (*value*), den ein Aktionär (*shareholder*) einer Aktiengesellschaft besitzt; besteht aus dem (Kurs-)Wert der entsprechenden Aktie multipliziert mit der Summe der gehaltenen Anteile zuzüglich der Dividenden, die er im Zeitablauf erhält. Eine auf Shareholder-Value angelegte Unternehmenspolitik versucht im Interesse der Anteilseigner, den Shareholder-Value (und damit den Marktwert des Gesamtunternehmens) zu maximieren.

Sharpe-Ratio – Eine Kennzahl, die – in ihrer einfachsten Form – die Rendite eines Fonds (oder eines sonstigen Portfolios) dividiert durch seine Standardabweichung (Maßzahl für Risiko, Volatilität, Wertschwankungen) misst. Das Sharpe-Ratio ist somit eine risikoadjustierte Renditekennzahl, die die Rendite pro 1 Prozent Standardabweichung ausdrückt. Mit ihrer Hilfe lassen sich die Renditen von Fonds, die unterschiedliche Risiken aufweisen, vergleichen. Das Sharpe-Ratio ist daher ein besserer Vergleichsmaßstab zwischen Fonds als die Rendite oder die Standardabweichung (Volatilität) allein.

Short-Selling – Siehe → Leerverkauf

Small-Caps – *Small capitalization*; englische Bezeichnung für Unternehmen mit kleiner Marktkapitalisierung (in Deutschland z. B. die meisten AGs des → Neuen Marktes).

Spekulationsfrist – Je nach Anlageform sind Kursgewinne unter deutschem Steuerrecht nach einer gewissen Frist steuerfrei. Bei Immobilien beträgt diese Frist zehn Jahre, bei einzelnen Aktien, Anleihen sowie Anteilen an Aktien-, Renten- und Immobilienfonds ein Jahr. Ausschüttungen von Investmentfonds sind allerdings (wenn sie über den persönlichen »Sparerfreibetrag« hinausgehen) steuerpflichtig.

Spread-Risiko – Bei Indexzertifikaten: Gefahr, dass sich die Geld-/Briefspanne unerwartet ausweitet. Für Käufer bedeutet eine solche Ausweitung eine Erhöhung des effektiven Kaufpreises, für Verkäufer eine Senkung des effektiven Verkaufspreises.

Standardabweichung – Eine statistische Maßzahl für Risiko oder Volatilität (Wertschwankungen, Risiko), genauer formuliert: für die Häufigkeit und Intensität von Wertschwankungen. Beispiel: Die Jahresrendite eines Portfolios besitzt eine Standardabweichung von 12 % (korrekter: 12 Prozentpunkten). Das bedeutet: (a) Im Durchschnitt schwankt die Jahresrendite um +12 Prozentpunkte um die langfristige Durchschnittsrendite; (b) in zwei Drittel aller Jahre wird die tatsächliche Rendite zu keinem Zeitpunkt mehr als 12 Prozentpunkte vom langjährigen Durchschnitt abweichen.

Steueränderungsrisiko – siehe → Besteuerungsrisiko

Steueroptimierte Anlagen – Anlagen, die mit bestimmten Methoden und Instrumenten versuchen, steuerpflichtige Erträge (z. B. Zinsen) in steuerfreie Erträge (z. B. Kursgewinne) umzuwandeln, um für den Anleger eine höhere Nachsteuerrendite (auf die es schließlich ankommt) zu erwirtschaften. Solche Fonds kommen daher speziell für Anleger mit dem höchsten persönlichen Grenzsteuersatz (der Einkommensteuer) infrage.

Stille Reserven – Die Differenz zwischen dem Buchwert eines Vermögenswertes (dem Wert, mit dem ein Vermögenswert in die Bilanz eines Unternehmens einfließt) und dem Marktwert.

Stock-Picking – In der einfachsten Form der Kauf einzelner Aktien (bzw. Wertpapiere im Allgemeinen), die vermeintlich unterbewertet sind, mit dem Ziel, diese Aktien wieder zu verkaufen, sobald der Markt die Unterbewertung korrigiert hat. Wenn Stock-Picking funktionierte, könnte der Anleger systematisch Überrenditen erzielen. Stock-Picking ist im Wesentlichen identisch mit Fonds-Picking.

Style-Drift – Dt.: »Stilverschiebung«. Der Begriff bezeichnet die Abweichung im tatsächlichen Anlageverhalten vieler aktiv gemanagter Fonds von ihrer publizierten Anlagestrategie. Dadurch kann sich eine unerwünschte Änderung des Rendite-Risiko-Profils eines Fonds ergeben, die der Fondsanleger u. U. nicht bemerkt. Style-Drift erschwert Portfoliomanagement auf der Basis des überlegenen → Asset-Klassen-Konzeptes für private Anleger enorm.

Technische Analyse – Eine umstrittene Methode der Aktienkursprognose, die sich lediglich auf die nicht wissenschaftlich hergeleitete Interpretation des grafisch sichtbar gemachten Aktienkursverlaufes (Charts) in der jüngeren Vergangenheit stützt. Die technische Analyse verzichtet ganz auf die Berücksichtigung von Unternehmensdaten (Gewinn, Cashflow etc.) wie auch volkswirtschaftlicher Daten. Das Funktionieren dieser Anlagestrategie (Erzielung von risikoadjustierten Überrenditen) ist wissenschaftlich sehr umstritten.

Themenzertifikat – Indexzertifikat, das in eine bestimmte Branche oder in ein von der Emissionsbank relativ eng definiertes Aktiensegment investiert (z. B. deutsche Internet-Akien). Diese Zertifikate haben zumeist höhere Kosten als einfache (→ Plain-Vanilla-)Zertifikate. Von einem Kauf von Themenzertifikaten raten wir ab.

Thesaurierender Fonds – Fonds, der die liquiden Erträge seiner Wertpapiere nicht ausschüttet, sondern sofort wieder intern investiert. (Die Besteuerung dieser Erträge ist unabhängig davon, ob sie ausgeschüttet werden oder nicht.) Siehe auch → ausschüttender Fonds.

Total Expense Ratio (TER) – Gesamtkostenquote eines Fonds. Umfasst alle laufenden Kosten eines Fonds (mit Ausnahme der Wertpapierhandelskosten), die

die echte Nettorendite bestimmen, z. B. die Verwaltungsgebühr, die Kosten für Fondsmanagement und -research sowie die Depotbankgebühr. Diese Kosten werden ins Verhältnis gesetzt zum Fondsvolumen an einem bestimmten Stichtag (Net Asset Value). Nicht berücksichtigt sind hierbei einmalige Kosten wie z. B. der Ausgabeaufschlag, ein eventueller Rückgabeabschlag sowie die (laufenden) persönlichen Depotkosten des Anlegers. Das TER ist die aussagekräftigste Kostengröße für die Beurteilung eines Fonds.

Tracking-Error – Die Differenz zwischen der Rendite eines Wertpapierindex und der Nettorendite einer diesen Index abbildenden Indexanlage (Indexfonds, Indexaktie, Indexzertifikat). Der Tracking-Error entspricht im Wesentlichen den Kosten, die die Performance der Anlage gegenüber derjenigen des Index (die ja keine Kosten enthält) etwas vermindern. Der Tracking-Error der kostengünstigsten Indexanlagen liegt bei etwa 0,25 Prozentpunkten, der Durchschnitt bei etwa einem Prozentpunkt.

Trading – Das tendenziell kurzfristig orientierte Kaufen und Verkaufen von Wertpapieren (oder Fondsanteilen) mit dem Ziel der Realisierung von Kursgewinnen. Unzählige Studien haben gezeigt, dass bei objektiver Messung lediglich eine fast vernachlässigenswert kleine Minderheit von Privatanlegern hierbei Überrenditen erzielt.

Transaktionskosten – Sämtliche Kosten, die mit dem Kaufen, Halten und Verkaufen von Wertpapieren einhergehen (Geld-/Briefspanne, Courtagen, Spesen, Provisionen, Ausgabeaufschläge, Verwaltungsgebühren, Spekulationssteuer etc.). Häufig wird dieser Begriff auch enger gefasst und lediglich auf die Kosten, die *unmittelbar* mit dem Kauf und Verkauf von Wertpapieren entstehen, eingegrenzt (also exklusive Steuern, Verwaltungsgebühren etc.).

Überrendite (Outperformance) – Eine Überrendite (engl. *excess return*) liegt vor, wenn ein Einzelinvestment während einer bestimmten Periode eine höhere Rendite erzielt als die durchschnittliche Rendite der betreffenden Asset-Klasse in dieser Periode. Nach der → Modernen Portfoliotheorie können dauerhafte Überrenditen nur bei Inkaufnahme eines höheren Risikos erzielt werden; umgekehrt lassen sich bei gleichem Risiko langfristig keine Überrenditen erzielen.

Umschlagshäufigkeit – Engl. *turnover*. Begriff, der die durchschnittliche Haltedauer der von einem Fonds gehaltenen Wertpapiere bezogen auf ein Jahr beschreibt. Eine Umschlagshäufigkeit von 0,9 oder 90 % sagt z. B. aus, dass ein Aktienfonds eine einzelne Aktie durchschnittlich 90 % eines Jahres (also 329 Tage) hält. Je höher die Umschlagshäufigkeit, desto höher auch die renditebelastenden Transaktionskosten des Fonds. Die Umschlagshäufigkeiten deutscher Investmentfonds sind in den letzten 20 Jahren kontinuierlich gestiegen.

Underlying – Der einem Derivat (einem abgeleiteten Wertpapier) zugrunde liegende (*underlying*) Vermögenswert; auch *Basiswert* genannt. Z.B. hat eine

Call-Option (Derivat) auf eine Siemens-Aktie Letztere als Underlying (Basisobjekt).

Vergleichsindex – siehe → Benchmark

Vertriebszulassung – Bevor ausländische Fondsanteile in Deutschland öffentlich zum Vertrieb angeboten werden können, muss die Investmentgesellschaft das Anzeigeverfahren für den öffentlichen Vertrieb bei der Bundesanstalt für Finanzdienstleistungsaufsicht ordnungsgemäß durchlaufen haben. Nicht zugelassene Fonds werden massiv steuerlich benachteiligt.

Verwaltungsgebühr – Auch Managementgebühr oder engl. *Management fee* genannt; jährlich vereinnahmte Grundgebühr (als Prozentsatz des vom einzelnen Anleger in den Fonds investierten Anlagevolumens) der Kapitalanlagegesellschaft für die Verwaltung. Liegt im Allgemeinen zwischen 0,5 % und 2,5 % p. a., bei Emerging-Market-Fonds oft auch höher. Die Gebühr wird direkt aus dem Fondsvermögen entnommen, sodass sie scheinbar weniger »schmerzt«, da der Fondsanleger sie nicht gesondert zu bezahlen hat.

Volatilität – Volatilität bezeichnet die Schwankung von Renditen um ihren langfristigen Durchschnitt herum. Sie drückt damit den Risikogehalt einer Kapitalanlage aus. Je stärker Renditen schwanken, desto volatiler, d. h. risikoreicher sind sie. Volatilität wird zumeist in Form der statistischen Kennzahl → Standardabweichung gemessen.

Währungsrisiko (Wechselkursrisiko) – Negative Wertschwankungen, verursacht durch Änderungen von Wechselkursen. Beispiel: Japanische Aktien bzw. Aktienfonds werden in Yen notiert. Wenn der Yen relativ zum Euro fällt, erleidet ein deutscher Besitzer eines solchen Investments (bei unverändertem Yen-Preis) einen Verlust, da es nunmehr weniger Euro wert ist. Das Währungsrisiko wird manchmal (wie das → Marktpreisrisiko) auch als Kursrisiko bezeichnet. Teilweise betreiben Fonds eine Absicherungsstrategie gegen Währungsrisiken.

Weltportfolio – Eine in diesem Buch verwendete Bezeichnung für ein Aktienportfolio, das mehrere breit anlegende Investmentfonds enthält, die die sechs wichtigsten, regionalen → Asset-Klassen repräsentieren: Aktien Nordamerika, Aktien Westeuropa, Aktien Japan + Ozeanien, Aktien Ost- und Südostasien (ohne Japan), Aktien Osteuropa, Aktien Lateinamerika. Die Gewichtung der sechs Asset-Klassen entspricht etwa den volkswirtschaftlichen Größenverhältnissen dieser Regionen (gemessen anhand des Bruttoinlandsprodukts) mit einer leichten Übergewichtung zugunsten Westeuropas. Zusammen mit der → risikofreien Anlage ergibt das Weltportfolio eine spezifisches Anlegerportfolio, dessen gesamter Risikograd über das Größenverhältnis zwischen risikofreier Anlage und Weltportfolio gesteuert wird, nicht jedoch über die Struktur des Weltportfolios selbst.

Zertifikat – Siehe Anteilschein (eines Investmentfonds); nicht zu verwechseln mit dem Begriff → Indexzertifikat.

Zinseszinseffekt – Wieder angelegte Ausschüttungen eines Investmentfonds erhöhen den Anlagebetrag und damit den Zinserlös. So ergibt sich ein größerer Wertzuwachs des eingesetzten Kapitals im Vergleich zur regelmäßigen Entnahme der Erträge.

Zulassung – Siehe → Vertriebszulassung

Anmerkungen

1 Die gesetzliche Rentenversicherung in Deutschland, die auf dem Umlage-
verfahren basiert statt auf dem Kapitaldeckungsverfahren wie eine echte
Versicherung, ist konstruktionsbedingt nicht dauerhaft funktionsfähig. Das
Umlageverfahren beinhaltet bei näherer Betrachtung einfach zu viele, auf
lange Sicht illusorische Voraussetzungen: niedrige Arbeitslosigkeit, hohes
Wirtschaftswachstum, lange durchschnittliche Erwerbstätigkeit, wachsende
Bevölkerung, stagnierende Lebenserwartung sowie eine allgemeine Zwangs-
mitgliedschaft. Das angesehene Finanzmagazin *The Economist* gebrauchte
in einer Artikelserie für ein auf dem Umlageverfahren basierendes gesetzli-
ches Rentensystem eine Reihe treffender Vokabeln: »Pyramidenspiel«, »Ponzi
Scam«, »versicherungsmathematisch unsolide«, »unfair«, »ungerecht«, »willkürlich«, »fehlkonstruiert«, »nicht überlebensfähig« und »irrational« (The
Economist, 16. 2. 2002). Es war gewiss schon Bismarck, dem Schöpfer dieses
Systems, bei dessen Einführung Ende des 19. Jahrhunderts bewusst, dass diese
Voraussetzungen nicht langfristig erfüllbar sein würden. Doch vermutlich ver-
folgte der nicht gerade für seine Skrupel bekannte Bismarck dabei ohnehin ein
anderes Interesse, nämlich die unter dem Einfluss der damals jungen sozialisti-
schen Bewegung unruhiger werdende Arbeiterschaft im wilhelminischen Kai-
serreich möglichst rasch ruhig zu stellen. Doch wie dem auch sei: Nach einer
Untersuchung des Deutschen Institutes für Altersvorsorge an der Universität
Essen wird die reale, inflationsbereinigte Rendite der gesetzlichen Rentenversicherung für Geburtsjahrgänge ab 1950 zwischen null und minus (!) 1 Prozent
betragen. Auch für die etwa zehn Jahre früher Geborenen dürfte sie nicht viel
höher liegen. Andere Wissenschaftler errechneten ferner, dass dieser Personen-
kreis über ein alternatives, privatwirtschaftliches Produktpaket, bestehend
aus einer privaten Invaliditätsversicherung mit Todesfallschutz und einer Ak-
tienfondsanlage, real eine Rendite von etwa 5,5 Prozent erzielen würde. Das
bedeutet, dass ein auf diese Weise Versicherter bei gleicher Sicherheit eine viermal so hohe Rente wie mit der gesetzlichen Rentenversicherung erreichen
könnte! Zugleich bliebe uns allen die heutige Krise der Sozialversicherungssys-

teme und der sich anbahnende Umverteilungskrieg zwischen den Generationen erspart (*Financial Times Deutschland*, 15. 05. 2001 und *Capital* 09/2001).

2 Diese Zweiteilung in Gewinnerspiel- und Verliererspiel-typische Erfolgsfaktoren in ein und demselben Spiel lässt sich auf erstaunlich vielen Feldern menschlicher Betätigung beobachten, z. B. beim Schach, Golf, Musizieren, in der Kriegsführung und vermutlich auch in der modernen Arbeitswelt.

3 Diese Kosten liegen für Anleger in Einzelaktien im Durchschnitt noch höher als für Fondsanleger, weil sie insgesamt deutlich mehr traden (kaufen und verkaufen).

4 Lotterien (auch die staatlichen) sind Negativsummenspiele, da durchschnittlich nur etwa 60 % der Spieleinsätze in Form von Gewinnen an die Loskäufer wieder ausgezahlt werden. Der Rest wird für die Personal- und Sachkosten der Lotteriegesellschaft verbraucht oder fließt an den Staat. Girolamo Cardano, ein berühmter florentinischer Mathematiker der Renaissance, nannte Lotterien eine »Steuer auf die Narren«.

5 Zur Vertiefung dieser Thematik sei dem Leser der Exkurs „Risiko richtig verstehen« im Anhang empfohlen. Dort werden insbesondere die sehr wichtigen Konzepte Volatilität, Standardabweichung und Sharpe Ratio erläutert.

6 Die amerikanische Website www.indexfunds.com errechnete, dass US-Privatanleger im Jahr 2000 sage und schreibe 36 Mrd. Dollar an unnötigen Gebühren und Transaktionskosten zahlten. Durch die Anlage in kostengünstigen Indexfonds hätten diese Anleger eine um durchschnittlich 1,6 Prozentpunkte höhere Nettorendite erreicht. Diese Berechnungen dürften sich eins zu eins auf Anleger in Europa übertragen lassen, wo die Anlagekosten eher noch höher als in den USA sind.

7 Dem Autor sind nicht einmal zehn solcher Anleger bekannt, deren langfristige, objektive Outperformance (nach Kosten und Risiko) für den Durchschnitt ihrer Investments in dokumentierter Form belegbar ist. Sollten Sie eine größere Zahl solcher Superinvestoren kennen, schreiben Sie bitte an: *gerd_kommer@ hotmail.com*

8 Wer genauer wissen will, wie erstaunlich effektiv der Preismechanismus funktioniert, selbst wenn nicht alle Marktteilnehmer »rational« agieren, sei auf eines der zahlreichen Lehrbücher zur Mikroökonomie verwiesen.

9 Es sollte daher auch nicht verwundern, dass die Ende der 90er Jahre erstmalig aufgelegten Investmentfonds mit einer auf Erkenntnissen der Behavioral Finance basierenden Anlagestrategie bisher nur enttäuschende Ergebnisse aufweisen.

10 Die Website gehörte 2000 und 2001 zu den zehn meistgenutzten »unabhängigen« Finanzwebsites weltweit. »The Motley Fool« heißt der »buntscheckige Narr«.

11 Siehe z. B. Joos, Christian Martin / Kilka, Michael: Sind Aktienportfolios privater Anleger ausreichend diversifiziert? In: *Die Bank*, 12/1999

12 Wer sich für die komplexe finanzmathematische Herleitung dieser Aussage interessiert, sei auf Brealey/Myers, Seite 169 ff. verwiesen.

13 Leider kursieren für diese drei Risikotypen unter Fachleuten eine Unmenge unterschiedlicher Bezeichnungen. Wundern Sie sich daher nicht, wenn Sie anderswo andere lesen.

14 Der vermutlich erfolgreichste Anleger der Welt, Warren Buffett (genauer gesagt sein geschlossener Investmentfonds »Berkshire Hathaway Inc.«), erzielte von 1965 bis 2000 vor Anlegerkosten durchschnittlich 23,6 Prozent p.a. gegenüber 11,8 Prozent p.a. für den S&P 500-Index.

15 Dass die arithmetische Durchschnittsrendite ohnehin ein irreführendes (wenn auch gebräuchliches) Renditemaß ist, werden wir im folgenden Abschnitt sehen.

16 Näheres zu dieser Methode beim BVI, Frankfurt/Main, Tel. 069–154090–0 oder im Internet unter www.bvi.de (Stichwort »Wertentwicklung« in der Rubrik »Investment-Abc« anklicken).

17 Ein ganz besonderes Kuriosum sind die allgegenwärtigen »revidierten« Prognosen: Eine Prognose trifft entweder ein, dann war sie korrekt, oder sie tut es nicht, dann war sie falsch. Eine dritte Möglichkeit existiert nicht. Eine »revidierte« Prognose ist schlicht eine neue Prognose, die auf eine falsche folgt. Es ist bedauerlich, dass die Prognostiker nicht das Rückgrat haben, die Dinge beim Namen zu nennen.

18 Es handelt sich hierbei um die finanzmathematische Berechnung einer ewigen, gleichförmig wachsenden Rente.

19 Mancher Leser wird sich fragen, warum in dieser Gleichung keine Größe für Kurssteigerungen auftaucht, die ja – zusammen mit der Dividende – die Aktionärsrendite bestimmt. Kurssteigerungen können analytisch deswegen vernachlässigt werden, weil diese Gleichung nur auf tatsächliche, an den Anleger fließende Zahlungen abstellt (also reine Kurssteigerungen ignoriert). Das ist unter anderem deswegen korrekt, weil alle Unternehmen irgendwann einmal aufhören zu existieren (wegen Konkurs, Fusion oder Aufkauf). Sofern das Unternehmen zum Zeitpunkt dieses »Exitus« nach Begleichung der Schulden noch einen Marktwert besitzt, würde dieser in Form von Cash oder Cash-Equivalenten an die bisherigen Aktionäre fließen und somit auch zu einer abgewandelten, in einer etwas komplexeren Formel berücksichtigten Cash-Zahlung werden. Daher können wir nicht realisierte Kurssteigerungen in dieser langfristigen Rechnung ignorieren. Die effektive Rendite kann man mit der dargestellten simplen Formel, da sie – der Einfachheit halber – eine unendlich gezahlte Dividende unterstellt, nicht ermitteln. Wollte man sie berechnen, müsste man eine endliche Anlagedauer einführen. Zur Berechnung der effektiven Rendite verwendet man den internen Zinsfuß (*internal rate of return*). Die Formel dafür wollen wir Ihnen an dieser Stelle ersparen. Mit der Funktion »IKV« in Microsoft Excel kann man ihn recht leicht errechnen. Um den inter-

nen Zinsfuß eines Investments zu ermitteln, muss man ferner noch den Verkaufskurs kennen. Zur konkreten Berechnung des IZV für unser Beispiel nehmen wir hier die folgenden Daten an: Kaufkurs zu Beginn des Jahres 1 = 16 Euro, Anlagedauer 25 Jahre, Ausschüttung 2 Euro p. a., ab Beginn des Jahres 2 wachsend um 1 % p. a., Verkaufskurs am Ende des 25. Jahres = 16 Euro. Daraus resultiert eine Effektivrendite für den Anleger von 13,3 Prozent p. a.

20 Nicht zufällig sind die Bücher und Untersuchungen darüber, was Risiko eigentlich ist und wie man es am besten misst, geradezu Legion. Peter Bernsteins Buch *Wider die Götter. Die Geschichte von Risiko und Risikomanagement von der Antike bis heute* (siehe Literaturverzeichnis) ist eine brillante und sehr lesbare Abhandlung hierzu.

21 »Neue« Informationen in diesem Sinne sind tatsächlich neu, also vorher per definitionem am Markt noch nicht bekannt. Ihr Inhalt und damit ihr Einfluss auf den Kurs sind logischerweise nicht systematisch vorhersehbar. Vermutungen, Ahnungen und Hoffnungen sind ausdrücklich keine neuen, sondern bekannte Informationen. Siehe hierzu Abschnitt 4.4 zu der Efficient-Market-Theorie.

22 Die erwartete effektive Rendite (der interne Zinsfuß) würde zu diesem Zeitpunkt für die *bisherigen* Aktionäre von vorher 13,3 Prozent p. a. auf nun 14,1 Prozent klettern. Für neue Aktionäre, die zum neuen Kurs von 21,05 Euro einstiegen, betrüge der interne Zinsfuß dagegen nur noch 10,8 Prozent p. a.

23 Die renommierte Zeitschrift *Economist* stellte in diesem Zusammenhang Folgendes fest: Hätte ein Anleger im Jahr 1900 einmalig einen einzelnen US-Dollar angelegt und am Ende des Jahres dieses Investment in die im Folgejahr jeweils weltweit rentierlichste Asset-Klasse (Aktien, Edelmetalle, Bonds, Immobilien oder Kunstgegenstände) investiert, wäre dieser eine Dollar Ende 1999 auf die ganz und gar unvorstellbare Summe von rund 1 300 Milliarden Dollar (1 300 000 Millionen) angewachsen, und das nach Berücksichtigung von 1 Prozent Trading-Kosten und einer jährlichen Steuerquote von 25 Prozent. Das wäre mehr als das 15fache des Vermögens von Bill Gates zu diesem Zeitpunkt und entspräche einer auf den ersten Blick gar nicht so hohen Netto-Nachsteuerrendite von 35,3 Prozent p. a. Hätte dieser Anleger mit dem märchenhaften Prognosevermögen nun stattdessen das getan, was die meisten Anleger tatsächlich tun, nämlich sein Vermögen jedes Jahr in die Asset-Klasse umgeschichtet, die *im Vorjahr* die (weltweit) rentierlichste war, dann hätte er nach diesen 100 Jahren mickrige 290 Dollar (nach Abzug der gleichen Transaktionskosten- und Steuersätze) sein Eigen nennen können. Eine Jahresrendite von 5,8 Prozent und damit weniger als die durchschnittliche Inflationsrate in diesem Zeitraum. Fast exakt genauso viel hätte eine »antizyklische« Anlagestrategie erbracht, bei der man jedes Jahr in diejenige Asset-Klasse investiert hätte, die im Vorjahr die *schlechteste* Performance aufwies (*The Economist*, 18. 12. 1999 und 12. 2. 2000).

24 Ausgewertet wurden die Publikationen *Der Aktionär, Börse-Online, DM, Focus Money, Finanzen, Finanztest, Der Fonds, Handelsblatt* und *Telebörse.*

25 *Stiftung Warentest,* Handbuch Investmentfonds. Berlin 1997, Seite 68.

26 Der Fonds ist in Deutschland nicht von der Bundesanstalt für Finanzdienstleistungsaufsicht für den Vertrieb zugelassen.

27 Die Renditeprognose dieser bei Goldman Sachs beschäftigten weltweit bekanntesten Aktienanalystin für die Entwicklung des amerikanischen S&P 500-Index im Jahr 2001 lag um 41 Prozent zu hoch (Larry Swedroe, Never in Doubt, Often Wrong, www.indexfunds.com).

28 Sein unbeirrbares Festhalten an einem »altmodischen« Value-orientierten, Old-Economy-, Buy-and-Hold-Investment-Ansatz hat ihn freilich inzwischen triumphal bestätigt.

29 Ein »Zwillingsbruder« des Legg Mason Value Trust, der selbst in Deutschland nicht zugelassen ist, wird vom Hamburger Bankhaus Marcard, Stein angeboten.

30 In den entwickelen Kapitalmärkten gehören nur rund 15 Prozent aller Wertpapierinvestments Privatanlegern. Deren Anteil an den Wertpapier-Trades liegt ebenfalls in dieser niedrigen Größenordnung. Im Einklang mit den Aussagen der Efficient-Market-Theorie zeigen statistische Untersuchungen – wie schon erwähnt –, dass historische Outperformance nicht konstant ist, das heißt, die Zusammensetzung der Outperformer-Gruppe sich nicht zuverlässig vorhersagen lässt.

31 Hinzu kommt noch die ebenfalls vom *Handelsblatt* unter den Tisch fallengelassene Tatsache, dass Bill Miller einen ausgeprägten Value-Investing-Ansatz verfolgt. Vergleicht man Millers Performance mit einem Value-Index oder einem Value-Indexfonds statt mit einem allgemeinen Marktindex wie dem S&P 500, schrumpft seine »spektakuläre« Outperformance beträchtlich zusammen. Dies ist kein akademischer Einwand. Würde Miller nur in Nebenwerte investieren, wäre es ja ebenfalls unsinnig, seine Performance mit dem S&P 500 zu vergleichen (obwohl selbst dies häufig geschieht). Value-Aktien sind eine Asset-Klasse, die sich insbsondere durch ein höheres Risiko vom Gesamtmarkt oder von ihrem Gegenstück, den Growth-Aktien, unterscheidet.

32 KGVs (*Price Earnings Ratios,* abgekürzt *P/E Ratios*) für die rund 50 wichtigsten Länderindizes finden sich in der britischen *Financial Times,* Sektion »Companies & Markets« (englische Ausgabe).

33 Im Literaturverzeichnis finden Sie einige Aufsätze und Bücher, die die Ergebnisse aus mehr als zwei Dutzend zum Teil enorm aufwändiger Studien zu den wichtigsten aktiven Anlagestrategien wiedergeben.

34 Wer sich mit der mehr als enttäuschenden Bilanz der meisten aktiven Anlagestrategien näher beschäftigen wollen, dem seien die Bücher von Burton Malkiel und James P. O'Shaughnessy empfohlen (siehe Literaturverzeichnis).

35 Bei so genannten Leerverkäufen von Wertpapieren (*short selling*) gilt die umgekehrte Reihenfolge, das Prinzip aber ist das gleiche.

36 Diese Banken behalten die jungen Aktien allerdings selten länger als ein paar Tage, zumeist verkaufen sie sie sofort zum (höheren) Eröffnungskurs noch am Tag des Börsengangs, bevor der Kurs wieder fällt. Schließlich wissen die Banken selbst am besten, dass mit IPOs langfristig nach Kosten und Risiko im Durchschnitt keine marktübersteigende Rendite zu erzielen ist.

37 Nehmen wir an, ein Anleger verfügt über ein Eigenkapital von 100 000 Euro. Am Aktienmarkt kann er 12 Prozent p. a. verdienen, was ihm aber nicht ausreicht. Er könnte nun zusätzlich einen Kredit über 50 000 Euro aufnehmen, um so in der Lage zu sein, ingesamt 150 000 Euro in Aktien zu investieren. (Diesen müsste er im Normalfall durch die Verpfändung aller oder eines großen Teiles der Aktien im Kaufwert von 150 000 Euro an die Bank besichern.) Für den Kredit unterstellen wir einen Zinssatz von 8 Prozent. Solange die prozentuale Rendite der Aktien über dem Zinssatz für den Kredit liegt, ist dieses Vorgehen ein profitables Geschäft. In unserem Beispiel würde der Anleger 14 Prozent p. a. auf sein eingesetztes Eigenkapital von 100 000 Euro verdienen (statt 12 Prozent bei einem reinen Aktienportfolio ohne Hebeleinsatz). Allerdings erhöht diese Vorgehensweise das Risiko, sprich, sie führt zu überproportionalen Verlusten oder Renditeminderungen, wenn die Aktienrendite unter den Kreditzinssatz sinkt, was bei Blue-Chip-Aktien aus Industrieländern im Durchschnitt in knapp vier von fünf Jahren der Fall ist. Generell erhöht sich durch Leveraging die Volatilität (Schwankungsintensität) eines Portfolios – daher ist Leveraging nur etwas für risikofreudige, nervenstarke Anleger mit langem Anlagehorizont.

38 Eine Reihe von Fachleuten, darunter der Wirtschaftsnobelpreisträger William Sharpe und der Vanguard-Gründer John Bogle, glauben sogar, dass die Aktienrendite in den nächsten zehn Jahren deutlich niedriger sein wird. Grund: Die Bewertungsniveaus (KGV, Preis-Buchwert-Verhältnis) der meisten Industrieländeraktienmärkte sind im historischen Vergleich noch immer hoch. Für europäische Anleger kommt noch die relative Unterbewertung des Euros gegenüber dem US-Dollar und dem Pfund Sterling hinzu (Stand April 2002).

39 Bei genauer Betrachtung müsste man sämtliche Vermögensgegenstände einer Person oder eines Haushaltes in das »Gesamtportfolio« einbeziehen: Dazu zählen neben Wertpapieren alle übrigen Vermögensanlagen, zum Beispiel Immobilien, Lebensversicherungen, Bausparverträge, Kunstgegenstände, sogar ein teures Auto, wenn es vollkaskoversichert ist, und anderes mehr.

40 Schwellenländer weisen nicht *trotz* ihres größeren Schwankungs- und Verlustrisikos höhere durchschnittlich höhere Renditen als die entwickelten Märkte auf, sondern *weil* sie riskanter sind. Eine Reflektion dieses höheren Risikos ist das im Allgemeinen um die Hälfte niedrigere Kurs-Gewinn-Verhältnis der Emerging-Market-Indizes.

41 Zu allen diesen qualitativen Aussagen finden sich konkrete Zahlen in den Aufsätzen von Crédit Suisse, 12/2000 und Kuethe (09/2001) (siehe Literaturverzeichnis).

42 Das sind (a) die industrialisierten Regionen Westeuropa, Nordamerika, Japan + Australien/Neuseeland (insgesamt gut 20 Länder), und (b) die Emerging Markets, also im wesentlichen Ost-/Südosteuropa, Ost-/Südostasien, Lateinamerika und Südafrika (insgesamt knapp 30 Länder). Hongkong und Singapur werden manchmal den Emerging Marktes, manchmal den entwickelten Märkten zugeordnet.

43 Mit einem grafischen Fondsanalyse-Tools (z. B. die »Kuchen-Charts« der Website *www.onvista.de*) lässt sich die Asset-Allokation des fraglichen aktiven Fonds relativ einfach mit einem Indexfonds vergleichen. Nur geringe Unterschiede zwischen den beiden Fonds deuten auf einen Closet-Indexfonds hin. Die Entwicklung von Rendite und Volatilität bringen den Charakter des Closet-Indexfonds ebenfalls zum Vorschein.

44 Interview von Peter J. Tanous, veröffentlich auf der Website von Dimensional Fund Advisors (*www.dfafunds.com*). Download am 25. 8. 2001.

45 Peter Lynch bemerkt über Rentenfonds sarkastisch: »Es ist ziemlich sinnlos, Yo-Yo Ma [einer der weltbesten Cellisten] dafür zu bezahlen, das Radio anzustellen.« (*Beating the Street*, 1993, S. 58)

46 Man kann fast alle Bundeswertpapiere gebührenfrei bei den Banken oder auch direkt bei der Bundeswertpapierverwaltung (www.bsv.de) erwerben und dort kostenfrei verwalten lassen. Sogar Ansparpläne sind bei der BSV möglich. Lediglich die an der Börse gehandelten Bundesobligationen und Bundesanleihen verursachen Kauf- und Verkaufskosten, wenn Sie sie nicht bei Ausgabe, das heißt als neu emittierte Papiere mit voller Restlaufzeit erwerben, sondern während der Laufzeit kaufen, beispielsweise, weil Sie eine Bundesobligation mit einer Restlaufzeit von zwei Jahren (statt der vollen 5¼ Jahre) erwerben wollen.

47 Swaps (von englisch »to swap« = austauschen) sind spezielle Finanztermingeschäfte, bei denen zwei Vertragsparteien für eine festgelegte Zeit periodische Zahlungen austauschen. Diese Zahlungen erfolgen entweder in einer unterschiedlichen Währung und/oder weisen eine unterschiedliche Zinsbindung auf. Swaps finden wie jeder wirtschaftlicher Austausch statt, weil die beiden Vertragsparteien sich einen Nutzen davon versprechen, wenn sie vorübergehend über einen Vermögenswert des jeweils anderen verfügen können.

48 Siehe hierzu Schmolcke, 1997 und Kommer, 1999, Kapitel 6.

49 Asquith, P. und andere: »Earnings and Stock Splits,« *Accounting Review*, 64 (Juli 1989), S. 387ff.

50 Ein hübsches Beispiel für den guten alten Logikirrtum »post hoc, ergo propter hoc« (aus der Tatsache, dass Ereignis B auf Ereignis A folgt, darf nicht geschlossen werden, dass A die Ursache von B war).

51 Eine kurze Erläuterung der wesentlichen Indexanlageprodukte – Indexfonds, Indexaktien und Indexzertifikate – findet sich im Glossar.

52 Bei Indexzertifikaten kommen nur einfache, so genannte Plain-Vanilla-Zertifikate in Betracht, also Zertifikate ohne Rückzahlungsgarantie (und daher ohne Preisaufschlag), ohne Renditebegrenzung (und daher ohne Preisabschlag) oder andere spezielle Ausstattungsmerkmale. Ferner sollte man sich ausschließlich auf Performance-Indexzertifikate beschränken. Die meisten Zertifikate beziehen sich allerdings auf Kursindizes (zur Unterscheidung von Kurs- und Performance-Indizes siehe Glossar). Bei Kurs-Indexzertifikaten fließt die Dividende an die emittierende Bank, nicht an den Anleger. Im Gegenzug sind diese Zertifikate in der Regel mit einem Preisabschlag ausgestattet, der die entgangene Rendite allerdings selten voll kompensiert. Übrigens spielt es bei Indexfonds und Indexaktien keine Rolle, ob sie sich auf einen Kursindex oder Performance-Index beziehen: Die Dividenden müssen aus gesetzlichen Gründen in jedem Fall an den Anleger fließen.

53 Fast alle Aktienindizes orientieren sich an der Marktkapitalisierung (siehe Glossar) innerhalb eines bestimmten Marktsegments (zum Beispiel des nationalen Aktienmarktes oder einer Branche). Daher entscheidet in erster Linie die Marktkapitalisierung, also die Größe, ob eine Aktie in einem Index berücksichtigt wird oder nicht.

54 Es handelt sich dabei um eines der typischen Missverständnisse über grundlegende Prinzipien des Börsengeschehens, denen so viele Privatanleger unterliegen. Drei weitere essenzielle Fakten, die viele Börsianer zu ihrem eigenen Nachteil ignorieren (und an deren Aufklärung die Finanzbranche verständlicherweise kein Interesse hat), lauten: (1) In einem freien, unregulierten Markt, wie es die Börsen weitgehend sind, gibt es immer genauso viele Käufer wie Verkäufer, genauso viel Nachfrage wie Angebot, genauso viel »Verkaufsdruck« wie »Kaufdruck« – obwohl in jedem zweiten Presseartikel oder Rundfunkbericht fälschlicherweise etwas anderes behauptet wird. An jedem Trade sind genau ein Verkäufer und ein Käufer beteiligt. Niemals mangelt es an dem einen oder dem anderen. Der Marktpreis pendelt sich stets in der Höhe ein, dass Angebots- und Nachfragevolumen exakt übereinstimmen. (2) Das Kursniveau und seine Veränderung hängen nicht mit dem Handelsvolumen in einer bestimmten Zeiteinheit (zum Beispiel einem Tag) zusammen. Prinzipiell können Kurse bei geringem Handelsvolumen genauso stark steigen oder fallen wie bei großem Handelsvolumen. (3) Bei jedem Verkauf hält ein Anleger (der Käufer) das Wertpapier für unterbewertet, also für zu billig, ein zweiter Anleger (der Verkäufer) dieses Wertpapier dagegen für überbewertet, also für zu teuer. Diejenigen, die nicht kaufen oder verkaufen, halten das Papier entweder für richtig (fair) bewertet oder können/wollen aus anderen Gründen nicht aktiv werden. Die Markteinschätzung zum Marktpreis einer Aktie ist stets ausgewogen, gleichgültig was neunmalkluge Analysten verkünden mögen.

55 Rahul Seksaria: »Does the ›Index Effect‹ boost Index Performance?«; www. indexfunds.com, 5.3.2001 und Thomas Graff/James Dugan: »Why the Critics of Index Funds Are Wrong«; www.indexfunds.com, 8.4.2001.

Register